ベーツ宣教師の
挑戦と応戦

C. J. L. Bates, Challenge and Response

ルース・M・グルーベル［監修］　神田健次／池田裕子［編］

関西学院大学出版会

Cornelius John Lighthall Bates (1877–1963)

日本出発前、1902年
後列：弟フィリップ、妻ハティ（ハリエット）、本人
前列：母ジュリエット、弟チャールズ、父ジョゼフ・レヴァー
アルマン・デメストラル氏所蔵

日本で最初に住んだ家、東京都本郷区弥生町2番地、1904年
手前の子どもは、前年誕生した長男ウィリアム・レヴァー
アルマン・デメストラル氏所蔵

3番目の家、甲府、1906-09年
アルマン・デメストラル氏所蔵

妻ハティと長男レヴァー
1904年頃
アルマン・デメストラル氏所蔵

次男ジョンの誕生、原田の森、1911年
アルマン・デメストラル氏所蔵

関西学院高等学部商科に広岡浅子さんを迎えて、1915年11月

夜行列車で到着後、身だしなみを整える夫妻
1919年頃
アルマン・デメストラル氏所蔵

カナダでの5カ月におよぶ病気療養を
終え、帰国、1927年10月26日

高野山大師教会本部、1921年11月20日
前日から開催された高野山大学との第3回交換講演会で、ベーツは「宗教とは何ぞや」というテーマで講演した。関西学院からの参加者は、ベーツのほかに文学部教授3名、神学部生2名、文学部生3名。

趣味で描いた水彩画・油彩画

"Karuizawa 1932" （表には鉛筆書きで1933）水彩

"Karuizawa 1932 From Miss Kaufman's Cottage" 水彩

"Matsushima Islands" 水彩

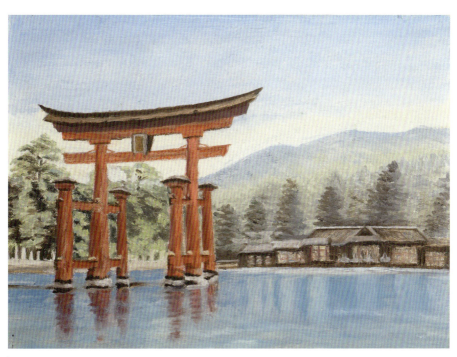

"Painting by Dr. C. J. L. Bates, missionary to Japan, President of Kwansei Gakuin University, father of Lulu de Mestral"〔宮島〕 油彩

" "内は絵画の裏に記された文字。絵画の撮影：長谷川朋也

To the class of 1934.

"Be faithful." That is my parting word to you. That is the sure road to real and lasting success. The world needs men who can be trusted, men of moral courage who are ready for new adventure and enterprise. Do not forget our College motto "Mastery for Service," and may the service motive rather than the profit motive be the rule of your lives.

Sincerely your friend

Jan. 18. 1934. C. J. L. Bates

『高等商業学部卒業アルバム』（1934年）より

ベーツ宣教師の挑戦と応戦
C. J. L. Bates, Challenge and Response

ルース・M・グルーベル
Ruth M. Grubel
［監修］

神田健次
Kenji Kanda
池田裕子
Yuko Ikeda
［編］

Preface

C.J.L. Bates Through his Words and Images

Although C.J.L. (Cornelius John Lighthall) Bates is a familiar name to most members of the Kwansei Gakuin community, many are aware only of his role in proposing "Mastery for Service" as the motto for the school. This extraordinary Canadian missionary made an indelible impact on the development of Kwansei Gakuin during the thirty years he spent at the school, and especially the twenty years he served as President. It is difficult to imagine the Kwansei Gakuin of today without the presence and leadership of this intelligent, creative, personable, and humble man during the critical years of the early twentieth century.

In spite of his important role in shaping the history of Kwansei Gakuin, there has been no published collection of C.J.L. Bates's writings until now. From the works gathered in this volume, we finally have the opportunity to know Dr. Bates from his own words. We can learn about the early experiences that formed his later attitudes toward other religions, other cultures, and other social groups. We can see how he thought about the dramatic changes in world politics, philosophy, Japanese society, and Kwansei Gakuin itself. We also can perceive the affection that he felt for his colleagues, students, family and friends. The words he uses to address the students show a level of respect and friendship that must have been truly impressive.

The publication of this collection of Dr. Bates's works on his birthday, May 26th, is especially appropriate for this year (2019) as we celebrate the 130th anniversary of Kwansei Gakuin's founding. Furthermore, 2020 will be the 110th anniversary of his arrival at our young school in 1910, a move which represented the beginning of a collaboration among the Southern Methodist Church (U.S.A.), the Japan Methodist Church, and the Canadian Methodist Church to support Kwansei Gakuin.

There have been many calls through the years for a publication focused on C.J.L. Bates, so it was with a sense of mission that the Archives committee researching the school's presidents gathered these important documents and images for the current volume. Dr. Kenji Kanda, Professor Emeritus of the School of Theology and Ms. Yuko Ikeda of the University Archives played essential roles in selecting, translating, and commenting on the works. The essays, speeches, and articles by Dr. Bates selected here include some original English versions, newly translated Japanese versions, and even some updated versions of old, Meiji Era Japanese language writings. Some of the English essays published previously have been edited, using the original hand-written versions as reference. By including a broad variety of his works, we hope that many members of the Kwansei Gakuin community and others will become familiar with Dr. Bates, recognize his extraordinary contributions, and be inspired to pursue their own "Mastery for Service."

We are honored to be able to include messages from two of Dr. Bates's grandsons, Armand and Charles de Mestral, who have kindly maintained close relations with our school. They have generously provided intimate memories of their grandfather, as well as precious documents, paintings, and photographs which help to portray a more robust depiction of this great man.

Finally, in addition to three short columns, a Bates family tree and a list of milestones in Dr. Bates's life are included for easy reference. Kwansei Gakuin University has provided the necessary funding, while Mr. Naoya Tanaka and Ms. Mika Tosaka from the University Press (Shuppan Kai) have guided the publication process with sensitivity and expertise. The editorial committee would like to thank all those who provided their assistance, support, and advice towards the realization of this long-held dream.

Ruth M. Grubel
Fifteenth Chancellor of Kwansei Gakuin

関西学院広報室所蔵

Preface

Dr. C.J.L. Bates

Armand de Mestral

Others are better able to assess Dr Bates' qualities as an educator and an administrator during his long service at Kwansei Gakuin. As a grandson what struck me most was his obvious love of KG in particular and of Japan in general.

As children we would visit Dr and Mrs Bates in Toronto. They lived comfortably in a small house in a pleasant residential area of the city. What struck us most as we entered was the sense of walking into another world. The house was full of Japanese rugs and furniture, Japanese prints. Photos of KG covered the walls and he would tell us with enthusiasm of his life in KG. This sense of KG was so strong that when I first visited the campus I had the sense of walking into a world that I already knew well.

As I grew older and visited him as a young university student on my way to Harvard University in Boston, he would welcome me and eagerly discuss the kinds of courses I might be taking and urge me to read his favourite philosophers and historians from his extensive library. He was a proud Canadian who had watched Canada grow from "colony to nation" in his lifetime, but he was equally proud of his life and work in Japan and the deep ties that he had built up there over forty years. He would speak with great enthusiasm of the Japanese personalities and colleagues whom he most respected such as Dr Kagawa or his predecessors at KG.

Dr Bates had a great attachment to the Ugehara campus of KG which he had been instrumental in purchasing and developing. His oldest son my uncle Lever would tell the story of Dr Bates' meeting with the president of the Hankyu Railway. Hankyu owned the land that Dr Bates considered ideal for the new campus and, according to uncle Lever, who listened at the door, Dr Bates persuaded the Hankyu president to sell telling him: "If you sell me the land I will give you 10,000 riders on your railway every day."

He often spoke to us about his life and his colleagues and students at KG. He obviously cherished his relationship with many thousands of students who had passed through KG and they were constantly on his mind in his retirement years.

Armand (right) and Charles (left) with their mother Lulu de Mestral. c. 1949.
Courtesy of Armand de Mestral

Armand and Charles de Mestral with Yuko Ikeda, Kwansei Gakuin Archives, 2009.

Preface

Grandfather CJL Bates

Charles J. L. de Mestral

I well remember Grandfather from childhood visits with the Bates family at the cottages of his sons. As a young adult I was able to visit him during his last years while a student at the University of Toronto.

My memories are of a kind, intelligent grandfather, with a fine sense of humour. For example, he used to recall that he won a prize for

President Hiroshi Imada presented Armand de Mestral with an honorary doctorate from Kwansei Gakuin University, on Dec. 20, 2001. Imada's father Megumi, was a student of C. J. L. Bates, Armand's grandfather.

Charles de Mestral gave a chapel talk at Kwansei Gakuin Junior High School on Nov. 9, 2009. With Hidekazu Okamoto and Akira Fukushima.
Photo by Junichi Yasunaga

the highest mark in a class. He always added that, that year, he was the only student in the course! Memories of him are interwoven with those of Grandmother and his devotion to her. She expressed her strong personality despite a stroke that left her partially paralysed and unable to speak clearly. I arrived at the house in Toronto the day she died and witnessed Grandfather's grief over the following months. Family life was so important to him, to the point that he offered to reward the first of his children to have a child.

Grandfather was very close to his only daughter, my mother Lulu. He fully supported her wish to return to university in Canada, probably quite rare for women in the 1920s. Later, after she taught several years at the Canadian Academy in Kobe, he approved her plan to return with her brothers to continue her own life in Canada, rather than remain in Japan to nurse her mother. Grandfather Bates was progressive for his time in the respect for the equality of women.

I have later memories of visiting him during the first two years of studies in Toronto. At one point we discussed the tragedy of war. He recalled having been shocked and saddened by the vehemence of the American president in a radio speech on the declaration of war. Another time I asked him about the attitude of the Japanese sovereign towards Christianity. He explained to me that he understood that the Emperor attended meetings of the Society of Friends, the Quakers. This group having no formal membership marked by baptism would not set an example for people to follow as a social obligation. Grandfather's point was that being Christian should depend only on personal choice based on understanding and conviction.

My brothers and sister and I were indeed blessed to have CJL Bates as a devoted Grandfather to set an example for us to follow to this day.

目次

Preface 2
    C.J.L. Bates Through his Words and Images
    Dr. C.J.L. Bates
    Grandfather CJL Bates

第1部　翻訳 ——————————————————— 11

1　二つの回想録　　　　　　　　　　　　　　13
    訳者まえがき
    過去40年間の関西学院の想い出
    献身60年
    訳者あとがき

2　三つのメッセージ　　　　　　　　　　　　52
    訳者まえがき
    講演論説　高等学部のモットー "Mastery for Service"
    院長室の窓から
    関西学院大学のミッション
    訳者あとがき

3　ラジオ原稿　　　　　　　　　　　　　　　66
    訳者まえがき
    日本理解
    訳者あとがき

4　口述筆記　　　　　　　　　　　　　　　　82
    訳者まえがき
    新大陸に来た人びと

Column　幻の「ベーツ記念館」　　　　　　　128

第2部　論文・講演 ——————————— 131

1 生としてのキリスト教　134
2 批評：ヘーリング著『系統神学としてのキリスト教的信仰』　145
3 ニーチェかキリストか　149
4 タゴールの宗教　159
5 第14回総会での開会の演説　170
6 キリスト教々育の原理　176
7 キリストの証人――神学部チャペルにおける講演　181

Column　ベーツ先生と賀川豊彦氏　188

第3部　原文 ——————————— 191
Part 3　Original Texts

1 REMINISCENCES OF KWANSEI GAKUIN FORTY YEARS AGO AND SINCE　193
2 These Sixty Years in the Ministry　200
3 OUR COLLEGE MOTTO, "MASTERY FOR SERVICE"　214
4 FROM MY OFFICE WINDOW　216
5 THE MISSION OF K.G. UNIVERSITY　218
6 UNDERSTANDING JAPAN　220

Column　Paintings by Dr. Bates　228

家系図・簡易年表 ——————————— 231

家系図　232
簡易年表　234

Epilogue　245

第 1 部　翻訳

　C. J. L. ベーツ（Cornelius John Lighthall Bates, 1877-1963）は、カナダ・メソヂスト教会宣教師として 1902 年に来日した。同教会が 1910 年に関西学院の経営に参画した際、最初に派遣された宣教師の一人である。

　関西学院は、1889 年にアメリカの南メソヂスト監督教会が神戸の東郊、原田の森に創立した、神学部と普通学部からなる小さな私塾のような学校だった。それが、カナダの教会の参画を機に、発展を始めることになる。

　関西学院着任の 2 年後、ベーツは高等学部（文科・商科）を開設し、その初代部長に就任した。1917 年に関西学院を離れたが、1920 年、第 4 代院長に選出されて戻り、20 年間院長を務めた。上ケ原移転、大学（予科・法文学部・商経学部）開設の大事業は、ベーツ院長のリーダーシップの下で行われた。1940 年末、ベーツが神戸港からカナダに帰国した時、埠頭は教職員、学生・生徒、卒業生で溢れたと伝えられる。

　1959 年秋、関西学院の創立 70 周年記念式典に招かれたベーツは 19 年ぶりに来日した。その時、東京で昭和天皇のご引見を受け、兵庫県から国際文化賞を授与され、関西学院大学から名誉博士学位第 1 号が贈られた。ベーツが高等学部のために提唱したモットー"Mastery for Service"は、現在、関西学院全体のモットーになっている。

　第 1 部では、"Christian educator"として日本の教育の近代化に果たしたベーツの役割を考える上で欠かせない英文資料 7 点を日本語に翻訳し、紹介する。まず、その生涯を二つの回想録からたどり、関西学院に残した教えを三つのメッセージから読み解く。ベーツの日本に対する深い思いは、残されたラジオ原稿から知ることができる。このようなベーツを育み、支えた家族とその故郷について教えてくれるのが、ベーツの口述筆記をもとに編集された小冊子『新大陸に来た人びと』である。　　　　（池田裕子）

・執筆にあたり、次の資料を参照した(特別な場合を除き、注には明記していない)。
　『関西学院百年史』通史編Ⅰ、1997年5月20日。
　『関西学院百年史』通史編Ⅱ、1998年3月20日。
　『関西学院事典』増補改訂版、2014年9月28日。
　ジャン・W・クランメル編『来日メソジスト宣教師事典1873-1993年』教文館、1996年2月25日。
・旧字体は新字体に改めた。
・原稿の閲読、助言、批判をしてくださった神田健次名誉教授、井上琢智前学長、辻学広島大学大学院教授に感謝します。

1　二つの回想録
池田裕子「ベーツ資料の翻訳──『関西学院六十年史』と『関西学院七十年史』」(『関西学院史紀要』第23号、27-74頁、2017年3月15日)を加筆修正。

2　三つのメッセージ
池田裕子「ベーツ資料の翻訳──高等学部長として、院長として、学長として」(『関西学院史紀要』第24号、31-48頁、2018年3月15日)を加筆修正。

1　二つの回想録

訳者まえがき

　これまで、関西学院大学学院史編纂室発行の『関西学院史紀要』や、『学院史編纂室便り』、関西学院広報誌『KG TODAY』（2015年2月まで『K. G. TODAY』）等で、私はC. J. L. ベーツのことを紹介してきた。例えば、広報誌に連載中の「学院探訪」では、52編中23編がベーツに関わる内容である。執筆にあたり、ベーツが書いた様々な英文資料を参照した。ベーツはまとまった著作を残さなかったが、毎年の「院長報告」（President's Report）のほかにも興味深い資料（書簡、日記、原稿等）が見つかっており、そのごく一部は日本語に翻訳された形で公開されている。しかし、もっとも基本的と考えられる次の3点は翻訳されていない。

1　Robert Bates, *Newcomers in a New Land*, private edition, [October 1988,] 47 pages.
2　C. J. L. Bates, "REMINISCENCES OF KWANSEI GAKUIN FORTY YEARS AGO AND SINCE," 『関西学院六十年史』、1949年10月29日、3-9頁。手書き原稿あり。
3　C. J. L. Bates, "These Sixty Years in the Ministry," 『関西学院七十年史』、1959年10月30日、558-576頁。タイプ原稿あり。

　1点目の *Newcomers in a New Land* は、ベーツの三男ロバートによる編集であるが、その大部分は父親が彼に語った驚くほど詳細な記憶の口述

筆記である。カナダに移住したベーツ家の人びとのことが紹介されていて、ベーツ自身とその背景を知る上で欠かせない。

あとの2点は、関西学院の年史のためにベーツが書いた回想録である。『六十年史』には、1910年以降の関西学院での想い出が綴られている。『七十年史』には、牧師・宣教師として過ごした1897年以降60年間の忘れられない出来事が記されているだけでなく、執筆時（1957年12月）の世界情勢や子ども時代を過ごしたオンタリオ州ロリニャル村での経験、来日の経緯にも触れられている。元原稿のタイトルがROYAL YORK ROAD UNITED CHURCH "THESE SIXTY YEARS IN THE MINISTRY" とタイプされていることから、晩年、ベーツがトロントで通っていたロイヤル・ヨーク・ロード教会のために用意した原稿が『関西学院七十年史』に転載されたものと推測される。

ここで、日本語に翻訳したのは後者2点である（1点目は「4 口述筆記」で取り上げる）。関西学院から原稿の依頼を受けた時、ベーツの脳裏にはそれまでに出会った多くのカナダ人、アメリカ人、日本人の顔が浮かんだことだろう。ベーツの文体には読む者を惹きつける独特の力がある。安易な日本語訳により、その魅力、力強さと温かみが失われてしまっては台無しだ。ベーツの心のひだが伝わらない。それを避けるため、こなれた和文にするよりも、多少ゴツゴツしていても、オリジナルの文体が持つ勢いが過度に損なわれることのないよう、私なりに努めた。

過去40年間の関西学院の想い出

私が関西学院のことを知ったのは1908年でした。その夏、私たちは軽井沢にいました。マシュース夫妻[1]もおられました。ある時、マシュース氏が訪ねて来ました。私たちは、関西学院の経営にカナダ・メソヂスト教会が参画する可能性について話し合いました。当時、カナダ側は青山学院神学校と協力して中学を再開することを考えていたので[2]、この話はそれ以上進みませんでした。

しかし、1908年、カナダの伝道局は南メソヂスト監督教会からの招聘に応え、同教会、日本メソヂスト教会と協力し、神戸の東郊にあった関西学院の経営に参画することを決めました。カナダのメソヂスト教会と伝道局の最初の代表として、私は任命を受けました。

　このような仕事を始める機会を与えられたのは名誉なことであり、大変幸運だったと、私は今も嬉しく思います。妻と私が、2人の子どもレヴァーとルル[3]を連れ、関西学院に到着したのは1910年9月でした。私たちはヘーデン博士夫妻[4]の歓迎を受け、キャンパスの北西の角にあった家に移るまで、世話になりました。当時、宣教師館が3棟、日本人教師館が4棟ありました。日本人教師館には院長だった吉岡博士[5]、松本教授[6]、曽木教授[7]、吉崎教授[8]とそれぞれの家族が住んでいました。ヘーデン博士夫妻の家は、キャンパスの北側に位置する宣教師館の真ん中でした。ニュートン一家[9]とマシュース一家は休暇帰国中だったため、残り2棟は空いていました。D. R. マッケンジー博士夫妻[10]が東側の家に越して来ました。彼らは関西学院に1年しかおらず、東京に移りました。こうした方々の名を私は尊敬の念をもって想い出します。今日、ご健在の方はほとんどおられなくなってしまいました。

　その頃の関西学院は、後年の姿とはまったく異なっていました。神戸の東の端に位置し、1910年当時はひなびた田舎でした。市電に乗るには15分程歩かねばなりませんでした[11]。校舎は4棟ありました。1889年の創立時に建てられた小さな古い木造プラスターづくりの校舎2棟は近年寮として使われてきました[12]。普通学部と神学校[13]と図書館は南側の大きな3階建ての木造建築[14]の中にあって、美しい煉瓦造りのチャペル[15]が西門[16]の近くにありました。

　もっとも美しかったのは、村の神社を取り囲む東側の松林でした。残念なことに、数年後バッタの異常発生により壊滅的被害を受けました。当時、吉岡博士が院長、ヘーデン博士はニュートン博士の後任として神学校長になったばかりでした。ヘーガー博士[17]が普通学部長を務めていました。彼は神戸に住んでいたので、毎日人力車で通っていました。マシュース教授が

第1部　翻訳

図書館長で、長谷氏[18]が財務部長でした。本館3階にあった図書館からの美しい眺めを私はいつも想い出します。田畑と港をはるかに見渡すことができました。北は摩耶山に向かい、山々が連なり本当に美しかった。Old Kwansei は世界でもっとも美しい学校の一つでした。

　その後の発展は急速でした。私が関西学院に赴任したのは、神学校で教えるためでした。ニュートン博士の組織神学の授業を引き継ぎました。最初の学生の中に、現在広島女学院[19]の院長を務めている松本卓夫博士[20]と戦前の関西学院神学部長で、現在広島女学院の松下学部長[21]がいました。最初のクラスにそのような優れたキリスト教の信仰を持つ学生がいたことは、私にとって大きな喜びでした。彼らは日本の知的、霊的指導者になりました。初期の学生の名は大勢記憶に残っています。多過ぎて、ここに言及することができません。

　翌年、私は高等学部（文科・商科）の部長に任命されました。その年、マシュース教授と私は、吉岡博士や他の人びとの助けを借り、高等学部の組織や課程のプランを練りました。神学校の新しい校舎が建てられた年でもありました。本多監督[22]と江原素六閣下[23]は文部省への高等学部認可申請[24]の

写真1-1　原田の森の関西学院、1905年頃
ベーツの記述通り、創立時に建てられた木造校舎2棟と本館、チャペルが見える。ベーツ着任時（1910年）には、右端の本館の3階部分が増築されていた。
学院史編纂室所蔵

16

手続きを助けてくださいました。当時の文部次官福原氏[25]は、麻布中学で江原氏の教え子でした[26]。そのことで大いに助けられました。

　高等学部は1912年4月に、学生数商科約40名、文科4名で開設されました[27]。4年後に商科を卒業した12名の中に、小寺敬一教授や白石英一郎氏や石本徳三氏がいました[28]。原野駿雄教授は文科の最初の学生の一人でした[29]。私たちがここまでやって来ることができたのは、故村上教授を始め[30]、最初期の高等学部教師陣のおかげです。村上教授の熱意と威厳は文科の鑑でした。務めに対する彼の深い関心と献身を忘れることはできません。木村教授[31]、佐藤教授[32]、岸波教授[33]、曽木教授、松本教授、石田教授[34]やその他の方々は、高等学部の教育の基礎を据えるのを助けてくれました。学部長を務めた故アームストロング博士[35]と故ウッズウォース博士[36]が加わり、スタッフは大いに強化されました。

　病気により吉岡博士が院長を退き、ニュートン博士があとを継ぎました。神学校長だったニュートンのあとはヘーデン博士が継ぎました。こうした間に学校は大きくなりました。キャンパスは東に数千坪広がり、最終的に25エーカー（3万坪）になりました[37]。教室や教師住宅や学生寮のために新しい建物が建設されました。土地の東半分に、立派な運動場を持った普通

写真1-2　高等学部教員、1912年
ベーツは前列右から2人目。その左に吉岡美国。
学院史編纂室所蔵

第1部　翻訳

写真1-3　大隈重信を囲んで、1913年11月26日
左より：西川玉之助普通学部長、J. C. C. ニュートン神学部長、
吉岡美国院長、C. J. L. ベーツ高等学部長。西川の左後方に永井
柳太郎の顔が見える。
学院史編纂室所蔵

学部校舎が美しい姿を見せ、本館が高等学部専用校舎になりました。大隈侯爵の訪問を受けた時、西川玉之助氏が中学部長、吉岡博士が院長、ニュートン博士が神学部長、私が高等学部長でした。この訪問は、関西学院普通学部の初期の学生の一人で、のちに長く理事を務め、常に忠実な友であった永井柳太郎閣下のご尽力によるものでした。

大隈侯爵には、当時、もっとも大きかった普通学部講堂で教師と学生にご講演いただきました。この他にも著名な方々、かつて関西学院で学び、国内で雄弁家として知られる永井氏や久留島氏に話をしていただきました。私の記憶に鮮やかに残る初期の出来事の一つに、音楽の勉強のため数年間滞在したドイツから帰国した山田耕筰氏の来訪があります。彼もまた、関西学院の初期の学生でした。優れた才能を持つ努力家で、世界的名声を得ていました。

高等学部の組織と学修課程において、私たちの大きな目的の一つは、学生の間に自治と自己責任の精神を植え付けることでした。その観点から、学生会を組織し、その役員は学生により学生の中から選ばれました。関西学院における私の人生を振り返った時、自治による学生会は大いに成功し、

1 二つの回想録

写真 1-4　関西学院のカナダ人宣教師とその家族、1914 年
後列左より：C. J. L. ベーツ、W. J. M. クラッグ、H. W. アウターブリッヂ、R. C. アームストロング、H. F. ウッズウォース。
アルマン・デメストラル氏所蔵

高等学部運営の大きな助けになったと思います。[44]関西学院の歓びとなり、誇りとなった学生団体はグリークラブやそのほかの音楽団体でした。[45]高等学部のモットー"Mastery for Service"とウォッチワード"Character and Efficiency"は、私たちを理想の姿に導いてくれました。[46]

　1917年、私は残りの人生を東京の中央会堂で送るため、関西学院を離れました。[47]しかし、1920年、光栄にも理事会は私を吉岡博士とニュートン博士の後任院長に選んでくれました。この機会を利用し、関西学院のために尽くして来られたこのお二人の献身とご厚意を、心から神に感謝したいと思います。両院長の想い出は、お二人が生涯のほとんどの時を過ごされた関西学院と共にあります。学院をキリストと真理と正義と神に続く道に導くため、大きな働きをされました。

　次の9年で関西学院の各部はますます成長しました。神学部のヘーデン博士、文学部のウッズウォース博士、高等商業学部の神崎氏、[48]中学部の田中氏[49]が、かつてないほど大きく発展させました。新校舎が建ち、関西学院は神戸とその近郊の人びとを魅了する文化活動の中心になりました。新しい講堂は、辺りで一番大きなホールで、演奏会や大きな集会を開くのに最

第 1 部　翻訳

写真 1-5　関西学院のカナダ人宣教師、1920 年
後列左より：W. J. M. クラッグ、M. M. ホワイティング。
前列左より：H. F. ウッズウォース、H. W. アウターブリッヂ、C. J. L. ベーツ。この時、ベーツは第 4 代院長に就任したばかりだった。
アルマン・デメストラル氏所蔵

適でした。救世軍のブース将軍の集会[50]や偉大な音楽家ゴドフスキーやカワロフの演奏[51]を聴く機会に恵まれました。

　神戸市郊外にあった Old Kwansei での生活は、かけがえのない想い出です。キャンパスに住む日本人、アメリカ人、カナダ人の関係は友好的で本当に幸せでした。ジョーンズ、クラッグ、アウターブリッヂ、ホワイティング、アグバン、ウッズウォース、マシュース、ミックル、ヒルバーン、そしてベーツの家族はキャンパスの中で一緒に育ちました[52]。一時期、宣教師の子どもは 22 名いたのです。彼らは今や大人になり、牧師や医者や教師やそのほかの分野で重要な地位についています。

　1929 年、関西学院は古い場所から西宮の新しく広い場所に移り、大きく変わりました。愛着ある旧キャンパスを離れるのは本当に残念でしたが、移転によりもっと大きなことができるようになりました。移転を計画し、旧キャンパスを売却して新キャンパスを購入することを進めてくださった菊池氏[53]、アウターブリッヂ氏[54]、ウッズウォース氏、河鰭氏[55]、さらに阪急電鉄の小林社長[56]、現院長で当時高等商業学部長だった神崎氏に、関西学院は永遠に尽きぬご恩があります。

1　二つの回想録

写真 1-6　移転直後の上ケ原キャンパス、1929 年
手前右端の宣教師館がベーツの住居。現在、ゲストハウスとして使われている。
学院史編纂室所蔵

　西宮移転のおかげで、大学の設立と竹中工務店[57]による美しい校舎の建築が可能になりました。移転後の 10 年は、あらゆる面で成長の日々でした。戦争が起こり、長年にわたって築いてきた実り多い関係が終止符を打つまでは。そのあとのことを皆さんにお話ししましょう。過去を振り返って私はこう思いました。「なんて素晴らしい日々だったのだろう！」。1910 年に私が関西学院に来た時、学生は 300 人でした。1940 年大晦日に去った時、3,000 人以上の学生がいました。私の名が記された卒業証書を持つ卒業生が 6,000 人以上います。これらの若者……今はそんなに若くないかもしれませんが……のことを考えると、私は胸がいっぱいになります。彼らの上に神の祝福がありますように。イエス・キリストの霊が彼らをお導きくださいますように。

　1940 年 12 月 30 日午後 7 時に神戸を出港した時の記憶は大変鮮やかです[58]。船が暗闇に進む中、何百人もの教師と学生が埠頭に立ち「ベーツ先生、さようなら。またいらっしゃい」[59]と叫んでいました。どんなに戻りたかったことか。それは、これまでのところ叶いませんでした。そして、永遠に叶うことはないでしょう。しかし、想い出の扉は開いています。たくさん

第1部　翻訳

の愛おしい出来事が出たり入ったりします。日本と関西学院が迎えた新しき日の夜明けをお慶び申し上げます。すべての教師、学生、卒業生とそのご家族の上に神の豊かな恵みがありますように。

C. J. L. ベーツ

C. J. L. Bates, "REMINISCENCES OF KWANSEI GAKUIN FORTY YEARS AGO AND SINCE."『関西学院六十年史』、1949年。

献身60年

聖書日課：マタイによる福音書6章25-34節
聖　　句：イザヤ書26章3-4節
堅固な思いを、あなたは平和に守られる
あなたに信頼するゆえに、平和に。
どこまでも主に信頼せよ、主こそはとこしえの岩[60]。

この言葉は長年にわたり、私に安らぎを与え、励ましてくれました。眠れない時、心が弱って、くじけそうな時、患者を手術室に連れて行く看護婦を待っている時、不安と恐怖を鎮めてくれました。ベッドサイドから愛しい人を見つめる時、痛みや死別の不安や悲しみを和らげたい時、このメッセージの言葉は常に支えとなりました。「堅固な思いを、あなたは平和に守られる。あなたに信頼するゆえに、平和に。どこまでも主に信頼せよ、主こそはとこしえの岩」[61]。

この1年[62]は私にとって困難な年でしたが、それを埋め合わせる輝かしい出来事がありました。友と愛する人びとのご厚意とご協力、医師と看護婦の技術と誠意、健康を回復できるかどうかわからぬ不安、80年間の想い出、特にキリスト教の信仰を持った両親や故郷、そして学校生活の想い出、さらに、教会の牧師・宣教師として奉仕できた名誉、常に神と共に生きて来たという意識——これらすべては、病と苦しみのさなかも私の生を豊か

し、この1年を素晴らしいものにしてくれました。

　5月12日、献身60年を祝うため、私はオタワに行くことになっていました。しかし、病気で行けなくなりました。それでも、この60年間の想い出はただのひとつも消えることはありません。「この60年」。それは、なんと驚くべき時だったのでしょう。馬と馬車の時代から飛行機と宇宙船の時代まで。この間の科学と技術の進歩は、人類誕生以来それまでの進歩を合わせた以上のものでした。55年前、妻と私は2週間かけて太平洋を渡りました。今や、鷲のような翼に乗ってしまえば、1日もかかりません。

　素晴らしい年月でしたが、人類にとって恐ろしい年もありました。科学的な知は進歩しましたが、仲間といかに平和に生きるかということを人類は学んで来なかったからです。知(knowledge)は力ですが、智(wisdom)のみが自由なのです。人類が良い意志を実行することを通してのみ、永遠の平和が実現するのです。

　短い休戦期間はありましたが、世界はほとんど常に戦争状態でした。過去60年間にカナダは3つの戦争に加わりました。数週間前の戦没者追悼記念日に、戦争で命を落とした10万の尊い犠牲者を女王と共に追悼しました。この恐ろしい年月の間に、カナダは植民地から独立国家となって、世界の出来事に影響力を持つようになりました。大英帝国からイギリス連邦へと平和に姿を変えたのです。世界中で、アジアやアフリカの有色人種と呼ばれる人びとによるナショナリズムの高揚と、帝国主義、植民地主義の否定がより顕著に見られます。フランスとイギリスが大陸に所有していた植民地から徴兵した兵士は二つの世界大戦に参加したことにより、ヨーロッパやアメリカの人びとが望ましい暮らしをしていることを知り、西洋の国々の豊かな生活を自分たちも享受したいと考えるようになりました。こうして、アジアのフィリピン、東インド諸島、インドシナ、中国、マレーシア、ビルマ、インド、パキスタン、セイロン、アフリカのガーナが解放され、独立しました。この動きはさらに続いています。

　破壊と再建が激しく続く年月の間、多くの国々における政治体制の変化は世界の人びとに希望と恐怖をもたらしました。抑圧された人びとには希

望を、それまで世界の富と特権を有していた人びとの心には恐怖を与えました。特権階級と君主制はほとんど破壊され、「人民民主主義」の名のもとにおかしな独裁者が現われました。世界は、共産主義と自由主義と中立国に3分されました。紛争は今なお続き、問題は解決していません。

　このような時代を生き、国と教会と世界の発展に参画するのは大変なことです。私の幼き日の故郷はオタワ川南岸のロリニャル村[66]でした。オタワから60マイル〔96km〕の所にあり、オタワとモントリオールのちょうど中間でした。当時、東オンタリオ辺りは、フランス語を話す人口が増加していました。少年時代、ロリニャルには大きなカトリック教会が1つと小さなプロテスタント教会が3つありました[67]。日曜の朝は長老教会、午後は聖公会、夕方はメソヂスト教会に通うのが当時の私たちの習慣でした。3つの異なる教会を、祈りの家、礼拝の家、讃美の家と私は考えていました。礼拝上の様々な要素が3つの教会のすべてにありながら、識別できる程度の違いが見られました。この3つの教会を知ったことは、私の生涯の仕事に対する何よりの準備となりました。地域社会を構成する様々な要素は、私たちの関係に幸福をもたらしました。私たちは皆違っていました。それぞれが、自分たちの文化と言葉と教会が一番だと思っていました。しかし、寛容と良い意志と互いを敬う心が問題を友好的に解決してくれました。私たちが小さなメソヂスト教会を建てた時、すべての人から、カトリックの司祭からさえも援助してもらいました。教会の女性が寄付を求めベルベ神父[68]を訪ねた時、神父はこう言いました。「プロテスタントの教会を建てるのに私は何も差し上げることはできませんが、敷地内の古い建物を壊せば何か差し上げられるでしょう」。そして、心からの笑顔と共に4ドルを差し出してくれたのです。

　1894年、私はモントリオールのマギル大学に入学しました[69]。それまでの概念が覆される新しい時代でした。進化論が新世界に到達し、マギル大学学長を辞めたばかりの尊敬すべきウィリアム・ダウソン卿[70]はこの概念を恐れ、拒絶しました。彼は偉大な科学者であり、地質学者で、敬虔なキリスト教徒でした。当時のもうひとつの新たな概念は聖書批評学で、スコッ

トランドの大学では既に認められていましたが、カナダではまだ理解されていませんでした。キングストンにあるクィーンズ大学は、カナダでこの概念を受け入れた最初の大学でした。多くの信心深い人びとはキリスト教の信仰が傷つけられることを恐れました。しかし、当時新しかったことは今では当たり前のことです。教会はより強くなり、聖書はそれまで以上に広い世界に広まっています。なぜなら、新たな未消化の科学的概念の影響を中和する別の動きが起こるからです。その中で有名なのは、ムーディとサンキーの福音伝道やジョン・R・モット、ロバート・E・スピア、そして我が F. C. スティーブンソンによる学生ボランティアと平信徒伝道運動です。こうした運動は教会の目を世界に向け、主の声を世界中に広め、福音を説く大きな力にな

写真 1-7　学生時代のベーツ
1890 年代後半
アルマン・デメストラル氏所蔵

写真 1-8　マギル大学時代の下宿
撮影：チャールズ・デメストラル（2013 年 12 月）

第 1 部　翻訳

りました。

　1897 年 5 月、私はオタワ地区の志願牧師——当時私たちは「見習い」と呼んでいました——として認められ、ブラインドリバーに派遣されました。モントリオール年会の西端に位置し、教会内でもっとも開発の遅れた担当区域でした。今と同じく、当時も大量のウランがあったのですが、だれもそのことを知りませんでした。その頃のブラインドリバーは人口 250 人の材木伐採の中心地で、イギリス人、フランス人、先住民とその混血が住んでいました。教会の建物がなかったので、ほ

写真 1-9　ベーツ、1901 年頃
クィーンズ大学で修士学位を取得した時の写真と思われる。
アルマン・デメストラル氏所蔵

んの一部屋だけの小さな学校を使い、毎日曜の夕方、40 人程が集まりました。しかしながら、ブラインドリバーは私の始まりの地です。教会の出発点と考えられる場所で過ごした年には、興味深い想い出がたくさんあります。そんな想い出のひとつが私にとって初めての葬式です。イギリスから移住した農民の年若い妻の葬式でした。彼女はお産で亡くなりました。新しい丸太で作られた簡素な松の棺が一頭立ての荷馬車で小さな墓地まで運ばれました。墓地には先住民の墓がいくつかありました。夕暮れ時で、日が沈み、隣の敷地からカウベルによる弔いの音が聞こえてきました。60年経った今も、その情景が色褪せることはありません。哀愁により美しく和らげられただけです。

　翌年、私はキングストン近郊のポーツマスに派遣されました。そこで、3 年間メソヂスト教会の学生牧師を務めました。教会はロックウッド精神病院の近くにあり、キングストン刑務所からもそう遠くありませんでした。病院と刑務所の職員、さらに病院の患者がほんの数名礼拝に出席していました。ある日曜、受刑者からホーリー・ジョーと呼ばれているカートライ

ト宗教主事^77の招きを受け、刑務所で説教しました。受刑者の一人が壁に描いた等身大の宗教画により美しく装飾されたチャペルには、腕を拘束された受刑者が約300人いました。チャペルの一面に開かれた大きな窓があり、その窓から説教者は30人程の女性受刑者を見ることができました。60年前、女性は男性のわずか十分の一しか悪いことをしなかったようです。その割合は、その後もっと増えたのではないでしょうか。

写真 1-10　ドーチェスター通り教会
1910 年頃
アルマン・デメストラル氏所蔵

この2つの更生と癒しの施設に関わったことで、精神的な病と犯罪の問題がよくわかるようになりました。それは、他のいかなる方法でも知りえないことでした。しかし、ポーツマスで過ごした3年間で受けた最大の恩恵は、クィーンズ大学で学ぶ機会が与えられたことです。^78 グラント学長は、一流の研究者に良い刺激を与える指導者でした。^79 そんな中に哲学のジョン・ワトソン教授がおられ、当時、観念論の第一人者とみなされていました。^80 その指導の下で学べたことはまれにみる幸運でした。ギリシャ哲学、ドイツ哲学、イギリス哲学の原典研究を通して、知の信頼性と宗教的信仰心を確信する根拠を注意深く探る土台を築きました。ワトソン博士の主張「神への合理的信仰心こそ道徳の基本である」を私は忘れたことはありません。このことを今日、私たちは再び学ぶ必要があります。活力に満ちた宗教は良き生の中にあり、真の危険のない道徳が生きた聖なる神を信仰する動機となるに違いありません。

1901年夏、私はモントリオールのドーチェスター通りメソヂスト教会^81に派遣されました。同年11月、オタワのドミニオン教会のS. P. ローズ博

第1部　翻訳

士から按手を受け、正式な牧師になりました。その時の礼拝は、私の想い出の中のハイライトの一つです。ローズ博士は、もっとも素晴らしいキリスト者であり、研究者でした。彼は、「コリント信徒への手紙一」13章をもとに説教し、「『愛』を『牧師』に替えましょう」と言って、こう続けました。「牧師は忍耐強い。牧師は情け深い。ねたまない。牧師は自慢せず、高ぶらない」。これは新米牧師の私にとって良い教訓でした。私たち牧師にとって、個人的野望や満足をわきに置くことがどんなに重要であることか。

　　　栄えの主イェスの　十字架をあおげば、
　　　世の富、ほまれは　塵にぞひとしき。

　その年、私はカナダの諸都市のより貧しい地域の生活状況を学ぶ機会に恵まれました。そのような貧困と飢えがカナダに存在することを私は知りませんでした。宣教師として日本に行く前のささやかな勉強になりました。私たちの時代の偉大なるイギリスの歴史家アーノルド・トインビーは著書『一歴史家の宗教観』の中で、私たちの宗教的、道徳的生活の方向と質を決定づける挑戦とその応戦に特徴づけられた歴史の宗教的見解について語っています。1902年は私にとって最大の挑戦の年でした。その挑戦は、これまで私の人生に応戦を求めてきました。その年の1月、私が学んでいたモントリオールのウェスレアン神学校をF. C. スティーブンソン博士が訪問されました。博士はその時、若者を伝道活動に誘う活動をされていました。ある日、博士は私にこうおっしゃいました。「ベーツ君、来月トロントで行われる学生ボランティア大会に行きませんか」。私は「いいえ」と答えました。「どうして行かないのですか」。博士はお尋ねになりました。「時間もお金もないからです」。すると、博士はこう言われました。「時間に関しては、そこに行くこと以上に有効な使い途はありません。お金に関しては、これを使いなさい」。そしてポケットに手を入れ、10ドルを差し出されたのです。「これを費用に当てなさい。そして、私の家に来なさい」。

それは最初の挑戦でした。次は、その大会でジョン・R・モットが中国からの電報を読み上げた時でした。「北中国は呼んでいる。ギャップを埋めよ」。それは、250 人の宣教師と 250 人の中国人信徒が殺された義和団事件を指していました。その時、若き預言者イザヤが神殿で聞いた言葉「誰を遣わすべきか。誰が我々に代わって行くだろうか」を使って、モットはマッセイ・ホールの大観衆に挑戦したのです。300 人の男女がイザヤの献身の精神に応えました。「わ

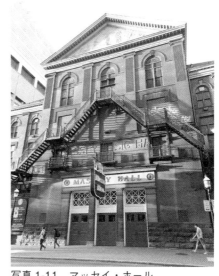

写真 1-11　マッセイ・ホール
撮影：ガーリー・ブレイクリー
（2012 年 9 月 1 日）

たしがここにおります。わたしを遣わしてください」。その時、初めて私の耳に讃美歌が聞こえました。

　　正義の主イェスに　従いゆき、
　　血に染む御旗に　続くは誰。
　　苦き杯も　まよわず受け、
　　十字架を担いて　従う者。

それは、ワクワクする挑戦でした。

数週間後、私は中国への任命を受けましたが、それはすぐに日本に変更されました。さらに挑戦は続きました。数日後、私の妻になることに同意してくれていた若い女性に、私の決意を書き送りました。彼女の返事は、「あなたと共に参ります。それだけが私の望みです」。

1902 年 8 月 6 日、オンタリオ州モーリスバーグで私たちは結婚しました。

第 1 部　翻訳

写真 1-12　結婚式、1902 年 8 月 6 日
アルマン・デメストラル氏所蔵

　その地のメソヂスト教会で、彼女の父親は牧師をしていました。[93]数週間後、私たちは日本をめざし、西に向かいました。ちょうどその時開催されていたメソヂスト教会の総会に出席するため、ウィニペグに立ち寄りました。それは、さらなる大きな挑戦の機会でした。教会の合同問題を検討する委員を任命するため、他のプロテスタント教会も総会に招聘すべきだとプレスビティリアン大学〔正しくは、長老教会を代表して参加したマニトバ大学〕のパトリック学長[94]が提案したのです。この挑戦は受け入れられ、23年後の1925年、カナダ合同教会が誕生しました。[95]キリスト教会の歴史において偉大な日でした。なぜなら、その時始まった動きは、解放に向け大きな影響を与えたからです。400 年前の宗教改革以来、もっとも大きな影響の一つでした。これが大成功だったことは、32 年前の合同以来、いかなる地方教会もカナダ合同教会から離脱していないこと、そして、教会運営において、旧教派による分裂が一度も起こらなかったことが証明しています。インド、中国、日本、アフリカ等さまざまな国で同様の合同が行われ、現在その他の国でも検討されています。[96]
　私たちのような古い人間は、かつての教派、メソヂストや長老派や組合教会が持っていた特別な教義が失われてしまったように感じることがある

のは事実です。しかし、現在享受している信仰と人脈の豊かさから見れば、それは大したことではありません。私たちには偉大な教会があり、多くの機会に恵まれ、大きな責任を持ち、大きな資力があるのです。しかし、これらのことは、別の挑戦を生み出します。私たちは自分たちの仕事にふさわしいでしょうか？　私たちは危機に直面しています。責任を正確にはかることができない危険、自己満足や精神的満足に陥る危険です。私たちは、パウロがコリントの教会に発した警告を心に留めおかねばなりません。「いったいあなたの持っているもので、いただかなかったものがあるでしょうか」[97]。私たちには借りがあります――私たちの前に去った者たちへの借り、自らの血で私たちをお救いくださった主への借り。

　ウィニペグの総会で、初めて日本人の知り合いができました。それは、私たちの教会の日本年会初の日本人年会長になったばかりの平岩恒保博士[98]でした。それまで、その職は宣教師が務めていたのです[99]。私たちは彼から初めて日本語を学びました。

　ウィニペグからさらにバンクーバーまで西に向かい、ほどなく日本行きの旧エンプレス・オブ・インディア号に乗船しました。当時の航海は現在といかに違っていたことか。陸が見えなくなると、私たちは何もかもから切り離され、海と船だけになりました。陸と私たちを結ぶ無線通信はなく、世界のニュースも届きません。暗闇を凝視し、危険を知らせるレーダーもありませんでした。船の浮力と乗組員の技術のほかは、風と波のなすがままでした。大荒れの航海でした。激しい嵐のため、エンジンが止まり、船は広い太平洋の真っただ中を漂いました。航海初心者にとって、不安でいっぱいの経験でした。楽しい想い出は、イギリス国教会の祈祷書を使い、船長により厳かに執り行われた日曜朝の礼拝です。讃美歌は、船で旅する人のためのものが歌われました。それは、イギリス船籍の船の毎朝の礼拝で通常歌われるものでした。

　　涯しも知られぬ　青海原をも
　　奇しき御手もて　造りし御神よ、

第1部　翻訳

波路ゆく友を　安く守りませ。[100]

　船は嵐の影響を受けましたが、予定通りの日数で、日本の沿岸の明かりが見えました。2週間もの単調な航海のあと目にした心躍る光景でした。
　私たちが来日したのは、1873年に私たちの教会の最初の宣教師が到着[101]した時とはまったく異なり、大変幸運な時でした。開拓者の仕事は終わっていました。別の人たちが働いていて、私たちはそれに加わりました。日本の教会が設立され、力を持ち、可能な限り自国のキリスト教活動に責任を持っていました。もっとも幸運だったのは、キリスト教徒となった最初の世代の多くが健在だったことです。その中に、私の良き友だった賀川豊彦[102]がいました。彼は世界中のキリスト教会に知られた人物で、20世紀におけるもっとも献身的で影響力あるキリスト教徒でした。彼を知ったことでキリストの霊の強い影響を感じ、いっそう献身と自己犠牲に挑戦しようと思いました。あらゆる階層と聖職者に、政界、教育界、ビジネス界に有能なキリスト教徒の指導者がいました。数としては少数でも、その影響は絶大でした。彼らを知ったことで大いに助けられました。その子息、息女が現在、この国のキリスト教の指導者になっています。
　しかし、多くの人びと、特に地方の人びとはキリスト教に触れていませんでした。それは今もそうです。その結果、日本の教会はアメリカやイギリスから来る宣教師を歓迎しました。宣教師は同僚として、キリストの兄弟としてやって来ました。自分たちだけではあまりに数が少なく、何千万人もの国民に福音を説くにはあまりに力が弱かったからです。それは今も同じです。別の意味でも、日本に来たのは楽しい時代でした。ちょうど日英同盟が締結されたばかりで、[103]イギリス的、アメリカ的なものが好まれました。あらゆる面で、変化と進歩の時代でした。1902年に来日した時、東京に電車はありませんでした。しかし、翌年、走り始めました。[104]交通手段は、「人力車」か、自転車か、余裕ある少数の人は馬車でした。自動車はまだ先のことでした。私たちの来日は日露戦争の2年前で、第一次世界大戦のほとんどの期間、そして、迫りくる第二次世界大戦の影響により[105]

1 二つの回想録

写真 1-13　甲府で寮生と、1908 年
アルマン・デメストラル氏所蔵

　1940 年の大晦日に立ち去らざるを得なくなるまで、日本で過ごしました。[106]
軍事力が増大し、それに伴い国家的野望とプライドが過度に膨らむのを見
てきました。大変残念で悲しいことに、人口増加のため、限られた資源の
ため、そしてその状況を理解する人々の同情を喚起するため、日本の欲求
は切迫していきました。日本の政界と軍部の指導者たちの忍耐が足りず、
日本の成功が滅亡の始まりになりました。戦争と屈辱的な敗戦以来ずっと
キリスト教徒だったある日本人に、私は言いました。「日本が戦争を避け
られなかったことが残念でなりません。戦争しなければ、失ったものをす
べて持ち続けることができたでしょうに」。その日本人はこう答えました。
「しかし、それが一体、何の役に立つというのですか。神は最善をご存じ
です。私たちはもっと良い日本をつくるのです」。
　私たちは最初の 7 年を東京と日本の中央に位置する甲府で過ごしまし
た。[107]いずれの地でも、仕事の多くを学生の中で行いました。毎年クリスマ
スには、50 年前に東京で私の英語バイブル・クラスの一員だった男性か[108]
らカードや手紙を受け取ります。その後のクラスの参加者からも、数多く
送られてきます。こうした個人的つながりと友情こそ、私たちにとって最
高の報酬です。

第1部　翻訳

　1909年から10年にかけての最初の休暇帰国[109]のあと、私たちは関西学院のスタッフに加わるため、西日本の神戸に行きました。その後の30年、ほとんどそこで過ごしました。1910年に到着した時、300人の学生がいました。30年後に帰国する時は、3,000人以上になっていました。現在、大学には9,000人以上の学生がいて、日本でもっとも影響力のある大学のひとつになっています。そして、1889年に南メソヂスト監督[110]教会が基礎を据えたキリスト教主義教育を忠実に守っています。45年前以降に私が教えた学生の何人かが重要な仕事の指導者になっているのは、大変嬉しいことです。[111]7,000人以上の青年、関西学院の卒業生の卒業証書に私の名があります。彼らは時々手紙をくれます。こうして、東洋で師弟間に存在する麗しい敬愛の情が続いているのです。

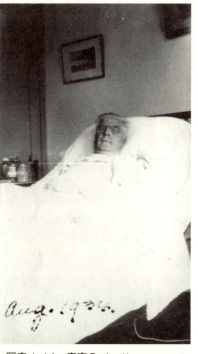

写真1-14　病床のベーツ
　　　　 1934年8月

ベーツは1927年と1934年の2度、再起が危ぶまれるほどの大病を患った。
アルマン・デメストラル氏所蔵

　日本での最初の25年間、私たちは健康そのものでした。しかし、1927年、私は悪性貧血になり、妻は私をトロントに連れ帰りました。[112]多くの人はそれが私の最後の旅になると考えていました。しかし、神の摂理により、5カ月後、日本に戻ることができました。[113]不安だった日々のことが数多く思い出されます。日本を去る前日、選ばれた2人の女性、日本で最初に知り合った母娘が別れを告げに来ました。2人は私のベッドの横にひざまずきました。母親の小杉さんが私の手を取り、快復を何度も祈りました。それ[114]から立ち上がって、私の目をのぞきこみ、大きな声で言いました。「治り

ます、治ります、治る¹¹⁵」。その言葉は実際に快復するまで、海を渡る時もカナダでもずっと耳に鳴り響いていました。それは今も続いています。数年後、彼女の葬儀に私は厳粛な気持ちで臨みました。娘は、1945年に自宅の庭の防空壕で亡くなりました。

日本でもカナダでも、私たち夫婦は何度か病に見舞われましたが、キリスト教徒の友人たちの熱い祈りにいつも支えられました。私たちのための祈りは豊かに報われました。娘と3人の息子は日本

写真 1-15　ロイヤル・ヨーク・ロード教会定礎式、1953年5月23日

ベーツの葬儀もこの教会で行われた。
アルマン・デメストラル氏所蔵

で生まれ、教派は異なりますが、皆教会の仕事に従事しています¹¹⁶。ロリニャル村での私の幼少期の経験が子どもたちに繰り返されたように思うことがあります。

2人の日本基督教団総会議長がトロントに住む私たちを訪ねて来ました。一人は旧メソヂストで、もう一人は組合教会でした。私たちは日本の教会を心から信頼し、支援しています。プロテスタント、カトリック、正教会に56万人以上の信者がいます。32万人以上がプロテスタント教会に所属し、その50％以上が日本基督教団です。日本の教会のことを神に感謝します。しかし、日本の人口は現在9,000万人を超えています。ですから、福音を伝える仕事は大きく、私たちは新たな協力に挑戦しています。海外伝道局と婦人伝道協会が呼びかけに応え、日本に50人以上の宣教師がいることを嬉しく思います。

カナダに戻ってからの17年間、レジャイナ¹¹⁷で、オンタリオ州の様々な場所で、ケベック州で、トロントのベルフェア教会で、そして多くはロイヤル・ヨーク・ロード教会¹¹⁸で、私たちには思いもよらなかった礼拝と親睦

の機会が数多く与えられました。これらの教会の牧師と教会員には、私たちがこの先祈り続けても返せないほどの恩義を感じています。

　主イエス・キリストへの奉仕は、この世でもっともやりがいのある務めです。もしも生まれ変われるなら、私たちを愛し、私たちにご自身を捧げられた主の証人として、私たちをいずれかのミッションにお遣わしくださるよう願う以外、望むことは何もありません。

　C. J. L. Bates, "These Sixty Years in the Ministry."『関西学院七十年史』、1959年。

訳者あとがき

　私がベーツ資料に着目した背景には2人の先生からいただいた助言がある。1998年6月、人事異動で学院史資料室（学院史編纂室の前身）の配属となった時、学生時代（商学部）の恩師中村巳喜人名誉教授[119]は、刊行されたばかりの『関西学院百年史』に対する感想を私に語られた。その中にこんな言葉があった。

　「関西学院はアメリカ人宣教師が創立し、アメリカ人とカナダ人と日本人が協力して、発展させてきた学校です。関西学院のことを知るには、日本語の資料に当たるだけでなく、宣教師が書いた英文資料を収集し、読み込む必要があります。『百年史』はその点、不十分です。資料庫にどんな資料があるのか知りませんが、英文資料があったら、すべて読みなさい。活字やタイプ打ちされたものだけでなく、手書き文書にもしっかり目を通しなさい。新しい発見は英文資料の中にいくらでもあります。英文資料は宝の山でしょう。それをあなたが見つけて書くのです。関学に資料がなければ、アメリカやカナダに行って集めてくるのです。まず、ベーツ院長のことから始めなさい。わからない英語があったら、宣教師に尋ねなさい。英語を母語とする教師に必ず英語で質問すること。日本人教師に尋ねてはいけません。できないとは言わせませんよ。それだけのことを私はあなた

に教えてきましたからね」。

　敬虔なカトリック信者で、関西学院のご出身でもない中村先生が『百年史』を詳細にお読みになっていたことを知って驚いたが、私は恩師のお言葉に素直に従った。英文を読む上で生じた疑問点は文学部におられたアメリカ人宣教師ジュディス・ニュートン教授に何度も尋ねた。2004年3月にニュートン先生が退職されてからは、モントリオール在住のアルマン・デメストラルさんとトロント在住のカミラ・ブレイクリーさんに質問し、教えていただいた。こうして、私はベーツが書いた英文を繰り返し読んだが、日本語にしようとは思わなかった。中村先生は「読みなさい」と言われたが、「訳しなさい」とは一度も言われなかったからである。

　日本語に翻訳するよう私におっしゃったのは神学部におられた神田健次名誉教授である。神田先生は、キリスト教徒でもなく、大学院で勉強したこともない私を神学研究科博士課程後期課程のゼミに受け入れ、10年以上ご指導くださった。神田先生に心から感謝しつつ、自分の非力を痛感し、申し訳なく思う。

　繰り返しになるが、1902年に来日したベーツは、1910年から17年、および1920年から40年までの計27年間、関西学院で働き、高等学部（文科・商科）開設、大学（予科・法文学部・商経学部）開設、上ケ原移転の大事業を成し遂げた。スクールモットー"Mastery for Service"は、高等学部長時代のベーツが高等学部のために提案した言葉だった。その貢献の大きさと今日にまで及ぶ影響力を顧みると、日本で青少年の教育に生涯を捧げたベーツの「挑戦」を、彼自身が記した言葉により見直すことの意義は大きい。その「挑戦」を、今を生きる私たちが受け止め、「応戦」することが関西学院の未来につながるだろう。

　私はベーツ資料に「挑戦」した。本稿はそれに対する「応戦」のささやかな一歩である。

（池田裕子）

第 1 部　翻訳

注・・・

1　William Kennon Mathews（1871-1959）。アメリカ南メソヂスト監督教会宣教師。1902 年に来日し、04 年から 41 年まで関西学院で教え、第 2 代図書館長を務めた。08 年にエバ・ウィリアムズ（Eva Williams）と結婚。マシューズのことを図書館元職員は次のように記している。「……日本語の上手な人で、いつも金メダルをぶら下げていた。大学では特待生だったそうで、遠く祖先をたどるとGワシントンの名も出てくるほどの名門の出身で私も先生の家系作りを手伝ったことがある」（入交光三「関西学院生活 50 年」、『KG TODAY, 関学通信』第 3 号、1970 年 6 月 11 日、4 頁）。

2　1899（明治 32）年に宗教教育を禁じる文部省訓令第十二号が公布され、カナダ・メソヂスト教会は麻布尋常中学校の経営から手を引いていた。なお、青山学院はアメリカのメソヂスト監督教会が創立した学校である。アメリカのメソヂスト教会は、南北戦争により北部のメソヂスト監督教会と南部の南メソヂスト監督教会に分裂していた。

3　ベーツ夫妻は日本で 4 人の子どもに恵まれたが、この時点で誕生していたのは長男レヴァー（William Lever, 1903-1967）と長女ルル（Lulu Dell, 1905-1977）の 2 人（*Newcomers in a New Land*, pp. 33-38）。

4　Thomas Henry Haden（1863-1946）。アメリカ南メソヂスト監督教会宣教師。1895 年に妻ジェニー（Jennie, 1852-1917）と共に来日。1896 年から 1940 年まで関西学院で教え、第 2 代神学部長を務めた。なお、ヘーデンは日記を残しており、エモリー大学（ジョージア州アトランタ）に保管されている。日記によると、ベーツ一家の到着は 1910 年 9 月 6 日で、10 日朝までヘーデン家の世話になったことがわかる。

5　吉岡美国（1862-1948）。1892 年から 1916 年まで第 2 代院長を務めた。1914 年 4 月、吉岡は日本メソヂスト教会を代表し、南メソヂスト監督教会の総会に出席するため渡米した。アメリカ訪問後、トロントに行きカナダ・メソヂスト教会伝道局関係者の歓迎を受けた。さらに、吉岡はモントリオールから大西洋を横断し、スコットランドに向かったのだが、その際、当時オタワにあったベーツの実家を訪ねている。日本にいるベーツは吉岡の訪問を喜び、「なんて上品で魅力的で信仰心篤い紳士なのでしょう」と母親が手紙に書いて来たとニュートンに知らせている（Letter of Aug. 5, 1914, from C. J. L. Bates to J. C. C. Newton, the United Methodist Church Archives）。

6　松本益吉（1870-1925）。1902 年から神学部教授。1920 年、副院長に就任。在職中の 25 年 12 月逝去。その時、院長のベーツがカナダに休暇帰国中（当時、宣教師は 7 年毎に 1 年の休暇が与えられていた）だったため、院長代理を務めていた。訃報を聞いたベーツは休暇を切り上げ、翌年 2 月に帰任した。

7　曽木銀次郎（1866-1957）。カナダ・メソヂスト教会が関西学院の経営に参画した時、神学校教授に就任。松本益吉急逝後、副院長を務めた。ベーツとは東京の中央会堂で一緒だった時期がある（『日本基督教団本郷中央教会七十年の歩み』、1960 年、57 頁）。

8　吉崎彦一（1870-1925）。1906 年から神学部教授（『日本キリスト教歴史大事典』、1988 年、教文館、1471 頁）。

9　John Caldwell Calhoun Newton（1848-1931）。アメリカ南メソヂスト監督教会宣教

師。1888 年に妻レティ（Lettie Emma）と共に、娘ルース（Ruth Elisabeth）、アニー（Annie Grace）を連れ来日。創立時の神学部長。ニュートンがアメリカから持ち込んだトランクいっぱいの本が図書館（書籍館）の始まりだった（W. K. Matthews, "Notes on the First Fifty Years of the Kwansei Gakuin Library,"『関西学院六十年史』、1949 年、10 頁）。1916 年から 20 年まで第 3 代院長を務め、23 年に帰国した。ニュートンの後任院長選出は難航したが、理事会で当初から一貫してベーツを推していたのはニュートンであった（*Minutes of the Board of Directors of the Kwansei Gakuin*, Feb. 6, 1920, April 21, 1920）。

10　Daniel Rial McKenzie（1861-1935）。カナダ・メソヂスト教会宣教師。イビー自給バンドの一員として 1887 年に来日し、1890 年に正規のメンバーになった。1888 年にユーフェミア・イザベラ（Euphemia Isabella, 1863-1932）と結婚。1913 年 3 月に開催された日本メソヂスト教会東部年会で「中央ミッション」の命を受けた（『日本メソヂスト教会第六回東部年会記録』1913 年、38 頁）。関西学院では、5 月 3 日に送別会が行われた（『関西学報』第 16 号、1913 年 7 月、65 頁）。息子のアーサー（Arthur Pearson McKenzie, 1889-1960）も宣教師となり、1932 年から関西学院で教えた。第二次世界大戦中、アーサーはハーバード大学のアメリカ海軍言語学校でアメリカとカナダの軍人に日本語を教え、カナダ陸軍中佐となって、バンクーバーのカナダ陸軍言語学校の責任者を務めた。戦後、再び関西学院に戻り、1952 年まで教え、創立されたばかりの国際基督教大学に移った。

11　神戸市電の終点は熊内一丁目だった。市電布引線が上筒井まで延長されたのは 1919 年。

12　1889 年に最初の校舎、翌年、第 2 校舎が建てられた。本館竣工後は、それぞれ南寮、北寮となり、やがて前者は神学部、後者は普通学部の寮となった。

13　関西学院は 1889 年に神学部と普通学部から始まった。普通学部は兵庫県の認可を受けていたが、神学部は無認可のままスタートした。ところが、文部大臣の認可は神学部の方が早く、1908 年 9 月 4 日、専門学校令により「私立関西学院神学校」となった。ベーツの赴任も神学校教授としてであった。1912 年、専門学校令により高等学部（文科・商科）が新たに開設されると、「私立関西学院神学校」は、「私立関西学院」の神学部になった。また、普通学部（普通科）が文部大臣の認可を受け、中学部と改称されたのは 1915 年 2 月 12 日であるが、その数年前から宣教師は普通学部のことを "Academic School (or Department)" ではなく "Middle School" と表記するようになっていた。ベーツも本稿で "Middle School" のみ使っている。

14　1893 年に着工し、1894 年に献堂式が行われた本館は、当初 2 階建てだった。3 階部分が増築されたのは 1908 年である。

15　1904 年に献堂式が行われたブランチ・メモリアル・チャペル。関西学院の旧校地原田の森にあった建物で現存する唯一のもの。現在は神戸文学館として使われている。

16　西門が原田の森の正門だった。この門は上ケ原に移築され、大学院 1 号館前に設置されている。

17　Samuel Eugene Hager（1869-1950）。アメリカ南メソヂスト監督教会宣教師。1903 年、妻ジョージアナ Georgiana（1867-1956）と共に来日。1904 年から 40 年まで関西学院で教え、1907 年から 11 年まで第 7 代普通学部長を務めた。それは関西学院にとって困難な時代で、1910 年には普通学部卒業生が皆無になった（上級学校進

第 1 部　翻訳

学に必要な文部省の「指定」の効力が及ばない学年の在籍者全員が他校に移ったため）。こうした状況の中、ヘーガーは吉岡美国第 2 代院長と協力し、カナダ・メソヂスト教会との合同経営の話を積極的に進めた。2 人は創立者 W. R. ランバスの母校ヴァンダビルト大学で共に学んだ仲間であった（Sam H. Frank, "Samuel E. Hager, American Missionary in Japan: A Biography," A thesis for the degree of Master of Arts, Florida State University, p. 83 & pp. 86-91）。なお、人力車で通勤していたヘーガーの住所は "2 of 145 Shichome, Kitano Cho, Kobe"（『基督教年鑑』〈復刻版〉①大正 5 年版、日本図書センター、1994 年、418 頁）。住居はポートアイランド（神戸市中央区）の北公園に移築され、「みなと異人館」と呼ばれている。

18　長谷基一（1855-1927）。原田の森の土地取得に際し、吉岡美国らと共に土地所有権者の 1 人となった。普通学部・中学部で化学を教えた。
19　アメリカ南メソヂスト監督教会日本宣教部は、第 2 回年会の 2 日目（1888 年 9 月 1 日）のセッションで、神戸に男子校、神戸と広島に女子校を設置することを決議した（Minutes of the Annual Meeting of the Japan Mission of the Methodist Episcopal Church, South, Second Session, Aug. 31-Sept. 4, 1888, p. 2）。神戸の男子校が関西学院、広島の女子校が広島女学院である。ただし、広島女学院はそのはじまりを 1886 年にアメリカから帰国した砂本貞吉が創設した「広島女学会」としている（『広島女学院百年史』、1991 年、2-8 頁）。
20　松本卓夫（1888-1986）。1912 年、関西学院神学校卒業。
21　松下積雄（1890-1963）。1912 年、関西学院神学校卒業。のちに礼拝主事、神学部教授を務めた。1944 年、広島女学院専門学校教授に就任し、49 年から広島女学院大学英文学部長を務めた。
22　原田の森の神学館は関西学院における初のヴォーリズ建築。アメリカの南メソヂスト監督教会が創立した関西学院の経営にカナダのメソヂスト教会が参画して以来、双方より 3 名ずつの宣教師が出席する建築委員会（The Building Committee of Kwansei Gakuin）が組織され、1911 年 4 月 19 日に最初の会合が持たれた。同委員会の下に設けられた建築実行委員会の第 2 回会合で、神学館と宣教師館建築に必要な専門家のアドバイスを建築家 W. M. ヴォーリズに求めることが承認された（Minutes of Second meeting of the Executive Committee, May 20, 1911）。ベーツも両委員会の一員だった。アメリカ側の委員マシューズは、広範囲にわたり、骨の折れるこの仕事に週 2 日とられると書いている（W. K. Matthews, "Japan. Work in Kobe," The Missionary Voice, Vol. 2, Board of Missions, Methodist Episcopal Church, South, October 1912, p. 621）。
23　本多庸一（1848-1912）。日本メソヂスト教会初代監督。
24　江原素六（1842-1922）。関西学院がカナダ・メソヂスト教会との合同経営に入った際、第 3 代院長に選出されたが、断った。
25　福原鐐二郎は、1911 年 9 月 1 日から 16 年 10 月 13 日まで文部次官を務めた（秦郁彦編『日本官僚制総合事典 1868-2000』、2001 年、118 頁）。
26　注 2 参照。
27　学生募集定員として公表されたのは、文科 30 名、商科甲部（中学校、指定校卒業者）40 名、乙部（甲種商業学校卒業者）20 名であった。応募者は 50 名で、4 月 11 日に口頭試問のみ実施し、文科 3 名、商科 36 名を受け入れた（『関西学院百年史』通史編Ⅰ、338-339 頁）。商科の入学生を 39 名とする資料もある（『関西学院高等商

業学部二十年史』、1931 年、29 頁)。しかし、当室に保管されている入学願書は 36 名分である。なお、文科について、ベーツが 4 名と書いたのは、入学時は 3 名であったが、2 学期に商科から文科に移った 1 名を加えたためであろう。文科の 1 期生としては 4 名と考えられる(『文学部回顧』、1931 年、7 頁)。

28 小寺敬一(1894-1951)は、1920 年より高等学部教授に就任し、戦後は短期大学商科教授を務めた。白石英一郎(1891- ?)は、庭球部、陸上競技部で活躍した。石本徳三(1892- ?)は、卒業後、関西学院職員となり、会計課主任として働いた。商科の最初の卒業生 12 名は「『学院の生死我に在り』と云ふ気概と自重の念をもって常に始終された」と『高等商業学部二十年史』は伝えている(29 頁)。

29 原野駿雄(1894-1932)。1912 年、高等学部文科入学後、神学部に転じ、1919 年に神学部を卒業した。文科 1 期生 4 人の内 3 人はすぐに退学したため、1915 年に原野が 1 級下の田中貞、2 級下の柳原正義と共に文科から神学部に移った時、文科生は皆無になった(残る一人は病気療養中)。ベーツは原野を懸命に引き留めたが、最後は「神様の声に従います」と言って祈り、その後一切このことに触れず、原野を励まし続けた(1970 年 8 月 28 日開催の「関西学院職員修養会」で原野駿雄が語った言葉より)。1927 年、神学部教授に就任し、神学部長、初代宗教総主事を務めた。

30 村上博輔(1865-1926)。専門部文学部教授。吉岡美国および関西学院初期の教職員一般に見られるアメリカ一辺倒の風潮を痛烈に批判した。『関西学院史紀要』第 7 号(2001 年)から 21 号(2015 年)に『村上博輔日記抄』が翻刻されている(11 号を除く)。

31 木村禎橘(1885-1969)。高等学部商科開設時、商科出身(東京高等商業学校)の唯一の教員だった。ベーツと相談し、高等学部のモットー "Mastery for Service" とウォッチワード "Character & Efficiency" を定めた。

32 佐藤清(1885-1960)。詩人。1913 年から 23 年まで高等学部文科で英文学を教えた。(『佐藤清全集 II(詩)』、詩声社、1963 年、267-278 頁、『文学部回顧』、1931 年、57-58 頁)。

33 岸波常蔵(1876-1954)。1915 年より高等学部教授(「履歴書」、『母校通信』第 14 号、1955 年 5 月、26 頁)。後年、庶務主事としてベーツを支えた(辻学「『奉仕のための練達』登場と時局的判断」『学院史編纂室便り』第 27 号、2008 年 6 月 6 日、1-4 頁)。

34 石田祐六。1915 年から 17 年まで高等学部商科教授として商業学を担当した(「旧職員一覧表」『高等商業学部二十年史』附録 15 頁)。

35 Robert Cornell Armstrong(1876-1929)。カナダ・メソヂスト教会宣教師。ベーツのあとを継ぎ、第 2 代高等学部長を務めた。"Kwansei Gakuin depends upon you!" と学生に呼びかけ、自覚を促した。第 4 代院長選出の報をカナダで受け取ったベーツは、アームストロングが高等学部長を続けること、高等学部の 2 学部分離後はアームストロングを文学部長とすることをすぐさま伝道局に要望した(Letter of April 30, 1920, from C. J. L. Bates to James Endicott, United Church of Canada Archives)。しかし、この願いは叶えられず、アームストロングはベーツの院長就任前に関西学院を去った。

36 Harold Frederick Woodsworth(1883-1939)。カナダ・メソヂスト教会宣教師。1913 年に関西学院に着任し、高等学部文科で英文学を教えた。着任時、文科の学生は原野駿雄ただ一人だった(注 29 参照)。1920 年 2 月から高等学部長。高等学部が 2 学部(文学部と高等商業学部)に分離した 21 年、初代文学部長に就任した。

第 1 部　翻訳

　　　兄 J. S. ウッズウォース（James Shaver Woodsworth, 1874-1942）は、ヒトラー率いるドイツへの参戦を決めた 1939 年 9 月のグリーン・チェンバー（カナダ下院議場）で、ただ一人立ち上がり、いかなる戦争も悪であるとの信念を感動的な言葉で訴えたことで知られる政治家（ヒュー・L・キンリーサイド著、岩崎力訳『東京の空にカナダの旗を』、サイマル出版会、1981 年、223 頁、*The Canadian Encyclopedia*: year 2000 edition, McClelland & Stewart Inc., pp. 2538-2539）。

37　ベーツ赴任前の 1906 年に隣接松林 5,000 坪を購入していたが、赴任直後の 10 年 11 月、さらに北東部の土地 1 万坪を購入した。原田の森の校地に関し、院長に就任したベーツは次のように指摘している。「私たちのビジョンはあまりに不十分、私たちの信念はあまりに小さすぎたと感じました。敷地 23 エーカー〔約 3 万坪〕の関西学院は、今日の 5％の価格でここから山裾までの土地を購入できたのに、そうしなかったのです」（President's Report, April 18, 1922）。

38　普通学部校舎の落成は 1913 年 3 月。

39　大隈重信（1838-1922）の講演は 1913 年 11 月 26 日に行われた。

40　西川玉之助（1864-1954）。普通学部教授。1912 年 11 月、普通学部長に就任。普通学部から中学部への名称変更に伴い、初代中学部長となった。カナダ・メソヂスト教会が学校経営に参画した時のことを西川はこう書いている。「加美・南美両派の隠然たる勢力争ひもあり、時には確執の衝突もあり、常に虚々実々の外交戦が演ぜられ、昔のやうな他人交へぬ和やかさは望むべくもなかつた。幸にベーツ博士の偉大なる政治力あつて、漸く平和が保たれ……」（西川玉之助「古い時代の関西学院」『関西学院六十年史』、1949 年、205-206 頁）。

41　永井柳太郎（1881-1944）。同志社退学後、1899 年に関西学院普通学部入学。その後進学した東京専門学校（現・早稲田大学）で大隈重信の知遇を得た。関西学院が文部省に提出した普通学部から中学部への名称変更申請に対する回答がなかなか得られなかった時、永井の紹介によりベーツが当時首相だった大隈邸を訪ね、文部大臣への取次ぎを依頼したところ、わずか数日で認可された（Chapel talk by C. J. L. Bates, Oct. 30, 1959. 抄訳は、C. J. L. ベーツ「創立七十周年に寄せて」『関西学院学報』、1959 年 12 月 28 日、1-3 頁。ただし、この部分は抄訳では省かれている）。

42　久留島武彦（1874-1960）。児童文学者。草創期の普通学部で学び、毎週末、十字を描いた小提灯を腰に挟み、三宮神社前で路傍伝道に立った。久留島については、金成妍「久留島武彦と関西学院」『関西学院史紀要』第 24 号（2018 年、131-156 頁）を参照のこと。

43　山田耕筰（1886-1965）。作曲家。普通学部在学中はグリークラブと野球部に参加した。ドイツから帰国したのは 1913 年 12 月（「略年譜」、当山音楽財団附属図書館編『山田耕筰作品資料目録』、1984 年、xvi 頁）。1933 年、校歌「空の翼」作曲。1956 年、文化勲章受章。

44　宗教部、学芸部、運動部、音楽社交会の 4 部からなる学生会が誕生したのは、高等学部開設から間もない 1912 年 6 月 29 日のことだった。その影には、学生に責任を持たせ、自治実践の場を作りたいというベーツの強い思いがあった。そんなのは成功しない、日本の学校には馴染まないとの反対意見に対し、責任感を自覚させる最善の方法は、学生を信頼し、責任を与えることだとベーツは主張し、譲らなかった（C. J. L. Bates, "The Students' Union through Twenty Five Years,"『学生会抄史』、1937 年、1-2 頁）。

45 学生会発足時（1912 年）には、音楽社交会、社交部音楽会等と表記されていたが、1917 年には社交部の中に「グリークラブ、ストリングバンド」、18 年には「グリークラブ、ストリングオーケストラ、マンドリンクラブ、尺八倶楽部」の名が見られる（「学生会組織表」『関西学院学生会抄史』、1937 年、中綴じ）。

46 現在、関西学院全体のモットーとなっている "Mastery for Service" は、高等学部のモットーとして提唱されたもので、当初、Watch Words "Character & Efficiency" と共に用いられた。前者はベーツ、後者は木村の考案とされている（『高等商業学部二十年史』、13 頁）。

47 中央会堂は、1890 年にカナダ・メソヂスト教会により創立された。ベーツの最初の任地。現在の日本基督教団本郷中央教会。最初の任地に対する深い思いをベーツは次のように記している。「私は中央会堂宣教師として過した六年の生活に対し神に感謝する。私は常に信じた、中央会堂は明日の日本、永遠不滅の日本の知識的指導者たるべき青年に福音を伝ふる比ひ無き意義と機会とに恵まれてゐる現場であると、若し可能であるなら、私は今でもその仕事に復帰し度く思ふ。然し、私の時代は過ぎた。私の機会は過去のものとなつた」（『中央会堂五十年史』、1940 年、2-3 頁）。

48 神崎驥一（1894-1959）。普通学部卒業。カリフォルニア大学に留学し、在米日本人会書記長を務めた。吉岡美国第 2 代院長の女婿。1921 年、高等学部が 2 学部に分離される際、アメリカから帰国し、高等商業学部長に就任。ベーツのあとを継ぎ、第 5 代院長を務めた。

49 田中貞（1893-1958）。普通学部と神学部を卒業。1938 年に中学部長として迎えられた。

50 メソヂスト教会伝道師であったイギリス人ブース William Booth（1829-1912）によりロンドンに創立された救世軍は、伝道と社会福祉事業を一元化したもので、日本には 1895 年に伝わった（『日本キリスト教歴史事典』、教文館、1988 年、372-373 頁）。

51 ポーランド（現・リトアニア）人ピアニスト、ゴドフスキー（Leopold Godowsky, 1870-1938）が 1922 年秋に来日予定であることが新聞報道され（*The Japan Times*, June 5, 1922）、来日後は演奏会の様子が各紙に紹介された。関西学院出身の作曲家山田耕筰も、演奏会の感想を語っている（『読売新聞』1922 年 11 月 3 日朝刊、7 頁）。当時の邦字新聞表記は「ゴドウスキー」。生没年等の情報は『ニューグローヴ世界音楽大事典』第 6 巻、1994 年、540 頁による。また、カワロフに関しては、しばらく関西に滞在していたピアニスト、ポール・カワロフ（Paul Kawaloff）がコンサートツアーのためアメリカに出発するとの新聞記事がある（*The Japan Times*, Nov. 8, 1928, p. 3）。神戸外国人居留地研究会新春例会（2017 年 1 月 28 日）にて、同一人物と思われるピアニストの演奏会パンフレット "GRAND RECITAL given by Prof. Paul Kowalow under the Auspices of the Osaka Musical Association and Supported by Osaka Asahi Shinbun at the Central Public Hall on Saturday 24th, April 1926, at 7 p. m." 「大正十五年四月廿四日（土曜）午後七時開舎大阪中之島於中央公会堂　ペ・カヴァリヨフ教授ピアノ独奏会　露国コツポ大使賛助　主催大阪音楽協会　後援大阪朝日新聞社」（学校法人甲南学園貴志康一記念室所蔵）が紹介された（木寺律子「阪神間モダニズムと白系ロシア人」）。ただし、原田の森の中央講堂で開催されたと推測される両者の演奏会に関する資料は確認できていない。なお、ベーツはそれぞれ Godowski, Kovaloff と綴っている。

52 *Henry Pierce Jones*（1879-1959）, William Jay Mills Cragg（1873-1940）, Melvin

第 1 部　翻訳

Mansel Whiting（1885-1955）、*Nicholas Snethen Ogburn, Jr.*（1884-1983）、*Joe J. Mickle, Jr.*（1898-1965）、*Samuel Milton Hilburn*（1898-1976）。イタリックはアメリカ人宣教師。他の注で触れた人物については省いた。ご遺族のお申し出により、中学部にアグバン賞が設けられ、1993 年以降毎年 3-4 名の卒業生に授与されている（池田裕子「お宝拝見！④優しかったアグバン先生とアグバン賞」『学院史編纂室便り』第 35 号、2012 年 6 月 8 日、8 頁）。

53　菊池七郎（1877-1958）。高等学部教授、大学予科長。関西学院の上ケ原移転は、1925 年夏に菊池が旧友河鰭節から受けた助言がきっかけであった。

54　Howard Wilkinson Outerbridge（1886-1976）。カナダ・メソヂスト教会宣教師。1912 年、神学部教授に就任。戦後、関西学院に戻り、第 7 代院長を務めた。日本語が得意で、名刺に「外橋英一」〔H. Outerbridge の漢字表記〕と印刷していた（橋村寿「なつかしい憶い出」『母校通信』第 17 号、1956 年 10 月、19 頁）。

55　河鰭節（1883-1954）。大学昇格のための資金がないと菊池から聞かされた河鰭は、「そんな簡単な問題はありません。現在の敷地を高く売って、安価の郊外の地に移転するのです」と即答した。さらに、「あの三万坪にも及ぶ広大な敷地を一まとめに、高価に買い取って呉れる人があると思うか」との問いには、「あります。阪急社長小林一三氏です。阪神間に彼を措いて他にありません」と答え、宝塚沿線に適地があると告げた（菊池七郎「河鰭節氏を想ふ」『菊に偲ぶ　故河鰭節追憶』、〔1954 年〕、32-33 頁）。

56　小林一三（1873-1957）。実業家。原田の森キャンパス売却と上ケ原校地購入に貢献した。ベーツの長男レヴァーは、小林を自宅に招いた父親が語った言葉を次のように記憶していた。「社長が私に安価で土地を売ってくださったら、毎日 1 万人の乗客を私は保証しましょう」（Chapel talk by Armand de Mestral, Kwansei Gakuin Junior High School, April 19, 2013）。

57　西宮上ケ原キャンパスのシンボルとも言える時計台は、キャンパスの工事を請け負った竹中工務店の寄付である。

58　出港時の模様をベーツは翌日の日記に記している。「夕刻、私たちは最高の見送りを受けた。学校中の教職員、学生・生徒が来ているようだった。中学部の吹奏楽部員は午後 1 時から 7 時までそこにいて、校歌や『神ともにいまして』や『君が代』や『蛍の光』を演奏してくれた。素晴らしい演奏だった。……私は人混みの中を歩き、大勢の人と握手した。……それは感動的な見送りで、嬉しい出来事であった」。また、神戸出港を翌日に控えた最後の夜、妻との食事を終えたベーツをマシュース夫妻が訪ねて来たことも日記に記されている。1908 年夏、軽井沢でマシュースから関西学院のことを初めて聞かされたベーツは、その 32 年後、関西学院での最後の夜もマシュースと語らったことになる。それから 3 カ月も経たぬ内にマシュースも日本を去った。

59　この部分は日本語（ローマ字）で書かれている。

60　聖句の翻訳にあたっては、新共同訳（1989 年）を用いた。

61　原文では、冒頭の「聖句」は King James Version（KJV）、本文中は Revised Standard Version（RSV）の聖書が使われている。つまり、朗読される聖句としてベーツは KJV を使用したが、本文を書く時は、当時最新だった RSV を見ていたことになる。あえて RSV に依拠したのは、神名を Jehovah と表記するのは正しくないという聖書学の結論を知っていたからとも考えられる。ヘブライ語には子音文字しか

存在しないため、神名 YHWH を何と読むのかわからなくなっていたが（「神の名をみだりに唱えてはいけない」という十戒を実践した結果）、近年では「ヤハウェ」ないし「ヤーウェ」（Yahweh）と発音していただろうと考えられている（この項は、広島大学大学院総合科学研究科の辻学教授にご教示いただいた）。ベーツの原稿を読み、引用聖句の違いに気付いた教え子の脳裏には、版の異なる2冊の聖書を手にする、80歳を超えた恩師の姿が鮮やかに浮かんだことだろう。なお、翻訳にあたっては、両者を訳し分けず、現在の私たちにもっとも手近な新共同訳を使った。

62 本稿は 1959 年 10 月 30 日発行の『関西学院七十年史』に掲載されたが、その内容から執筆は 1957 年 12 月だったと推測される。したがって、「この 1 年」は 1957 年を指す。

63 ベーツは自身の病気のことを当時イギリスに住んでいた娘ルルに書き送っている。「私はこの手紙をベッドの上で書いています。ここ数週間、誰にも書くことができませんでした。ずっと具合が悪かったのです。昔患った膀胱炎が悪化したためです。……すべての約束をキャンセルしました」（Aerogramme of May 16, 1957, from C. J. L. Bates to Mrs. Claude de Mestral, Courtesy of Armand de Mestral）。

64 カナダの戦没者追悼記念日（Remembrance Day）は 11 月 11 日。第一次世界大戦を終結に導いた停戦（1918 年 11 月 11 日午前 11 時）を記念し、制定された（*The Canadian Encyclopedia*, p. 2001）。

65 1931 年、イギリス本国と自治領との関係を規定したウェストミンスター憲章が決議された。これにより、カナダを含む自治領は本国議会に対し、完全な自主的立法権を獲得した（平凡社『大百科事典』第 2 巻、1984 年、173 頁）。

66 当時、ロリニャル（L'Orignal）の人口は約千人で、その 3/4 がフランス語を母語としていた（*Newcomers in a New Land*, pp. 17-18）。オタワ川流域の大部分は、オンタリオ州とケベック州の境界線に重なる。

67 2012 年 8 月 27 日に私がロリニャルを訪れた時、長老教会と聖公会の建物は残っていたが、既に使われていなかった（池田裕子「ロリニャルから世界へ——カナダ東部におけるベーツ院長関係地訪問」『関西学院史紀要』第 19 号、2013 年、116 頁）。

68 O. Bérubé. ベルベ神父時代、教会員は 900 人であった（C. Thomas, *History of the Counties of Argenteuil, Que., and Prescott, Ont., from the Earliest Settlement to the Present*, John Lovell & Son., 1896, p. 520）。村の住民の 9 割がカトリック信徒だったことになる。

69 マギル大学アーカイブズ所蔵の学生カードによると、ベーツの所属は教養学部で、在籍期間は 1894 年から 1897 年までの 3 年間（最初の 1 年は Partial Student）と 1901 年から 1902 年までの 1 年間（Partial Student）であった。卒業はしていない（「ロリニャルから世界へ」、125-126 頁）。

70 John William Dawson（1820-1899）. カナダ生まれで、世界的評価を受けた初の科学者。1855 年から 93 年までマギル大学学長を務め、同大学を世界有数の一流大学に育てた（*The Canadian Encyclopedia*, p. 637）。

71 聖書批評学に関し、関西学院では J. C. C. ニュートンが 1906 年に中国、日本、朝鮮の視察を行ったキャンドラー（Warren Akin Candler）監督から厳しい書簡（1909 年 7 月 19 日付）を受け取っている。「何人といえども、わが神の聖書の価値を落としている人にその学部での教育を任せてはいけない。私はヴァージニア・ブレズレンの君がやってくれたことを喜び、故に物心両面において貴君が必要とするすべて

第 1 部　翻訳

のものを供給してあげようと思う。貴君の手に特別に重要な意味において南部日本の若いメソジズムの将来がかかっている」(天川潤次郎「J. C. C. ニュートン博士の隠れた偉大な思想」『キリスト教主義教育——キリスト教主義教育研究室年報』第 7 号、1979 年 3 月、12 頁)。このため、1902 年から母校神学部で教えていた蘆田慶治は 1909 年に辞職し、「いわゆる高等批評によって解釈する新神学の自由主義的立場を標榜する」同志社神学校に転じた(『関西学院事典』7-8 頁)。また、1909 年に助手をしていた西条寛雄はこう語っている。「ヘブル語の文法と旧約を教えていました。そして "The International Critical Commentary" をうつしたような講義をしたんですよ。そしたらニュートン部長が私を呼んで、『あなたは旧約に ICC をおつかいになるようだが、あれは信仰的でないからやめてください』と言われたんです」(西条寛雄先生を囲む会『西条寛雄伝　祈りに生きた伝道者』、1972 年、70-71 頁)。先の論文で天川も指摘しているように、コカ・コーラ社創業者を兄に持ち、羽振りの良かったキャンドラー監督の言葉をニュートンは無視できなかったであろう。

72　アメリカ人伝道者ムーディ(Dwight Lyman Moody, 1837-1899) は、1870 年以降、サンキー(Ira D. Sankey) を讃美歌の歌手として同伴し、アメリカやイギリス各地を巡回して伝道した(『日本キリスト教歴史大事典』、1383 頁)。

73　「世界の青年をキリストへ」を信条としたモット(John R. Motto, 1865-1955) は、アメリカの学生キリスト教運動の世界的指導者。世界教会運動の先駆となったエディンバラ世界宣教会議(1910 年) を組織し、委員長を務めた(この会議には、関西学院を創立した W. R. ランバスや初代神学部長 J. C. C. ニュートンも参加している)。1896 年の初来日以降、日本訪問は 10 回を数える。1946 年、ノーベル平和賞受賞(『日本キリスト教歴史大事典』、1402 頁)。初来日の折り、関西学院で講演している(『関西学院四十年史』、1929 年、47 頁) が、ベーツ赴任後の 1913 年春にも来院し、アメリカ南メソヂスト監督教会とカナダ・メソヂスト教会の合同経営により可能になった予算案と拡張計画に深い関心を示した(J. C. C. Newton, "The Kwansei Gakuin in 1913," *The Missionary Voice*, Vol. 4, Jan. 1914, p. 43)。ベーツのことを「見るからに他人に快感を与ふる学徒で、また『指導者の風格』を具え、その風格ドコとなく青年の世界的指導者ジョン・アール・モットに酷似する趣がある」と紹介した書もある(『中央会堂五十年史』、108 頁)。

74　Robert E. Speer (1867-1947). アメリカ長老教会海外伝道局主事。宣教師のリクルートに力を発揮した。また、世界各地で伝道活動に従事する宣教師を訪ねて回った(*The National Cyclopaedia of American Biography being the History of the United States*, vol. 36, University Microfilm, 1967, pp. 267-268)。

75　Fred C. Stephenson. トロント年会所属(George H. Cornish, Cyclopaedia of Methodism in Canada, Vol. II, 1881-1903, p. 278)。ベーツが宣教師として献身するきっかけを与えた。カナダ合同教会アーカイブズ所蔵資料から、ベーツがスティーブンソンに日本の様子を度々知らせていた様子がうかがえる。

76　ブラインドリバー近郊でウランが発見されたのは 1953 年(*The Canadian Encyclopedia*, p. 757)。

77　Chaplain Cartwright.

78　学院史編纂室所蔵の「履歴書」によると、ベーツは 1901 年 6 月 10 日にクィーンズ大学を卒業し、M. A. を取得した(7 月卒業と書かれた「履歴書」もある)。ベーツの葬儀のために準備されたと考えられる原稿によると、専攻は哲学で、金メダルを

授与された（L. S. Albright, "The Rev. C. J. L. Bates, M. A., D. D., Ll. D.," Dec. 27, 1963, United Church of Canada）。ベーツに関し、クィーンズ大学がどのような資料を所蔵しているかは未調査である。

79 George Monro Grant（1835-1902）。ノバスコシア州出身。グラスゴー大学で学んだ。1877年から1902年までクィーンズ大学学長。同大学史上もっとも重要な学長と言われている。死後、その名を冠して開館したグラントホールは大学のシンボルになっている（Queen's online encyclopedia, Feb. 6, 2017）。

80 John Watson（1847-1939）。グラスゴーで生まれ、グラスゴー大学で神学を学んだ。1872年、クィーンズ大学に赴任し、52年間、哲学科のトップを務めた。ワトソンの就任以前、哲学はクィーンズ大学で最も人気のない学問だった（Queen's online encyclopedia, Feb. 6, 2017）。

81 2012年夏にモントリオールを訪問した際、この教会は残っていないとアルマン・デメストラルさん（ベーツご令孫、注121参照）よりご教示いただいた（「ロリニャルから世界へ」、136頁）。

82 Samuel Peter Rose. トロント年会所属（*Cyclopaedia of Methodism in Canada*, Vol. II, 1881-1903, pp. 257-258）。

83 『讃美歌21』、297番。

84 Arnold Joseph Toynbee（1889-1975）。イギリスの歴史学者、文明批評家。全人類史を21の文明の興亡盛衰の過程として把握した主著『歴史の研究』全12巻（1934-1961）で注目を集め、独自の文明評論活動を展開した（『20世紀西洋人名事典 1. ア～ノ』、日本アソシエーツ、1995年、1051-1051頁）。『一歴史家の宗教観』は、1852年から53年にかけてエディンバラ大学で行われた講演をもとに執筆され、1955年に出版された。「すでに『歴史の研究』で論じた題目を取扱う章では、さらに詳細にこれを究めようとする読者の便宜のために、これへの照合をしておいた」と「まえがき」に記されている（アーノルド・J・トインビー著、深瀬基寛訳『一歴史家の宗教観』〈*An Historian's Approach to Religion*〉、1959年、社会思想研究会出版部）。「挑戦と応戦」という用語については、「人間事象の推移に関する私の記述のなかで主要な役割を演じている」考えだとトインビーは説明している。さらに、この言葉をイギリスの詩人ロバート・ブラウニングから得たこと、「この言葉が表している観念は、私が常に意識していたことであるが、旧約聖書から得たものである」と述べている（A. J. トインビー著、「歴史の研究」〈*A Study of History*〉刊行会訳『歴史の研究』第22巻、経済往来社、1969年、470-471頁）。

85 Wesleyan Theological College. 1866年創立。1945年、マギル大学に売却された（Morris Wilson Hall, McGill University website, Feb. 6, 2017）。校舎は既に取り壊されている（「ロリニャルから世界へ」、127頁）。

86 1900年5月28日、義和団が北京の隣の豊台駅を襲撃し、北京列国公使団は護衛部隊の派遣要請を決議した。翌年9月7日、11カ国代表と李鴻章の間で義和団事件最終議定書が調印された（『近代日本総合年表』第4版、岩波書店、2001年、163頁、169頁）。

87 「イザヤ書」6章8節。

88 「1894年オープン」と銘板にあった。このホールは今も現役で、2012年夏に私が訪問した時は閉まっていたが、夜はジャズコンサート等が行われていた（「ロリニャルから世界へ」、144頁）。

第 1 部　翻訳

89　「イザヤ書」6 章 8 節。
90　『讃美歌 21』、535 番。
91　1902 年にカナダ・メソヂスト教会から中国に派遣された宣教師は 5 名いたが、日本にはベーツただ 1 人だった（George H. Cornish, *Cyclopeadia of Methodism in Canada*, Vol. II, 1881-1903, p. 362）。
92　「若い女性」とはハティ（Harriet Edna Philp [Hattie]．1876-1962）である。2 人の最初の出会いは 1889 年 6 月で（*Newcomers in a New Land*, p. 19）、のちにヴァンクリーク・ヒル（Vankleek Hill）にある同じ高校で学んだ（Letter of Nov. 13, 1956, from C. J. L. Bates to Armand de Mestral. Courtesy of Armand de Mestral）。2012 年夏に私が同地を訪ねた時、この高校は既になかった（「ロリニャルから世界へ」、121 頁）。
93　ウィリアム・フィルプ（William Philp）。カナダ・メソヂスト教会モントリオール年会牧師（*Newcomers in a New Land*, pp. 19-20）。ベーツの故郷ロリニャルのメソヂスト教会は、1879 年の巡回区再編に伴い、ヴァンクリーク・ヒル巡回区に入った。のちにベーツの妻となったハティの父ウィリアムは、1889 年から 91 年までヴァンクリーク・ヒルのメソヂスト教会牧師を務めていた（*History of the Counties of Argenteuil, Que., and Prescott, Ont., from the Earliest Settlement to the Present*, p. 517）。ベーツと結婚して日本に行くという娘の決心を聞かされたウィリアムは、ベッドに倒れ込み、3 日間起き上がれなかった（*Newcomers in a New Land*, p. 29）。
94　ベーツは「プレスビティリアン大学のパトリック学長」（Principal Patrick of the Presbyterian College）と書いているが、ウィニペグにあるマニトバ大学（Manitoba College）学長を 1900 年から 11 年まで務めたウィリアム・パトリック（William Patrick, 1852-1911）を指すと思われる（生没年等は Manitoba Historical Society website, Feb. 6, 2017 より）。スコットランド出身のパトリックは、1902 年にウィニペグで開催されたメソヂスト教会総会に長老教会を代表して参加し、教会合同の動きに大きな影響を与えた（A. Donald MacLeod, "Edinburgh 1910 and Church Union 1925: The Ecumenical Missionary Impulse in Canadian Presbyterianism," a paper presented to the Canadian Society of Presbyterian History, Sept. 25, 2010）。
95　カナダ合同教会は、組合教会、メソヂスト教会、長老派諸教会の約半数が参加し、1925 年に成立した。1968 年には福音合同ブレズレン・カナダ協議会も加わった。カナダ最大のプロテスタント教派である（『世界キリスト教百科事典』、教文館、1986 年、306 頁）。
96　日本では、1920 年代から日本基督教連盟による諸派の教会合同運動が起こったが、一進一退であった。1941 年 6 月、30 余りのプロテスタントの教派が合流して日本基督教団が成立した。その背景には、宗教団体法公布、救世軍取調べがあり、外国ミッションから独立し、国家の保護を期待するねらいがあった（『日本キリスト教歴史事典』、教文館、1988 年、1044-1045 頁）。
97　「コリント信徒への手紙一」4 章 7 節。
98　平岩恒保（1856-1933）。日本メソヂスト教会第 2 代監督。1911 年、関西学院院長に選出されたが、日本メソヂスト教会初代監督本多庸一の死去に伴い、第 2 代監督に就任したため、「幻の院長」となった。
99　1889 年の日本年会創立以来、1898 年まで宣教師の D. マクドナルド（Davidson MacDonald）が年会長を務めた。

100 『讃美歌』393 版、407 番。
101 カナダのメソヂスト教会（当時はウェスレアン・メソヂスト教会）は 1871 年に日本伝道を決め、2 年後に G. コクラン（George Cochran）と D. マクドナルドを派遣した（『日本キリスト教歴史大事典』、314 頁）。ベーツ来日時、コクランは既にカナダに帰国していた。
102 賀川豊彦（1888-1960）。キリスト教社会運動家、伝道者。戦前、戦後を通じ、関西学院の求めに応じてキリスト教の講話をしばしば行い、1955 年から 58 年まで理事を務めた。ベーツが賀川のことを紹介した記事 "The Most Challenging Personality I have known" が英字新聞に掲載されている（*The Mainichi Daily News*, Jan. 1, 1961 & Jan. 3, 1961）。また、カナダ合同教会アーカイブズには、賀川をノーベル平和賞に推薦するベーツの書簡の控えが残されている（Letter to the Nobel Peace Prize Committee, Oslo, Norway, from C. J. L. Bates, President Emeritus of Kwansei Gakuin University, Nishinomiya, Japan）。
103 日英同盟締結は 1902 年 1 月 30 日（『近代日本総合年表』第 4 版、岩波書店、2001 年、170 頁）。
104 ベーツの記憶通り、東京に電車が走り始めたのは 1903 年 8 月 22 日であった。「東京電車鉄道新橋、品川間の変更工事は、前号の紙上に記せしごとくそれぞれその筋の検査を経て、昨日午前五時三十分、いよいよ電車の運転を開始せり。東京に於ける電車の運転は、これを以って嚆矢となすこと故……」（「新橋、品川間開通」〔明治 36 年 8 月 23 日 時事〕、『明治ニュース事典』第 7 巻〕、1986 年、387 頁）。
105 日露戦争は 1904-05 年。第一次世界大戦は 1914-18 年。大戦中の 1917 年から翌年にかけ、ベーツは 2 度目の休暇を取得し、オタワで過ごした（*Newcomers in a New Land*, p. 30）。初めての休暇帰国に関しては注 109 参照。
106 1940 年 10 月、ベーツは東京で宣教師仲間とカナダへの帰国について長時間話し合っている。カナダ公使からは、女性と子どもに対する引き揚げ勧告が出されていた。「帰国したくないが勧告に従わないわけにもいかない」と 10 月 14 日付日記に記した。12 月になると、学校の行政機関および財政に関して、外国との関係を断つことが関西学院の理事会で正式に決議された（『理事会記録』決議録（秋季定期理事会）1940 年 12 月 2 日）。
107 ベーツは 1902 年 8 月に来日し、1 年間日本語訓練を受け、東京の中央会堂に派遣された（*Newcomers in a New Land*, p. 29）。日本メソヂスト教会の年会記録を調べると、中央会堂にベーツの名が見られるのは第十七回（1905 年 5 月）までで、第十八回（1906 年 5 月）、第十九回（1907 年 5 月）、第一回東部年会（1908 年 4 月）、第二回東部年会（1909 年 3 月）においては、山梨にその名がある。
108 「日曜朝には、さきに D. ノーマンが担当していた英語のバイブル・クラスがベーツに引き継がれ、高等師範学校や東京外国語学校の生徒など一〇〇人以上を集めていた」（『真理は自由を得させる——本郷中央教会百年史』、1990 年、44 頁）。ベーツの前任 D. ノーマン（Daniel Aurora Norman, 1864-1941）は、1897 年に来日し、30 年以上にわたり、長野地方の地域伝道者として働いた。中央会堂にいたのは 1899 年から 1902 年まで。日本生まれの長男 W. H. H. Norman（1904-1987）も、1932 年に宣教師として来日し、戦後関西学院で教えた。次男 E. H. Norman（1909-57）は、歴史家、外交官として知られる。「ベーツ先生はバイブル・クラスで大いに成果を上げた。他の宣教師たちと友好的に競い合いながら、多くの学生を集めた。

第1部　翻訳

　　　　35年前、彼のクラスで学んだ青年の内の何人かは今日、中央会堂で指導者として
　　　　働いている。その他の者は外交やビジネスの世界で傑出した地位を占めている」(『中
　　　　央会堂五十年史』、1940年、英文27頁)。
109　当時、宣教師には7年毎に1年の休暇が与えられていた。ベーツは最初の休暇帰国
　　　の際、シベリア鉄道経由でロンドンに渡り、メソヂスト運動の祖ジョン・ウェスレー
　　　の故郷を訪問してからカナダに帰った (Newcomers in a New Land, pp. 29-30)。
110　1957年当時、関西学院大学には神学部、文学部、法学部、経済学部、商学部があっ
　　　た。
111　関西学院に限ると、原稿執筆時 (1957年)、教え子の原野駿雄が神学部長、河辺満
　　　甕 (1897-1970) が高等部長を務めていた。1940年の帰国に際し、ベーツが"Keep
　　　this holy fire burning"の言葉を託した教え子はこの2人と寿岳文章 (1900-1992)
　　　であった (河辺満甕「恩師ベーツ先生のことども——学院教育にふれつつ」『学院
　　　を語る』、関西学院宗教活動委員会、1965年、11頁)。戦後、文学部教授を務めて
　　　いた寿岳は1952年に辞職し、甲南大学に移った。
112　1927年5月26日開催の理事会で、重病を理由に6カ月間の休暇が承認された
　　　(Minutes of the Meeting of the Board of Directors)。ベーツは、不安な胸中をアト
　　　ランタ在住の J. C. C. ニュートン前院長に書き送っている。「病のため、仕事から追
　　　放されるとは何たることでしょう。これまで、自分の健康は完璧だといつも思って
　　　いました。しかし、今やその自信はへし折られました。私は重度の貧血であること
　　　がわかったのです。その他は全く問題ないと言うのに」(Letter of May 28, 1927,
　　　from C. J. L. Bates to J. C. C. Newton, Newton Collection, Duke University)。
113　ベーツは、トロント到着時170万しかなかった赤血球が1週間前には5,234,750ま
　　　で増加したと、病気快復を知らせる喜びの手紙をニュートンに書いている (Letter
　　　of August 27, 1927, from C. J. L. Bates to J. C. C. Newton, Newton Collection, Duke
　　　University)。
114　母娘の詳細は不明だが、母親の方は、中央会堂内で暮らし、済生学舎で学んでいた
　　　野口英世 (1876-1928) が左手の手術をした時、その母親代わりとなって看病した
　　　と伝えられる教会員小杉みのである可能性が考えられる (『中央会堂五十年史』、
　　　1940年、87-88頁。奥村鶴吉『野口英世』岩波書店、1944年、168頁)。
115　この言葉は日本語 (ローマ字) で書かれている。
116　長男レヴァーはアメリカ聖公会牧師 (Newcomers in a New Land, p. 35)、次男ジョ
　　　ン (Cornelius John Lighthall) はアメリカ長老教会牧師 (Ibid., p. 40)、三男ロバー
　　　ト (Robert Philip) はカナダ合同教会牧師 (Ibid., p. 42)、長女ルルはカナダ合同教
　　　会牧師クロード・デメストラル (Claude de Mestral) の妻となった (Ibid., pp. 36-
　　　37)。
117　カナダに帰国後、ベーツはモントリオールに住む娘の元に身を寄せていたが、1941
　　　年9月、トロントに家を見つけ、移った (Bates Diaries, Sept. 20, 1941)。1943年、
　　　サスカチュワン州レジャイナ (Regina) にあるノックス・メトロポリタン教会
　　　(Knox-Metropolitan United Church) の牧師に就任。1946年に引退し、トロント
　　　に戻った (Montreal-Ottawa Conference Minutes, 1964, p. 17, United Church of
　　　Canada. L. S. Albright, "The Rev. C. J. L. Bates, M. A., D. D., Ll. D.," Dec. 27, 1963,
　　　United Church of Canada)。
118　ベーツはトロントの自宅近くにあるロイヤル・ヨーク・ロード教会 (Royal York

Road United Church）に、その創立（1943年）当初から関わり、説教や礼拝を行い、牧師を支えた。1950年には教会内にシニア・クラブを設けて活動した。1957年7月、同教会名誉牧師。日本で親交が深かった河辺や松本や賀川も教会を訪れた。ベーツの葬儀もここで執り行われた（Bernard Ennals, "The Contribution of Dr. C. J. L. Bates to Royal York Road United Church, Toronto," United Church of Canada）。葬儀を担当したエナルズ牧師のご子息ピーター・エナルズさん（Peter Ennals）は、マウント・アリソン大学教授となり、1986-87年と1991年に客員教授として関西学院で教えた（『年次報告』1986年度、120頁、1991年度、457頁）。なお、この教会には1941年にH. W. アウターブリッヂによって持ち帰られたベーツの小胸像（教え子による寄贈）が1987年まで置かれていた。現在、その胸像は曾孫のスコット・ベーツ（Scott Bates）さんがお持ちである（池田裕子「カナダ訪問記──C. J. L. ベーツ第四第院長関係資料調査の旅」『関西学院史紀要』第6号、2000年、154-158頁、185頁）。私が同教会を2012年に訪問した時、ベーツのことを覚えている教会員に偶然お会いすることができた（「ロリニャルから世界へ」、142頁）。

119 中村巳喜人（1917-2013）。1937年、東京のカトリック三河島教会にて受洗。1941年、東京商科大学（現・一橋大学）卒業。関西学院大学経済学部赴任時（1954年）、「あなたはカトリックだから、学校でキリスト教の話はしないでください」とH. W. アウターブリッヂ第7代院長に英語で釘を刺されたと語っておられた。個人研究室には聖母マリアの絵が飾られ、ルルドの聖水が置かれていたのを記憶している。

120 Judith May Newton（1939-2011）。ニュートン先生在職中、英語やキリスト教や聖書に関する疑問が生じる度にご自宅（宣教師館）を訪ね、教えていただいた。また、私の書く英文もすべてチェックしていただいた。もっとも忘れられない想い出は、2002年9月、高山国際村（宮城県）にお持ちのコテージに泊めていただいたことである。波の音を聞きながら眠り、朝は英語で聖書を読んだ。ここには、ベーツもかつてコテージを所有しており、毎夏、家族で滞在していた（詳細は「ベーツ第4代院長の手紙と写真と油彩画～高山国際村（宮城県）での調査～」『学院史編纂室便り』第16号、2002年11月20日、2-6頁）。

121 Armand de Mestral. ベーツの長女ルルの長男（本書"Preface"に、お祖父様の想い出を書いてくださった）。マギル大学名誉教授。専門は国際法。法学部客員教授として何度か関西学院で教えたほか、東京大学、神戸大学、西南学院大学等から招聘を受け来日。2001年、関西学院大学より名誉博士号授与（第29号）。学位記は、ベーツの教え子、今田恵第6代院長のご子息今田寛学長の手から授与された。その第1号であった祖父ベーツは、国外の大学から授与されたのはカナダ合同教会の中で自分一人であることを大変光栄に思っていた（Letter of June 15, 1963, from C. J. L. Bates to President Takashi Komiya）。

122 Camilla Blakeley. カミラは1991年から翌年にかけ客員教授を務めたロナルド・ジェンキンズ（Ronald Jenkins）夫人として来日した（『年次報告』1991年度、457頁、1992年度、460頁）。私の書く拙い英文を編集のプロの目でチェックし、的確なアドバイスをくれる、頼もしい友人である。

第 1 部　翻訳

2　三つのメッセージ

訳者まえがき

1910 年 9 月、関西学院神学校教授として、C. J. L. ベーツが着任した。カナダのメソヂスト教会が関西学院の経営に参画し、初めて派遣した宣教師の一人だった。ベーツは、1912 年から 17 年まで初代高等学部長、1920 年から 40 年まで第 4 代院長、1932 年から 40 年まで初代学長（院長兼任）を務めた。ここでは、高等部長時代、院長時代、学長時代に発表されたメッセージの中から、もっとも印象的な次の 3 点を取り上げる。

1　講演論説 "OUR COLLEGE MOTTO, 'MASTERY FOR SERVICE,'" 関西学院商科会会報『商光』第 1 号、1915 年 2 月、3-5 頁。
2　"FROM MY OFFICE WINDOW,"『関西学院学生会時報』第 1 巻第 2 号、1922 年 6 月 28 日、1 頁。
3　"THE MISSION OF K. G. UNIVERSITY,"『関西学院新聞』大学昇格祝賀号、1932 年 12 月 20 日、4 頁。

1 点目は、関西学院のモットー "Mastery for Service" について、ベーツが語った「講演論説」である。これまで、英文のまま、あるいは日本語に翻訳され（部分的翻訳を含む）、さまざまな機会に紹介されて来た。翻訳文を目にすると、その時々の訳者の思いが強く反映されているように感じられる。初代高等学部長として、高等学部のためにベーツが提唱した

2　三つのメッセージ

"Mastery for Service" は、いつしか関西学院全体のモットーになった。そのきっかけは、ベーツの院長就任（1920年10月）であったと考えられる。その後、校歌「空の翼」の歌詞に使われた（1933年）こともあり、在学生、卒業生を問わず、関西学院関係者の間で、この言葉の認知度は極めて高い[3]。翻訳に当たり、個人的思い入れが強くなるのは避けられないことなのかも知れない。しかし、1915年2月時点のベーツは弱冠37歳である。この言葉が実際に高等学部のモットーとして提唱されたのは、それよりさらに遡り、1912年度中のことであったと考えられている[4]。

　2点目は、院長就任から2年弱のベーツが学院新聞に発表した言葉である。まるで絵筆で描かれたようなメッセージで、院長室の窓からの情景が鮮やかに浮かぶ。趣味で絵を描いていたベーツの感性が伝わる一文だ[5]。この時、ベーツは45歳だった。1917年3月に関西学院を離れていたが、1920年4月の理事会でJ. C. C. ニュートンの後任となる第4代院長に選出された。その知らせをカナダのオタワで受けたベーツは日本に戻り、同年10月15日、院長就任式が行われた[6]。ベーツの言葉が掲載された『関西学院学生会時報』は、現在の関西学院大学新聞総部が発行する『関西学院新聞』の前身である。残念なことに、1922年5月30日発行とされる創刊号は残っていない[7]。この1922年6月28日発行の第1巻第2号が現存する最古の学院新聞である。

　3点目は、関西学院が念願の大学開設を果たし、初代学長（院長と兼任）に就任したベーツが学院新聞に発表した言葉である。この時、ベーツは55歳になっていた。関西学院で初めて大学開設の話が出てから18年、大学令が制定され、大学設置が帝国大学以外にも認められるようになってから14年の年月を経て、ようやく念願の大学開設が実現したのである。高等学部学生会が長年、大学昇格運動に取り組んできたことをベーツは熟知していた。関西学院が創立の地原田の森を離れ、上ケ原に移転したのはこのためであった。ベーツの脳裏には多くの教え子や関係者の顔が浮かんだことだろう。これまでの歩みを振り返り、支えてくれた人びとに感謝しつつ、新たな一歩を踏み出すベーツの決意表明と言える。前年の満州事変勃

第1部　翻訳

発により戦時体制に突入し、協調外交が崩壊した時代背景を考えると、そのリベラルな内容に驚かされる。

　これら3点の翻訳に当たり、私がもっとも留意したのはベーツの年齢である。繰り返しになるが、1点目は37歳、2点目は45歳、3点目は55歳の時の言葉である。それぞれの年齢に応じた日本語にしたいと思った。それは、ベーツの背景、その時点までにベーツが経験した出来事や出会いを振り返る作業でもある。

講演論説　高等学部のモットー "Mastery for Service"

　人には二つの側面があります。一つは個人的、私的側面、もう一つは公的、社会的側面です。人にはそれぞれ一人で生きるべき生があり、そこには誰も立ち入ることができません。それが私的な個人の生です。しかし、人の生はそれだけではありません。他人と分かち合うもう一つの側面があります。これら二つの側面を念頭に置くことが私たちの義務です。それぞれの側面に応じた生の理想があります。一つは自己修養、もう一つは自己犠牲です。両者は相反するものではなく、補い合うものです。いずれも、片方のみでは完結せず、他方と無関係ではありません。自己修養のための自己修養は利己的になります。自己犠牲だけを人生の規範にすると軟弱になります。しかし、自己犠牲に基づく自己修養は理にかなっているだけでなく、必要不可欠です。こうした土台があって、自己犠牲は真の効果を発揮するのです。

　人が生まれながらに持つこの二つの側面が高等学部のモットー "Mastery for

写真2-1　高等学部長時代、
　　　　　1915-16年頃
学院史編纂室所蔵

54

Service" に含まれています。私たちは、臆病者であることを望みません。私たちは、強くあること、マスター（主人）であることをめざします。知のマスター、チャンスのマスター、自分自身の、欲望の、野心の、食欲の、所有物のマスターです。私たちは、他人や環境や自分自身の感情のサーバント（しもべ）にはなりません。私たちの mastery の目的が個人を富ませることであってはなりません。社会奉仕のためでなければならないのです。イギリスでは、公務員が国民のサーバントと呼ばれ、最高位の者は国のミニスター（身を小さくして人に尽すしもべ）[12]と呼ばれています。その責務は命ずることではなく、奉仕することです。はっきり言うと、社会にどれほど奉仕したかによってのみ、人の偉大さがわかるのです。

　ですから、強く、役立つ人になることが高等学部の理想です。弱く無能な人になることではありません。マスターと認められる人になることです。マスターとなって、得意がったり、自分自身を豊かにしようとするのではなく、私たちが生きてきた世界をより良くするため、人類に有益な奉仕をしたいと願うのです。

　私たちが理想とするビジネスマンは、賭博師でも守銭奴でもありません。マスターであるがゆえに成功する人、ビジネスの基本原理を理解している人、なすべきことを知っている人、コツコツと正直に働くことで、ほかの人なら失敗しかねない場面を成功に導く人です。銀行の預金残高を増やすことだけを人生の目的にするのではなく、社会状況をより良くするために自分の財力を使う人、公共心があり、社会的責務に敏感な人。このようなビジネスマンは従業員に愛され、顧客の信頼を得るでしょう。

　私たちが理想とする学徒は、吸い込むばかりで、絞られるまで決して放出することのない知識のスポンジのようなものではありません。自分自身、ましてや自己の名声のためではなく、人類に奉仕するために知識を身に付けたいと強く望むのが理想の学徒です。

　「人として生まれ、大工として死す」と墓碑に刻まれることがあると聞きます[13]。そんな結末を私たちは望みません。そのような終わり方は失敗です。「商人として死す」、「大金持ちとして死す」、「政治家として死す」と

書かれたとしても、まったく成功とは言えません。人となること、マスターになること、と同時に人類の真のしもべとなることが私たちの理想なのです。

Dean C. J. L. Bates, M. A., "OUR COLLEGE MOTTO, 'MASTERY FOR SERVICE,'"『商光』第1号、1915年。

院長室の窓から[14]

　院長室[15]の窓から曲がりくねった道が見えます。その道は関西学院の中心部(heart)から入口(entrance)まで続いていて、ほとんど門[16]まで見渡せます。さらに、高等商業学部事務室[17]、チャペル[18]の角、神学部[19]の裏口が見えます。

　曲がりくねった道を通って、毎朝、何百人もの青少年、中学部生、高等学部生が登校[20]してきます。彼らは日本の希望です。それに交じって、カナディアン・アカデミー[21]に通う外国の少年少女の姿もあります。その多くは「日本生まれの外国人」です。大多数が過去百年の間に、世界の果てまで到達したアングロサクソン文明の周縁にいるイギリス人とアメリカ人で、宣教師やビジネスマンの子どもたちです。

　関西学院は、世界各地からさまざまな人が集まる、実に国際的な中心です。目と心と頭を開いていれば、ここで暮らすこと、ここで教えること、ここで学ぶことは特別な恩恵だと私は思います。

　窓の正面は古い神社の杜です[22]。300年間、神道崇拝の中心だったと言われています。安らぎと静寂に満ちた美しい楽園です。街がこの杜を枯らしていると言われます。空気を汚し、煙を出し、騒音が鳥を追い払うので、巨木が虫の餌食になっています。そのような中、新たな木が育ち始めています。新しい命は誰の目にも明らかです。神社の古い社の周りに、関西学院の新しい校舎が次々に建てられています。見事な新旧対比です。

　神社の杜の東には、弓道場で学生が矢を射るのが見えます。弓道[23]は実に洗練された日本古来のスポーツです。汚れなく、凛としていて、確かな的、自制心、精神修養、腕力が求められます。確固たる目標に向かって自分自

2　三つのメッセージ

写真 2-2　中央講堂の院長室（原田の森）、1922-23 年頃
学院史編纂室所蔵

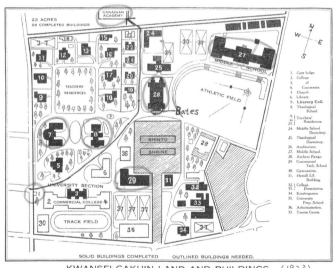

写真 2-3　原田の森キャンパスマップ、1923 年
学院史編纂室所蔵

身を奮い立たせ、一直線に的を射抜くことを若者に教えます。ですから、日本古来のスポーツの中で最高のものの一つだと私は思います。未来に残し、奨励する価値のあるものです。私たちは古の生活のもっともよい部分

を大切にして、後世に伝えていかねばなりません。日本は興味深く長い歴史を持つ偉大な国です。その偉大さと先人が成し遂げてきたことを、進歩の過程で決して忘れないようにしましょう。

遠くに目をやると、窓から街が見えます。製鉄所、港、さらに、その向こうには遙かに広がる海[24]。

新旧、現実と理想、善悪、生死、関西学院はそれらすべての中心にいます。

私たちの手で、関西学院を生と光と力の中心にしましょう[25]。そうしようと思えば、私たちにはそれができるのです。

C. J. L. Bates,"FROM MY OFFICE WINDOW,"『関西学院学生会時報』第1巻第2号、1922年6月28日。

関西学院大学のミッション[26]

1932年は、日本帝国政府から大学開設の認可が与えられた年として、関西学院関係者の間で永遠に記憶される年になるでしょう[27]。

長年にわたり、私たちはその実現を願い、祈り、計画して参りました[28]。

それは学校にとって必然の運命であったように思われます。まず中学部、次に高等学部。それぞれ開設から20年かけて基礎が据えられ、関西学院における教育の根本方針が定まりました[29]。

今、さらなる発展に向け、新たな一歩を踏み出す準備が整ったように思われます。「沖に漕ぎ出そう」[30]。この一歩の重みを十分認識しています。大学を開設し、運営するのは容易なことではありません。私たちの目標を実現し、ミッションを達成するには、全学生、教職員、卒業生、支援者の誠意ある心からの協力が必要です。

関西学院は二つの意味でミッションスクールです。第一に、ミッション（伝道局）によって創立された学校であること、第二にミッション（使命）を持った学校であること。関西学院を「学校のひとつ」、関西学院大学を「大学のひとつ」と考え、満足してはなりません。私たちの大学を単に学びの場とするだけでは不十分です。もっとも深い意味で、教育の中心としなけ

ればなりません。

英語の"Education"という単語は、二つのラテン語からできています。"e"あるい"ex"は「～から」、"duco"は「導く」を意味します。この意味において、Educationは、学生が生まれながらに持っている才能を導き出すことです。その目的は、学生が自分の考えを持ち、自分の言葉で語れるようにするためです。進取の精神と自信と自制心を育てるためです。ある種の能力の単なる訓練ではないのです。

写真2-4　院長室（上ケ原）、1936-37年頃
学院史編纂室所蔵

私たちのミッションは人をつくることです。純粋な心の人、芯の強い人、鋭い洞察力を持った人、真理と義務に忠実な人、嘘偽りのない誠意とゆるぎない信念を持つ人、寛大な人です。

この中で、私は「寛大さ」(magnanimity) を究極の理想にしたいと思います。それは、魂のもっとも崇高な姿です。これこそ、関西学院の学生および卒業生の理想であり、そのような人をつくりだすことが関西学院大学の偉大なるミッションなのです。

このミッションを達成することにより、私たちは社会と日本と神の国に最高の奉仕をすることになるでしょう。

C. J. L. Bates, "THE MISSION OF K. G. UNIVERSITY,"『関西学院新聞』大学昇格祝賀号、1932年12月20日。

訳者あとがき

ベーツの高等部長時代、院長時代、学長時代を代表するメッセージをその背景と共に見直してきた。最後に、関西学院のモットー "Mastery for

Service" の日本語訳について、述べておきたい。

　今回、"Mastery for Service" を英語のまま残した。しかし、この言葉は、「奉仕のための練達」という日本語が付記されることも多い。現時点で確認されている限り、この訳語が初めて用いられたのは、文部次官からの照会文「貴校ニ於ケル教育振作ノ具体的方策及ソノ所見承知致度ニ付……」（1939年5月17日付）に対する高等商業学校長（神崎驥一）の返書である。同じ内容の照会文に、専門部長名（C. J. L. ベーツ）で「……関西学院ノ伝統的標語『マスタリー、フォア、サーヴィス』ハ……」と回答しているのに対し、高等商業学校長は「……関西学院ノ伝統的標語『奉仕ノ為ニ練達セリ』ハ……」と、モットーを日本語に訳して回答している。その背景には、「時局的判断」があったと推測されている[31]。しかし、この訳語は戦争が終わっても使用され続けたため、多くの人にとって、"Mastery for Service" ＝「奉仕のための練達」として定着してしまった。

　"Mastery for Service" を提唱したベーツ自身が、この言葉を日本語に置き換えて学生に語ったことはなかったであろう。"Mastery" の意味、"Service" の意味、さらに、両語を "for" で結んだ時の緊張感、それらを表す簡潔な日本語は存在するだろうか。

　学生時代のゼミの時間、私たちの拙い英文和訳を聞かされ続けた商学部の中村巳喜人先生は、静かにこうおっしゃった。「関西学院には、体育会の標語として "Noble Stubbornness" という言葉があります。『高貴なる粘り』と日本語に訳されているようですが、それで意味がわかりますか？そんなの翻訳ではありません。日本語になっていません。あなただったら、"Noble Stubbornness" をどう訳しますか？」。もちろん、ゼミ生は誰も答えられず、沈黙するしかなかった。「私なら『気骨』と訳します。この標語を考案した人が伝えたかったのは、そういうことでしょう」。

　"Noble Stubbornness" が「気骨」なら、"Mastery for Service" はどう表現すべきだろう。中村先生にお尋ねしたいが、既に先生は神のもとに召されてしまった。いつの日か、"Mastery for Service" に相応しい簡潔な日本語（漢字の組み合わせ）が見つかるかもしれない。ベーツが愛読し

ていたテニスンやブラウニングの中にその手がかりがありそうな予感がする。それまで、この言葉は英語のままにしておきたいと私は思う。

（池田裕子）

注

1　カナダ・メソヂスト教会から関西学院に最初に派遣された宣教師は2名。もう一人は D. R. マッケンジーだった。
2　翻訳例として一般に知られているのは次の通り。『関西学院史七十年史』、1959 年、89-90 頁。新井節男『関西学院健やかの歴史：心とからだの教育 その流れと近未来像』、1989 年、27-33 頁。『輝く自由 関西学院 その精神と理想 The Spirit of Kwansei』、2016 年、7-8 頁。
3　在学生におけるスクールモットーの理解度調査によると、「説明できる」と「少し説明できる」を合わせて 76.9％であった（『われわれの大学をよりよく理解するために（XVIII）――第 18 回（2014 年）カレッジ・コミュニティ調査基本報告書』、関西学院大学教務機構高等教育推進センター、2015 年 3 月、56-57 頁）。また、卒業生に対する「スクールモットーへの意識」調査では、「常に行動の規範としている」、「頻繁に意識している」、「時々意識する」を合わせると 84.0％であった（『第 3 回（2011 年度）関西学院大学卒業生調査報告書』、関西学院大学高等教育推進センター、2012 年 3 月、27-29 頁）。
4　辻学「校訓 Mastery for Service と『ベーツ文書』」『関西学院史紀要』第 12 号、2006 年、9-10 頁。
5　ベーツは、風景画を描くのが好きだったようだ。油彩画、水彩画、パステル画を残している。キャンパスでイーゼルを立て、絵を描くベーツとそれを見守る学生を撮影した写真もある。「当時中学部を卒業して、東京の本郷研究所に絵を修行に行つてゐた私、中学部を卒業して同志社に行つてゐた坂野君等が『エヲカイテモカマイマセン』と云ふベーツさんのお言葉に甘へて再びノコノコと原田の森に帰り、高商部の二回生として入学させてもらつたのです」と書いた卒業生もいる（神原浩「落第を目前にメキシコへ逃避した三人男」『関西学院高等商業学部同窓会会報』第 20 号、1937 年 9 月 52 頁）。
6　ベーツの院長選出の過程については、池田裕子「J. C. C. ニュートン第 3 代院長の足跡を訪ねて」『関西学院史紀要』、2003 年、194-199 頁、池田裕子「お気の毒トリオがゆく」『K. G. TODAY』No. 287、2015 年 4 月、23 頁。
7　「学院新聞の前身たる学生会時報の第一号が出たのは大正十一年五月三十日、当時の学生会学芸部長大石兵太郎兄を編集責任者として、われわれ同人がこれに加わった」（塩見恒明「学生会時報のこと」『関西学院新聞部四十年』、関西学院新聞縦の会、1963 年、3 頁）。
8　ベーツの死後、教え子たちによる座談会が行われた。その時、恩師のことを寿岳文章は「非常にかしこい人だった」と言い、今田恵は「そう。しかし若いときにはそ

第 1 部　翻訳

れが少し目についたところがあったね」と受け、河辺満甕は「それは年をとるにつれて自分それを反省しておられた」と語った。「だからぼくはベーツ先生というのは生涯をかけて成長された人だと思う」と最後に今田がまとめている（「ベーツ先生思い出座談会」『母校通信』第 31 号、1964 年 5 月、36 頁）。

9 　講演自体がいつ行われたかは不明である。しかし、商科会（「商業教育の実際化を計り、学生相互の親睦を増進するために」作られた「商科だけの倶楽部」、『関西学院高等商業学部二十年史』、1931 年、19 頁）の会報『商光』に掲載されたことから、その例会で話された可能性が高いのではないだろうか。と言うことは、第一回例会（1913 年 2 月 23 日）から、『商光』第 1 号発行（1915 年 2 月）までの間とも考えられる。

10 　高等学部（文科・商科）は 1912 年に開設された。1914 年 9 月時点の学生数（高等学部）は 122 人と報告されている（"Report of W. K. Matthews," *Year Book of the Japan Mission and Minutes of the Annual Meeting of Missionaries of the Methodist Episcopal Church, South*, Sept. 3-8, 1914, p. 15)。『文学部回顧』(1931 年）によれば、文科の入学生は、第 1 回 4 人（1912）、第 2 回 5 人（1913）、第 3 回 5 人（1914）であったが、すぐに転校した者が多く、1914 年の授業は 3 学年併せて 8 名で行われていた（9-10 頁）。したがって、高等学部生の大半は商科生であった。

11 　ベーツが新設の高等学部長に就任した時、関西学院には神学部と普通学部があり、それぞれ独自のモットーを持っていた（神学部「真理将使爾自主」、普通学部「敬神愛人」）。したがって、ベーツが高等学部のために新たなモットーを提唱したのはごく自然なことであった。なお、"Mastery for Service" がモットーとされた経緯について、先の『二十年史』にはこのように説明されている。「学部の人格主義的教育を学生自らの脳裏に意識せしむるには何か簡単なる標語、警句を選ぶのが好いと云ふので、ベーツ部長、木村教授等相計つてゝゝに College Motto. として "Mastery for Service." を、College Watch Words. として "Character" & "Efficiency." を決めた。前者はベーツ部長、後者は木村氏の考案に基くものである」(13 頁）。"Mastery for Service" と聖書との関連について、ベーツ自身はヨハネ福音書 8 章 32 節との関連で説明している（『神戸新聞』関西学院創立七十周年記念特集、1959 年 11 月 3 日）が、「直接の由来」は「マルコ福音書 10 章 42-44 節」と考えられる（辻学「『奉仕のための練達』──校訓の翻訳をめぐって」『商学論究』第 50 巻第 1・2 号合併号、2002 年 12 月、705-714 頁）。なお、ベーツの母校マギル大学にマクドナルド・カレッジが開設された時（1906 年）、同じ言葉がモットーとして制定された。詳細については、池田裕子「ロリニャルから世界へ──カナダ東部におけるベーツ院長関係地訪問」『関西学院史紀要』第 19 号、2013 年 3 月 25 日、128-134 頁）参照のこと。

12 　Ministers of State. 日本では大臣を指す。"minister" はラテン語で「使用人、召使い」の意（グリニンス・チャントル編『オックスフォード英単語由来大辞典』、澤田治美監訳、柊風社、2015 年、605 頁）。関西学院が大学を開設した時、初代学長に就任したベーツは関西学院大学のミッションを発表した（C. J. L. Bates, "THE MISSION OF K. G. UNIVERSITY," 『関西学院新聞』大学昇格祝賀号、1932 年 12 月 20 日、4 頁）。その中で、"education" の意味がラテン語の語源に遡り丁寧に説明されている。"minister" にも同様の説明が加えられていれば、わかりやすかったであろう。若いベーツにそこまでの配慮を求めるのは酷かもしれない。

13 　ベーツの父親（J. L. Bates）は、カナダのオンタリオ州ロリニャル（L'Orignal）で

大理石と御影石を商っていた。したがって、ベーツが墓碑に刻まれた言葉を挙げたのは、その生い立ちを考えると、実に自然なことである。私が2012年夏、調査に訪れた際、同地からヴァンクリーク・ヒル（Vankleek Hill）に向かう道中、墓地が見えた。その墓地の古い墓石の多くはベーツの父の会社によるものだと、歴史協会のルイーズ（Louise Bédard）さんが教えてくださった。しかし、この講演が高等学部商科の学生に行われたことを考えると、日本人に馴染みの薄い欧米の墓碑銘を例に出したのはいささか不親切である。日本人学生に理解しやすい例が挙げられていたら、後年、この部分を取り上げ、差別的表現だと指摘する声も出なかったであろう。なお、ベーツ自身は、自分の墓石には、名前のほかに「日本への宣教師1902-1940」と刻んで欲しいと考えていた（Diary of August 1, 1941）。2012年夏、墓参り（Wolford Cemetery）に訪れた私は、その願いが叶えられていることを知った（"CORNELIUS JOHN LIGHTHALL BATES 1877-1963/MISSIONARY IN JAPAN 1902-1940"）。

14 　広報誌『K. G. TODAY』No. 284（2014年9月）の「学院探訪」で、このメッセージを紹介した（「生と光と力の拠点」）。

15 　院長室は原田の森の中央講堂2階に設けられた（献堂式は1922年4月20日）。中央講堂は、ギャラリーを含め1,600席を有するだけでなく、院長室、秘書課、礼拝主事室、社交室、食堂を備え、学院行政の中枢機能が集められていた（『関西学院事典』増補改訂版、336-337頁）。原田の森のキャンパスマップを見ると、講堂は確かにキャンパスの中央に位置している。その命名には、学院行政の中枢機能との意味もあった。そこには、ベーツの最初の任地「中央会堂」（Central Tabernacle）の影響が考えられる。中央会堂は、1890年12月（献堂式は翌年1月3日）、カナダのメソヂスト教会により、東京に建立された。イビー（C. S. Eby, 1845-1925）は中央会堂創立の宣誓書でこう述べている。「……日本は実に東洋の英国、東京はロンドンに比すべき状態にあり。即ち政治は勿論、商業、工芸、社交、教育の如き、皆齊しく東京を以て中心となす之を換言すれば、東京は日本国の手綱を握りて能く国民全体を制御する位置にありとす。また国家将来の運命を査収するところの有為青年の中心なり。恐らく世界の何處に於ても、斯くの如く大多数の青年男女の遊学する都会は、東京を措いて他に求む可からざるべし。而して当本郷区の位置たるや、更に該中心の又核心に位し、新しき日本を鋳造すべき大工場の用地なりとす……」（『中央会堂五十年史』、1940年、58-59頁）。1929年4月、関西学院は上ケ原に移転した。新キャンパスの講堂が「中央講堂」と命名されたのは、こうした経緯を踏まえてのことだったと思われる。

16 　この門は、西門（正門）を指す。

17 　高等商業学部の専用校舎ができたのは1923年。この時点では本館が使われていた。

18 　ブランチ・メモリアル・チャペルの献堂式は1904年10月。

19 　神学部専用校舎（神学館）は1912年竣工。

20 　1922年4月の学生数は1,666人であったが、1923年度は1,731人（中学部800人、高等商業学部677人、文学部185人、神学部69人）で始まったとベーツは報告している（President's Report, April 18, 1923）。

21 　カナディアン・アカデミーは、カナダのメソヂスト教会が宣教師の師弟の教育のために創立した学校である。1913年9月13日、カナディアン・メソヂスト・アカデミーの名で13名の生徒により始められた。場所は原田の森時代の関西学院のすぐ北で

第 1 部　翻訳

あった。生徒数は順調に増加し、関東大震災のあった 1923 年には 244 名になった（Florence Whiting Metcalf, *Scienta Clavis Successus*, Oct. 1998, pp. 2-9）。その後、同校は長峰台に移り、1990 年には六甲アイランドに移転した（*do*. p. 60）。

22　現在の王子神社（神戸市灘区原田通）。祭神は建御名代・若一王子神。明治時代に原田神社と改名したが、1946 年に王子神社と再び改名した（『兵庫県大百科事典』上巻、1983 年 10 月 1 日、351 頁）。

23　1912 年、原田の森の原生林に射場が作られたのが弓道部の始まりであった。1924 年 4 月、関西学院主催第 1 回全国弓道大会が挙行された時、院長のベーツは、大会会長として開会の挨拶をした。「弓術は昔は世界各國至る處に行はれたもので、中世期の英國の競射は最も有名なものゝ一つであつたが久しき以前に無くなつて居り、現在米國にて行はれて居るのは 戯に類する。然るに日本に於ては昔から今日迄最も正しく、又頗る精神的に發達を見た事は世界に其例を見ない。是れ確かに日本の残りとす可きものゝ一つと云ふ可く、私は運動競技として特に推奨する所以である。希くば日本獨特の最も高尚なる此スポーツを永久に保存し、且發展せしめられん事を希望する。……」（米田満『関西学院スポーツ史話〜神戸・原田の森篇〜』、関西学院大学体育会、2003 年 6 月 20 日、355 頁）。

24　1970 年代に私が中高時代を過ごした学校は青谷（原田の森のすぐ北）にあった。中学 1 年時の教室は最上階（4 階）南面にあり、窓からの眺めは、記憶する限り、ベーツがここで述べている通りだった。この一文を目にした時、光景が鮮やかに蘇った。

25　ベーツの言葉「生、光、力」は、この 11 年後に制作された校歌「空の翼」（作詞：北原白秋、作曲：山田耕筰）の歌詞「風、光、力」に重なる。「空の翼」と関西学院の校風を検討するため、創立以来の主要な歌（校歌、応援歌等）の歌詞キーワードを網干毅が表にまとめている。それによると、「空の翼」の前にあった 5 曲のキーワードは、「Tune、Power、上ケ原、力、歌へ、新月、自由、自由の鐘なる、真理の光、強き翼、空、月かげ、自由の園」である（ただし、「院長室の窓から」時点の校歌は "Old Kwansei" のみで、そのキーワードは最初の 2 語）。その上で、「白秋が関西学院を訪れたときには、すでに『自由』や『力』『歌』などの言葉で表されるイメージも本学の校風として定着しており、学院関係者からそういった説明を受けた。さらに上の五曲の楽譜や歌詞資料も提供された。そこでそれらを総合的に検討して白秋は構想を練った」と網干は類推している（網干毅『「空の翼」と関西学院の校風』『関西学院史紀要』第 15 号、2009 年 3 月 25 日、28-36 頁）。「院長室の窓から」でベーツが述べた思いが徐々に関西学院に浸透して行ったことは、その後作られた 3 曲の歌詞キーワードからも明らかである。5 曲目を担当した白秋は、"Mastery for Service" を加え、院長であるベーツの思いを一層巧みに歌詞に盛り込んだと言えるだろう。

26　広報誌『K. G. TODAY』vol. 260（2010 年 10 月）の「学院探訪」でこのミッションを紹介した時（「"Launch out into the deep."（ルカ伝 5 章 4 節）」）、私のもとに多くの声が寄せられた。「時代を超えて今の関学と重なり、ベーツ先生から励まされた思いがする」、「ベーツ先生のミッションは決して古くなっていない。現在にも通用する」、「ベーツ先生のミッションには説得力がある」、「このようなミッションを示してくれる人となら、新しい未来に漕ぎ出していけると思う」、「ベーツ院長の志を今に読みこなし、その上で表現を練り直そうという人が現れることを期待する」、「効率だけを追い求める昨今の流れの中で、最も大切なことを見つめ直す必要

がある」等々。

27　1932 年に予科、1934 年に法文学部と商経学部が開設された。大学完成年次の関西学院全体の学生数は、定員 2,900 名（法文学部 240、商経学部 360、予科 400、神学部 60、文学部 240、高等商業学校 600、中学部 1,000）に対し、2,965 名（法文学部 240、商経学部 402、予科 431、神学部 55、文学部 222、高等商業学校 609、中学部 1,006）であった（President's Report, May 9, 1934, April 6, 1936）。

28　関西学院で初めて大学開設の話が出たのは、1914 年 4 月の理事会だった（Minutes of the Board of Directors, April 22, 1914）。1918 年に大学令が制定され、官立の単科大学や公立・私立の単科大学が公認されるようになると、高等学部学生会が大学昇格運動に取り組み始めた。結局、関西学院が予科を開設したのは、慶應義塾、早稲田、同志社等から 12 年遅れであった。

29　関西学院は 1889 年に神学部と普通学部で始まった。普通学部（普通科）が中学校令に準拠する学校と認められ、中学部への改称が認可されたのは 1915 年であった。関西学院創立から 23 年後の 1912 年に開設された高等学部（文科・商科）は、1921 年に文学部、高等商業学部となった。1932 年は高等学部開設から 20 年目に当たっていた。

30　"Launch out into the deep." ルカ福音書 5 章 4 節。ベーツは King James Version の聖書を使用している。

31　詳細は、辻学「『奉仕のための練達』登場と時局的判断」『学院史編纂室便り』第 17 号、2008 年 6 月 6 日、1-4 頁。

32　ベーツの離日前、文学部（専門部）はレコードを制作している（「ベーツ博士記念朗読 Farewell Readings by Dr. C. J. L. Bates」）。ベーツが朗読したのは、ヨハネ福音書 3 章 1-8 節と 16 節、テニスンの「砂州を越えて」（Crossing the Bar）であった。

写真 2-5　倫理学授業、高等商業学部、1933 年
学院史編纂室所蔵

第1部　翻訳

3　ラジオ原稿

訳者まえがき

　1920年より関西学院第4代院長を務めていたC. J. L. ベーツは、1940年5月26日付けで辞表を提出した。理事会は、7月4日に臨時理事会を開催し、ベーツの院長、学長、専門部長辞任を承認した。理事会でベーツが説明した辞任理由は次の3つであった。
　・引退すべき時がきたので、後任に関する事項を取り扱う機会を理事会に与えたい。
　・政府関係者とクリスチャン・スクール間の緊張の高まり。
　・国際的な緊張の高まり。
　9月11日、満場一致で神崎驥一が第5代院長に選出された（学長、専門部長を兼任）。
　12月30日、ベーツは妻ハティと共に神戸港から帰国の途に就いた。[1]バンクーバー到着は、年明けの1月11日であった。[2]故国カナダで、ベーツは世界の動きをどのように見つめ、日本にどんな思いを抱いていたのだろうか。ベーツがカナダ・メソヂスト教会（1925年からカナダ合同教会）宣教師として40年近く暮らした愛する日本は、その年の12月8日、ハワイの真珠湾を攻撃し、カナダの敵国となるのである。
　その頃のベーツの思いを知る手がかりが残されている。それは、ベーツがラジオ番組のために書いた原稿"UNDERSTANDING JAPAN"（日本理解）である。ベーツの孫に当たるアルマン・デメストラルさんが、お母様（ベーツの長女ルル）の遺品の中から見つけ出し、1989年に国際センター

3 ラジオ原稿

の藤田允さんに送られたもので、添書には「1942年にカナダ放送協会（Canadian Broadcasting Corporation）で放送された祖父の原稿」とある。この度、ベーツが残した日記を確認したところ、この原稿が書かれた背景が少し明らかになった。

まず、1941年8月20日と24日の日記から判明した事実は次の通りである。

写真 3-1　ピッツバーグ訪問
　　　　1941 年 8 月 23 日
ニューヨークでのラジオ出演後、次男ジョンを訪ね、生まれたばかりの孫を抱いた。
アルマン・デメストラル氏所蔵

・CBS の番組で「日本理解」について話をするためニューヨークに行った。
・13 分の話のために、往復 3 日かけて移動した。

　8月21日（木）トロントから夜行でニューヨークに移動。
　8月22日（金）ニューヨークから夜行でピッツバーグに移動。
　8月23日（土）ピッツバーグから夜行でトロントに移動。

すなわち、ベーツが出演したラジオはカナダの CBC ではなく、アメリカの CBS で、その時期は、1942 年ではなく、1941 年 8 月 22 日であった。当日の *The New York Times* 紙を確認すると、ラジオ番組欄 "RADIO TODAY" の "EVENING 10 : 30" に 7 本の番組が掲載されている。その 4 番目が "WABC-Understanding Japan-Dr. C. J. L. Bates" である。

ラジオ出演のきっかけは、その約 2 カ月前、6 月 10 日の日記に遡る。

　6月10日（火）ニューヨークにて。レヴァーのアパートに滞在中。

67

第 1 部　翻訳

　　　　57 番街東、10 号室。
　　　　　レヴァーの要請を受け、昨日、ニューヨークに来た。現在の状況下で、私に何ができるか話し合うためである。ニューヨークはかなり涼しい。暖かいスーツを着て来て良かった。

　この時のニューヨークでの行動は、モントリオールへの帰途、6 月 12 日（木）に車中で記されている。その中から、車窓風景の描写を除き、ニューヨークでの出来事だけを抜き出してみよう。

　昨日、ハッカビー、バーンズ、ジョン・R・モット、スターリング・フィッシャー諸氏と会見した。夜、レヴァーと私はスターリングとジーンと共に、タリータウンにある彼らの美しい田舎の邸宅で食事した。そこはワシントン・アービングの『スリーピー・ホロウの伝説』で有名な場所だった。スターリングは CBS の "[American] School of [the] Air" のディレクターである。ラジオで日本について話をしてほしいと、彼は私に頼んだ。

　このように見て来ると、ベーツのラジオ出演をお膳立てしたのは、長男レヴァーであったのかも知れない。この時、レヴァーは 38 歳で、イギリス海軍情報部の一員だった。日中戦争が始まるまでは上海にいて、The North China Daily News 紙の編集に携わっていた。レヴァーにとって、日本は生まれ育った故郷である。日本に対する思いは父親以上のものがあったろう。そのキャ

写真 3-2　長男ウィリアム・レヴァー・ベーツ
1939 年頃
アルマン・デメストラル氏所蔵

3 ラジオ原稿

リアを考えると、中国事情に精通しており、アメリカのマスコミにもパイプがあったであろうことは想像に難くない。

　これらの日記の記述と原稿「日本理解」の内容から、ラジオ出演の依頼を受けたベーツがその原稿を完成させたのは、1941 年 8 月 15 日から 20 日までの間だったと推測される[11]。

日本理解

　個人であれ、国家であれ、良き隣人として共に暮らす基本的条件の一つは、互いに理解し、正しく評価することです。隣人は友であるべきなのに、とかく敵になりがちです。さらなる悲劇は、日本帝国と太平洋沿岸諸国の間であまりにも大きな誤解が生じたため、慈悲深い海が今にも荒れ狂う血の海になりかねないということです。

　私たちは、無分別に、また無差別に日本を非難しがちです。現在、日本がファシストのイタリア、およびナチス・ドイツと同盟している[12]という事実は、この不幸な両国を待ち受けているのと同じ運命に日本を追い込むのに十分な理由になります。しかし、私たちはもうひとつの事実を見落としてはなりません。それは、この異常な同盟を遺憾に思う日本人が大勢いるということです。1 年前の同盟締結は、フランスの崩壊を頂点とする、ヨーロッパの民主主義国家の失墜[13]と、昨年 9 月にはイギリスも同じ運命をたどるだろうとの見込みに基づいた自暴自棄の行為のように思われました。その時も、それ以降もイギリスがそうならなかったこと[14]は、多くの日本人を驚かせました。落胆した人も、喜んだ人もいます。

　悲劇的で痛ましい事実は、日本が誤った選択をして、勝利を得ると日本が判断した国々と同盟を結んだことです。しかし、それらの国は確実に敗北する運命にあります。多くの日本人にはその過ちがわかっていたのですが、それを止めるには力が弱すぎました。

　教養あるリベラリストは、ここ数年の動きを大変遺憾に思っています。生活の統制強化、言論の自由、出版の自由、学問の自由の削減。教育と文

化の概念はすっかり変わってしまいました。教育の目的は、もはや真理を探求し、個人の人格を開花させることではなく、「天皇の臣民の製造」です。文化は、もはや真理や美徳や美の普遍的本質の探究ではなく、国粋主義の強調です。

にもかかわらず、仏教と儒教の影響の下、何世紀にもわたる鍛錬の賜物である日本国民にしっかり根付いた文化、そして変化に富んだ景観、荘厳な山々、急な川のせせらぎ、静寂な湖、複雑な海岸線との接触により培われた日本人固有の自然感は、あらゆる面にあらわれます。日本人は最高に礼儀正しい国民で、日本で一生涯を過ごしたら、親切以外に受けるものは何もないでしょう。日本は、芸術家、画家、詩人、繊細なタッチと匠の技を持つ工芸家の国です。日本人は大変器用で、日本人がつくるものはすべて芸術の香りがします。

和歌に勝るものがあるでしょうか。あらゆる階層の人がこの優美な芸術をたしなんでいます。偉大なる明治天皇ご自身、優れた歌人でした。その思想の広がりと偏見のなさを示す歌が翻訳されています。最善の訳ですが、原文の持つすばらしい感覚とリズムはかなり失われています。[15]

> Lo! In my garden all things thrive and grow
> E'en foreign plants with tender care bestowed
> Upon their precious shoots, grow strong and fine
> Like those indigenous to soil and climate
>   ［直訳］ほら、私の庭ではあらゆるものが生い茂る
>   大切な新芽を丁寧に世話することにより
>   外国の植物でさえ、強く立派に
>   この地固有の植物のように

天皇は、皇居の庭に咲く花を見て思い巡らせます。最高に美しい日本庭園の傍らに、多くの国から集められた植物が育っています。古い茎に見事に接ぎ木された新しい制度は、古(いにしえ)と現在を融合させ、確かな未来につなげ

ます。
　近代日本のもっとも良い姿を理解するには、1868年に睦仁天皇[16]の即位により始まった明治時代のことを学ばなければなりません。それは、啓蒙と前代未聞の進歩の時代でした。進歩は、即位式で陛下が宣誓された誓いを遂行し、発展させることでした。この誓いは「五カ条のご誓文」と呼ばれています。

　　1．広ク会議ヲ興シ万機公論ニ決スヘシ
　　2．上下心ヲ一ニシテ盛ニ経綸ヲ行フ
　　3．官武一途庶民ニ至ル迄各其志ヲ遂ケ
　　4．旧来ノ因習ヲ破リ天地ノ公道ニ基ク
　　5．知識ヲ世界ニ求メ皇基ヲ振起

　ご誓文の発布は近代日本のマグナ・カルタ[17]です。国家独立の基盤であり、日本が文明開化と啓蒙の道から遠くかけ離れていると怪しまれないための保障でした。なぜなら、天皇の誓いは、日本の信義と慣習において、神聖かつ不可侵だからです。
　天皇のご誓文は、1873年の義務教育の制定、1889年の帝国憲法の発布、1890年の帝国議会の開始により実現されました。これらの基本的制度に続いていくつもの改革が行われ、ついに成人男子の普通選挙権、さらには陪審の試行に至りました[18]。
　こうした真に民主的な趨勢は、10年前まで優勢でした。その頃、新しい思想や人生観が生まれました。それは、1868年の明治時代と共に始まったことに関連する新しいものでしたが、ある意味、古い日本のやり方——封建主義——への復古でした。
　目覚めた国では、思想や人生観に二つの潮流があります。自由と保守、進歩と復古。他国同様、それは日本にも当てはまります。時に、どの国よりも顕著に表れているように見えます。なぜなら、日本では、アングロサクソン諸国より一層激しく振り子が振れているからです。確かに、近代が

始まってわずか75年に過ぎません。封建時代はついこの間のことなのです。と同時に、近代化の動きは多岐にわたり、強烈でした。

近代日本においてもっとも憂慮すべきことは、10年から15年前に最強だったコミュニズムの脅威でした。その時期、厳しい経済不況があり、いわゆるホワイトカラーの大量失業をもたらしました。[19]大学卒業生の就職は困難を極めました。しかしながら、この状況は満州事変によっておおむね緩和されました。[20]満州事変は、見せかけの満州国皇帝の擁立に至りました。皇帝の周りにはその国の統治者がいるように見せていましたが、実際は東京の政府に対する責任しか持たない日本大使の支配下にある完璧な日本人次官でした。[21]

写真3-3　新渡戸記念公園
　　　　1938年6月2日
学院史編纂室所蔵

国際連盟を脱退するという日本の決断は、日本の国際関係、特に英米関係において明らかにターニングポイントでした。[22]日本の多くの人々は自国の国際連盟脱退を大変残念に思っていました。日本は常任理事国でしたし、新渡戸稲造博士やその他の人々の力により、誠実で優れた働きをなしてきました。国際連盟脱退の瞬間から、日本のリベラルな指導者は沈黙し、政権を追われ、ついには1936年2月26日に暗殺されてしまったのです。

通常、こうした事態は陸軍を変えます。しかし、それはあまりに単純な説明です。実際、5年前の2月26日朝に起こった1,300人の兵士の暴動により、陸軍内部に二つの派があることが明らかになりました。4人の高名な政治家と軍人が殺害され、数名の高官が命辛々助かりました。[23]危機は過ぎ去りましたが、以来、何も変わってはいません。陸軍の下級士官の影響は瞬く間に広がり、陸軍と国家の確固たる支配は制御不能に陥りました。

数日前、もっとも好ましい日本人政治家を悩ます難題を示す出来事が起こりました。元首相であり、現在の近衛内閣の一員である、尊敬すべき平沼男爵の暗殺未遂事件です。平沼は、政府内に保守的な影響力を有する、強力な国粋主義者で、評判の男でした。

　暗殺は、日本の公的生活の悪弊であり、脅威です。多くの首相、首相経験者、政府高官が暗殺者の銃剣に倒れました。高い官職に就くことは死の危険を招くことです。外国の識者の見解によると、こうした事件に対する司法の判決は危険なほど寛大です。

　こうした暴力は、自由主義から超国粋主義へのイデオロギーの転換と共に、近年大幅に増加し、日本の国際連盟脱退を引き起こしました。暴力の哲学は、世論と公の良心をすり抜け、理性的説得と権力の行使を大きく変貌させました。人々に考えることをさせず、服従させます。独創性ではなく、画一性を育てます。個人は、大衆に埋没させられ、個人主義、自由主義、あるいは民主主義を賞賛する言葉は許されません。このイデオロギーの変化は、新体制運動として知られるもので頂点を極めました。それは、1年前に現政府が政権をとって以来、考案され、確立されました。

　日本の思想や人生観におけるリベラルな動きの衰退原因は何でしょうか？　基本的に二つ、経済的緊迫と国家の野心があります。自国の人口増加に対する日本の困窮は疑いの余地がありません。石炭、鉄、ゴム、石油、錫等、基本的天然資源の確保と自国の工業製品のために外国市場を求めています。ルーズベルト大統領とチャーチル首相の最近の宣言が、こうした経済問題を取り扱う必要性を認識していることは大変ありがたく、希望が持てます。

　その他に、日本とその隣国間でより良い関係が回復すれば、日本自身によって認識され、コントロールされるに違いないものがあります。

　リベラルな思想を持つ日本の政治家の指導の下、中国とのより良い関係が徐々に構築されるだろうと考えられていました。ところが、不幸なことに、中国政府は学校や教科書でさえ、反日キャンペーンを黙認しました。それは、不可能でないにしても、和解を困難にしました。

第 1 部　翻訳

　ついに、両国の軍隊の若い構成員は耐えきれず、自暴自棄になり、分別ある指導者の忠告を退け、4 年前に蘆溝橋事件を起こしました。[28] それが中国での軍事行動を引き起こし、未だ終わっていないのです。

　日本のジレンマは、現在、中国との戦争を直ちに勝利に終わらすことも、戦争から撤退することもできない、ということです。昔の中国のことわざに「虎に乗る者は降りるのが困難なことを知っている」とあります。

　日本が平和を取り戻し、信頼を回復したいなら、もう一度リベラルな政治家を求めるべきです。そのような指導者が日本で舵を取っていた間、世界は日本の約束を信用していました。他国との条約を破ることは日本のやり方ではありませんでした。しかし、危険なのは、日本が三国同盟を結んでいるファシストやナチズムの国の間でごく普通の慣行が世界のやり方とみなされ、正当化されるかもしれないということです。事情通のアメリカの雑誌の最新号に「日本人は名誉を重んずる民族である。条約の破棄がその尊厳を維持することよりも名誉ある方策とならない限り、日本人は重大な条約を破ることなど決して考えない」とあります。日本の麗しき伝統はその通りです。日本の侍は、第一に、誇り高き男です。悲しいのは、日本が惑わされ、いかなる条約や規約も徹底的に無視してきた指導者が率いる二国と同盟してしまったということです。

　世界に散らばる日本の友は、日本が現在の道を突き進むなら、大変な惨事が不気味に迫りつつあることに気付き、怯えています。現在、日本は四方——北、南、東、西——の敵と戦おうとしているようです。中国での戦争が終結しないまま、北のロシア、南の大英帝国、海上のアメリカと戦争を始めるのは、確かにあまりに荷が重過ぎます。注意深く観察することすら狂気の沙汰です！　手遅れにならないうちに、より良く、より賢明で、より分別ある協議がなされるべきです。

　日本の友は、日本がこの狂気から逃れ、偉大なる明治天皇が 73 年前に公にした誓いに忠実な「文明化と啓蒙の道に」もう一度足を踏み入れることを願い、祈っています。

　C. J. L. Bates, "UNDERSTANDING JAPAN," [Aug. 1941].

訳者あとがき

　「日本理解」は、日本で青少年の教育に40年近く携わったベーツが「現在（1941年8月）の状況下で私に何ができるか」との思いで書き上げたラジオ原稿であった。その背景には、ジョン・R・モットや息子レヴァー（イギリス海軍情報部）の存在があった。その頃の日本の状況をグルー駐日アメリカ大使は次のように回顧している。「この危機的時期にあって、我が大使館は、繰り返しワシントンに公電を打ち、日本の政治状況を考慮するよう要請した。この10年来初めて建設的な交渉ができる機会が到来したことを訴えた。我々は、近衛公が、この国に和平の道を歩ませることができる立場に就いていると確信していた」。

　残念ながら、手遅れにならないうちに日本と英米間の関係を修復したいとのベーツの願いは叶わなかった。ラジオ出演から3カ月半後の1941年12月8日（カナダ時間：7日）、日本はハワイの真珠湾を攻撃した。その日、ベーツは日記に何も記していない。11日になって、フランス革命で活躍したダントンの言葉「勇気、さらに勇気、常に勇気」と共に、ようやくこう記されている。「日本と英米間の戦争4日目。先週日曜日、日本海軍と空中攻撃隊はホノルルの真珠湾を奇襲し、2隻の軍艦を撃沈。死者1,500人、負傷者1,500人以上。……この結果、アメリカ国民を団結させ、アメリカは満場一致で戦争に突入した」。一方、アメリカの前大統領ハーバート・フーバーは、真珠湾攻撃の翌日、駐日大使や国務次官を務めたウィリアム・R・キャッスルに書簡を書いている。「あなたも私同様に、日本というガラガラヘビに（我が国政府が）しつこくちょっかいを出し、その結果その蛇が我々に咬みついたんだ、ということをよく知っています。また、日本に対してあのような貿易上の規制をかけたり、挑発的な態度を示さなくても、日本はこれからの数年で内部的に崩壊するだろうことがわかっていました。なぜこんなことになってしまったのか、その過程も知っています」。

　しかし、戦争回避できなかったことを理由に、この「日本理解」を的外

れと批判する人はいないだろう。あるいは、ベーツのラジオ出演自体も「精巧に仕組まれたプロパガンダ」のひとつに過ぎなかったのだろうか。

ベーツの目を通して、日本人のことを知り、日本の近代化を学ぶのは、戦後世代の私にとって新鮮な経験だった。世界の動きの中で、日本が四方の敵と戦う状況に陥った状

写真3-4 「婦人ニュース」（朝日放送）に出演
1959年11月2日
学院史編纂室所蔵

況をベーツから学ぶことができた。開戦に至るまでの話をカナダ人に教えてもらったのは初めてである。カナダ人と戦争の話をしたことはなかった。ベーツの教え子で、戦時中、陸軍将校として北京におられた齋藤昭さんは[31]興奮気味にこうおっしゃった。「ベーツ先生がこれを書いておられたのですか！　当時の私とまったく同じ気持ち!!　軍隊ではもちろんがんばっていたが、心の底にはベーツ先生と同じ思いが常にあった。ベーツ先生には日本人の心がこんなにわかっておられたのかと驚いた。いいものを見せてもらった。私と同世代の人が読んだら、皆、興奮するだろう」。

初めて「日本理解」に目を通した時、新渡戸稲造が頭に浮かんだ。[32]和歌を巧みに使っている点や言葉遣いに共通点が感じられた。関西学院では、ベーツ院長時代の1924年11月15日、国際連盟関西学院学生支部の発会式が行われ、翌年1月、国際連盟事務局事務次長の新渡戸を迎えている。[33]関西学院と新渡戸の関係の発端は、その前任者 J. C. C. ニュートン第3代院長にあったと思われる。[34]ベーツより15歳年長の新渡戸は、1933年10月16日、カナダ訪問中、ビクトリアで客死した。その死を悼んだベーツは "The Passing of Dr. Nitobe" を *The Mainichi Daily News* に寄せている。[35]

最後に、アメリカのラジオ事情を振り返っておこう。当時、NBC とベー

ツが出演した CBS は二大勢力として競合展開していた。[36] 1941 年のラジオ所有世帯数 29,300,000、普及率は 81.5% に達していた。しかも、この数値は、都会と農村、西海岸と東海岸で、大きな差がなかった。[37]「ラジオは 1 日のうちで夜間によく聴かれた。人々が仕事や学校から帰ってきてひとやすみする時間だからであり、またそれに合わせてネットワークの、よりエンターテインメントとして質の高い番組がこの時間帯に放送されたからである」[38]。そのような中、ベーツの放送（1941 年 8 月 22 日金曜夜 10 時半）を聞いた当時のアメリカ人、カナダ人はどう思っただろう。どのような反響があったのだろうか。それを調べるのは今後の課題である。

　余談になるが、戦後、ベーツはテレビ番組にも出演している。関西学院の創立七十周年記念式典出席のため 19 年ぶりに来日した際、朝日放送の「婦人ニュース」に出演し、信仰と生活について語った。[39]

（池田裕子）

注

1　辞任が承認された時、ベーツは 63 歳だった。翌年夏まで関西学院に留まり、その後、最初の任地である東京で 1-2 年過ごし、定年を迎えたいと考えていた（Letter of July 8, 1940, from C. J. L. Bates to Lulu and Claude de Mestral）。ところが、世界情勢はベーツの予想をはるかに超えるスピードで悪化した。9 月になると「基督教教育同盟加入の諸学校の会議でミッションからの財政的独立の方針が申し合わされた」(『関西学院百年史』通史編Ⅰ、1997 年、567 頁)。同月 27 日、日独伊三国同盟が締結された。10 月には、女性と子どもに対する引き揚げ勧告がカナダ公使から出された。ベーツは、帰国について東京で宣教師仲間と長時間話合っている。ベーツの辞任と帰国の経緯については、池田裕子「ベーツ院長辞任の真相を探る──『ベーツ日記』を手掛かりとして」(『関西学院史紀要』第 10 号、2004 年、37-73 頁) 参照。
2　Bates Diary, Jan. 16, 1941.
3　Letter of Jan. 31, 1989, from A. L. C. de Mestral to Dr. Makoto Fujita.
4　ベーツのアルバムには、1941 年 8 月 23 日にピッツバーグで撮影された写真が数枚貼られている。ニューヨークからピッツバーグに向かったのは、次男ジョンの家を訪ねるためだったと思われる。生まれたばかりの孫マドレーヌ・アンを抱くベーツの写真もある。ジョン一家は、1941 年から 3 年間、ピッツバーグに住んでいた（Robert Bates, *Newcomers in a New Land*, private edition, 1988, p. 40）。

第1部　翻訳

5　WABC880 は、CBS がニューヨークに持っていた主要局（*Encyclopedia of Radio*, Fitzroy Dearborn, 2004, p.350）。

6　John R. Motto (1865-1955) は、「世界の青年をキリストへ」を信条としたアメリカの学生キリスト教運動の世界的指導者。1946 年、ノーベル平和賞受賞（『日本キリスト教歴史大事典』、教文館、1998 年、1402 頁）。1902 年 2 月にトロントで開催された学生ボランティア大会に参加したベーツは、会場でモットが読み上げた中国からの電報を聞いて、宣教師としての献身を決意した（C. J. L. Bates, "These Sixty Years in the Ministry,"『関西学院七十年史』、1959 年、567-568 頁）。

7　Washington Irving (1783-1859)．アメリカの小説家。ニューヨーク市出身。神話・伝説のないアメリカに、ヨーロッパ種の伝説を移植して、リップ・バン・ウィンクルや『スリーピー・ホロウの伝説』のイカボッド・クレーンなど、アメリカ神話の原型と言うべき人物を創造した功績が評価されている（平凡社『大百科事典』1 巻、1985 年、359 頁）。

8　Sterling Fisher がディレクターを務めていた "American School of the Air" は、1930 年 2 月 4 日から 1948 年 4 月 30 日まで CBS で放送された 30 分番組。1940 年の CBS の報告によると、全米 48 州の 15 万の教室（教師数 20 万人、生徒数 800 万人）で聴取されていた。さらに、同年、カナダ、南米、フィリピンでも "School of the Air of the Americas" の名で放送されるようになった（*Encyclopedia of Radio*, pp. 67-68）。

9　レヴァーがイギリス海軍からアメリカに派遣されたのは 1942 年とする資料がある（*Newcomers in a New Land*, pp. 34-35）が、ラジオ放送の時期が 1942 年と考えられていたことから生じた誤解ではないだろうか。日記の記述から、レヴァーは 1941 年 6 月にはニューヨークにいて、ベーツのラジオ出演は 1941 年 8 月だったことがわかる。ベーツが 1940 年 5 月 26 日の誕生日に妻から贈られたアルバムの台紙 2 枚目裏面には、軍服姿のレヴァーの写真が貼られ、"LIEUT. W. L. BATES R. N. V. R."（W. L. ベーツ大尉、イギリス海軍志願予備員）と記載されている。終戦時、レヴァーは中佐になっていた（*ditto*, p.35）。

10　アメリカの南メソヂスト監督教会宣教師 T. W. B. デマリーの長男として神戸で生まれ、松山で育ったポールはアメリカで教師となり、アナハイム・ユニオン高等学校の校長を務めた。戦争がはじまると、日本の歴史や文化を知ってもらいたいとの思いから、日本での経験を生徒に語り始めた。日系人生徒が収容所に送られることになった時、全校生徒を集め、こう語った。「多くの点で、この生徒たち以上に私は日本人です。なぜなら、私は神戸生まれだからです……」（Letter of Feb. 14, 2005, from Gania Demaree Trotter to Yuko Ikeda, 池田裕子「20 世紀初頭の宣教師デマリー父子の船旅（松山～神戸）――*The Missionary Kid* より」『学院史編纂室便り』第 21 号、2005 年 5 月 20 日、7 頁）。レヴァーもまったく同じ思いであったろう。ポールの半生は、*The Missionary Kid*（private edition, 1977）に詳しい。

11　1941 年 8 月 14 日におこった平沼騏一郎狙撃事件のことが原稿に書かれている。

12　1940 年 9 月 27 日、ベルリンで日独伊三国同盟が調印された（岩波『近代日本総合年表』第 4 版、2001 年、324 頁）。

13　1940 年 6 月 14 日、ドイツ軍がパリに入城。同月 25 日、フランスは降伏し、国土の 1/3 を占領された。7 月 2 日、南部にペタン将軍を国家主席とするビシー政府樹立（平凡社、前掲書 9 巻、47-49 頁）。

14 経済の弱体化とイギリス帝国の維持という二つの問題を抱えるイギリスは、1940年5月、チャーチルのもと「挙国一致政府」を樹立した。9月にはロンドンも爆撃されたが、ドイツの攻撃に抵抗し、反撃した（平凡社、前掲書9巻、47-49頁）。

15 ベーツが紹介している英文と同じく、外国から来た植物が庭に繁る様を描いた御製がある。「わが苑に　しげり合ひけり　とつ国の　草木の苗も　おほし立つれば」(H. Saito, *A voice out of the Serene: the poetical works of His Late Majesty Meiji Tenno*, 雲上の声, [1912])。

16 明治天皇は、1852年の誕生時、祐宮（さちのみや）と命名されたが、1860年、立親王の宣下とともに睦仁と改名した（平凡社、前掲書14巻、744頁）。

17 イギリスで1215年6月15日付で発布された63カ条の法。イギリス憲法の一部とされ、しばしば「大憲章」と訳される（平凡社、前掲書14巻、8頁）。

18 日本は、1925年の選挙法改正により、男子普通選挙制を実施した（平凡社、前掲書12巻、1204頁）。陪審については、1923年に陪審法が制定され、刑事事件について陪審審理が認められた（平凡社、前掲書11巻、910頁）。

19 1930年代の昭和恐慌。前年のアメリカの株式恐慌からはじまった世界大恐慌の一環をなす。日本の国民総生産は、1929年を100とすると、30年89.1、31年80.6、32年82.8となり、この3年間の落ち込みがもっとも激しかった。失業率は8.3-8.9％に達した（平凡社、前掲書7巻、585-586頁）。

20 満州事変は、日本の中国東北・内蒙古への武力侵略戦争。1931年9月18日の柳上湖事件を発端とし、狭義には1933年5月31日の塘沽停戦協定までの期間。広義には1937年7月7日の盧溝橋事件による日中戦争全面化までの期間を指す（平凡社、前掲書14巻、255頁）。

21 満州国は、満州事変によって日本が占領した満州（中国東北部）、内蒙古・熱河省を領域として樹立された日本の傀儡国家。1941年12月に太平洋戦争が始まると、満州国は全力をあげ、日本の戦争遂行に協力することを宣した。1945年8月、ソ連の参戦と満州侵攻により関東軍が壊滅し、日本帝国主義の敗北と共に解体した（平凡社、前掲書14巻、254-255頁）。

22 日本の国際連盟脱退は、1933年3月27日（岩波、前掲書、294頁）。

23 二・二六事件。1936年2月26日に起こった皇道派青年将校によるクーデター。陸軍内部には、国家改造にあたって官僚・政界とも提携しようとする幕僚層中心の「統制派」と天皇に直結する「昭和維新」を遂行しようとする隊付青年将校中心の「皇道派」があった。皇道派青年将校は1,473名の兵力を率い、首相秘書松尾伝蔵予備役陸軍大佐（岡田啓三首相と誤認）、斎藤実内大臣、渡邉錠太郎教育総監、高橋是清蔵相を殺害した（平凡社、前掲書11巻、380頁）。

24 平沼騏一郎（1867-1952）。1939年、第一次近衛内閣のあとを受け、首相を務めたが、独ソ不可侵条約調印を機に8カ月で総辞職した（平凡社、前掲書12巻、742頁）。1940年12月21日、第二次近衛内閣（1940年7月22日～1941年7月17日）の内務大臣に迎えられ、引き続き第三次近衛内閣（1941年7月18日～10月18日）でも、無任所相兼内閣参議を務めた。ベーツの言う「平沼男爵の暗殺未遂事件」とは、第三次近衛内閣時代の1941年8月14日に起こった狙撃事件。平沼は自宅を訪ねて来た西山直（岡山県出身の神主、勤皇まことむすびの会員）から5発の銃弾を受け、重傷を負った。11月、全快し、政界に復帰（萩原淳『平沼騏一郎と近代日本：官僚の国家主義と太平洋戦争への道』、京都大学学術出版会、2016年、234-240頁）。

第 1 部　翻訳

なお、この部分の記述から、ベーツの本稿執筆は 1941 年 8 月下旬であったと推定される。

25 『事件・犯罪』（教育社、1991 年）の「歴史年表／日本編」から、ベーツが原稿の中で触れていない明治以降の事件を拾い出すと、横井小楠議政官参与斬殺事件（1869）、大村益次郎兵部大輔斬殺事件（1869）、広沢真臣参議斬殺事件（1871）、岩倉具視右大臣襲撃事件（1874）、大久保利通参議暗殺事件（1878）、板垣退助自由党総理襲撃事件（1882）、森有礼文相刺殺事件（1889）、大隈重信外相襲撃事件（1889）、星亨元逓相刺殺事件（1901）、伊藤博文元朝鮮統監射殺事件（1909）、阿部守太郎外務省政務局長刺殺事件（1913）、大隈重信首相襲撃事件（1916）、斎藤実朝鮮総督襲撃事件（1919）、原敬首相刺殺事件（1921）、山本宣治代議士刺殺事件（1929）、浜口雄幸首相狙撃事件（1930）、西園寺公望襲撃未遂事件（1934）、美濃部達吉襲撃事件（1936）。

26 「現政府」とは、近衛文麿内閣。新体制運動は、1940 年に第二次世界大戦の拡大に対処して総力戦体制を急激につくりだすために、近衛文麿を中心に推進された政治運動。日本型のファシズム体制を確立させた（平凡社、前掲書 7 巻、988 頁）。

27 1941 年 8 月 14 日、イギリスのチャーチル首相とアメリカのルーズベルト大統領が発した共同宣言で、大西洋憲章と呼ばれる。第二次世界大戦勃発後、最初の米英巨頭会談の成果だった。この中で示された原則は次の通り。①イギリス、アメリカ両国の領土不拡大、②住民の意思に反する国境変更に反対、③人民の政治体制選択権の尊重、④通商制限緩和と原料資源への接近の平等、⑤諸国家間の経済協力、⑥欠乏と恐怖からの自由、⑦公海自由、⑧一般的安全保障制度確立まで侵略国を武装解除。当時、イギリスは大陸を席巻したナチス・ドイツを相手にしており、アメリカの援助を絶対必要としていた。他方アメリカは、依然参戦に慎重であったが、次第にイギリスに肩入れするようになっていた（平凡社、前掲書 7 巻、9 巻、13 頁）。アメリカは、この直前の 8 月 1 日、日本への石油の輸出を全面停止している（岩波、前掲書、326 頁）。この「大西洋憲章」をハーバート・フーバー第 31 代アメリカ大統領はこう断じている。「精巧に仕組まれたプロパガンダであった。声明はラジオを通じて繰り返し読み上げられた。新聞は、この声明文に太字のロゴを使った見出しをつけて紹介した。さらに、政府予算で大きな文字で印刷されたポスターが全国の学校や公共施設に掲示されたのである」（ハーバート・フーバー著、渡辺惣樹訳『裏切られた自由：フーバー大統領が語る第二次世界大戦の隠された歴史とその後遺症』（上）、草思社、2017 年、456 頁、Herbert Hoover, *Freedom Betrayed: Herbert Hoover's Secret History of the Second World War and Its Aftermath*, George H. Nash ed., 2011）。

28 1937 年 7 月 7 日、盧溝橋付近で日中両軍が衝突（盧溝橋事件）し、日中戦争が勃発した。

29 フーバー、前掲書、490 頁。グルー大使の回想はさらにこう続いている。「日本政府は我が国政府に対し、何とかして、自国の政策変更を可能にするインセンティブのようなシグナルを出してほしいと懇願し続けていた。これまでの誤った外交政策を是正させたかったのである。しかし、我が国政府は冷酷にも（coldly）その要請に決して応えようとはしなかった。その結果、一九三九年には平沼男爵の、一九四一年には近衛公の要請がすげなく拒否された。二人はしっかりとした政治家であった。二人は将来を見据えることができ、我が国との、あるいは他の民主国家

との良き関係の構築に舵を切ろうとしていた。このような日本の指導者に対して我がアメリカが取った態度は、真に先を見据えた建設的な政治であったのだろうか」（同書、491 頁）。
30 フーバー、前掲書（下）、451-452 頁。
31 2017 年 6 月 6 日、齋藤昭さんから学生時代の想い出をお聞きし、記録に残した（利き手：辻本由美「高等商業学部と商経学部で学んで」『関西学院史紀要』第 24 号、2018 年、87-107 頁）。
32 新渡戸の名を海外に広めた『武士道——日本の魂』(*Bushido, The Soul of Japan*) は、もともと英語で書かれたもので、日露戦争後、イギリスでベストセラーとなった。偉大な学者という定評を得て、日本を世界に知らせる第一人者とみなされるようになった（ジョージ・オーシロ『新渡戸稲造——国際主義の開拓者』、中央大学出版、1992 年、1-2 頁）。1899 年、アメリカで出版（同書、275 頁）。当然、ベーツも新渡戸の著書に目を通していたことだろう。
33 『関西学院高等商業学部二十年史』、1931 年、164-165 頁。1924 年から翌年 3 月まで、新渡戸はジュネーブから一時帰国していた（オーシロ、前掲書、275 頁）。
34 1884 年、アメリカのジョンズ・ホプキンズ大学大学院に入学したニュートンは、H. B. アダムズ教授の指導を受け、歴史学と倫理思想史を学んだ。その時、新渡戸稲造（当時は太田姓）もアダムズ教授の下で学んでいた。のちにアメリカ合衆国第 28 代大統領を務めたウッドロウ・ウィルソンもアダムズ門下生で、1886 年に博士号を取得した（池田裕子「J. C. C. ニュートン第 3 代院長の足跡を訪ねて」『関西学院史紀要』第 9 号、2003 年、185-186 頁）。
35 *The Mainichi Daily News*, Oct. 22, 1933. 翻訳が「新渡戸博士逝く」として、『新渡戸稲造全集』別巻 2（教文館、2001 年、132-134 頁）に収録されている。
36 水越伸『メディアの生成——アメリカ・ラジオの動態史』同文館、1993 年、179 頁。
37 同書、94 頁、306 頁。
38 同書、212 頁。ネットワーク番組は、午後 7 時から 11 時までの、いわゆるプライムタイムに集中しており、合衆国全土に同一の音楽やエンターテイメントを浸透させることになった（同書、219 頁）。
39 番組出演中のベーツと稲田英子アナウンサーの写真が学院史編纂室に保管されている（2 枚）。そこには、「婦人ニュース『信仰と生活』、1959 年 11 月 2 日（月）午後 1:00-1:15、朝日放送（ABC-TV）第二スタジオ」とある。「婦人ニュース」（月 - 土、13 時から 15 分間）は、朝日放送で 1958 年 5 月 5 日から 1968 年 9 月 28 日まで放送された帯番組（『朝日放送の 50 年』Ⅲ．資料集、朝日放送株式会社、2000 年 3 月 31 日、176 頁）。朝日放送では、ベーツの教え子である原清（1930 年高等商業学部卒業）が 1959 年 5 月から常務取締役を務めていた（同書、9 頁）。

第 1 部　翻訳

4　口述筆記

訳者まえがき

　1989 年、関西学院の創立百周年記念式典に招かれ、カナダから来日したロバート・ベーツさん（C. J. L. ベーツ第 4 代院長三男）は、次の 4 点を関西学院にご寄贈くださった。
1. Roberts Bates, *Newcomers in a New Land*, private ed., 1988, 47 pages.
2. ベーツ第 4 代院長に授与された関西学院大学名誉学位記第 1 号、1959 年 1 月 22 日。
3. International Cultural Award of Hyogo Prefecture, Nov. 3, 1959.
4. （蔵書寄贈に対する）感謝状、神崎驥一院長、1940 年 12 月 20 日。

　1 点目（A5 版小冊子）は、ベーツ院長の生涯とその背景を知る上で欠かせない情報源である。ここから得た情報を使い、これまでに次の原稿を執筆した。

- 「ベーツ先生の原点」『K. G. TODAY』第 252 号、2009 年 6 月、裏表紙。
- 「故郷ロリニャルの C. J. L. ベーツ」『学院史編纂室便り』第 31 号、2010 年 5 月 15 日、4-7 頁。
- 「父と娘」『K. G. TODAY』第 264 号、2011 年 6 月、裏表紙。
- 「ロリニャルから世界へ──カナダ東部におけるベーツ院長関係地訪問」『関西学院史紀要』第 19 号、2013 年 3 月 25 日、105-153 頁。

4　口述筆記

冊子の構成は次の通りである。

・表紙〔タイトル、ベーツ家エンブレム〕
・歴史的事項〔表紙に使われたエンブレムの説明〕　　　　　1 頁
・図版〔21-27 頁に掲載された写真の説明〕　　　　　　　　2 頁
・序文　　　　　　　　　　　　　　　　　　　　　　　　3 頁
・ナサニエル・ベーツ〔祖父（父方）〕　　　　　　　　　4-7 頁
・ジョゼフ・レヴァー・ベーツ〔父〕　　　　　　　　　　7-8 頁
・コーネリアス・ジョン・ライトホール〔曽祖父（母方）〕　9-12 頁
・コーネリアス・ジョン・ライトホール 2 世〔祖父（母方）〕
　　　　　　　　　　　　　　　　　　　　　12-13 頁、15-16 頁
・〔カブ姉妹家系図〕　　　　　　　　　　　　　　　　　14 頁
・J. L. ベーツ〔父〕　　　　　　　　　　　　　　　　16-19 頁
・ウィリアム・フィルプ〔義父〕　　　　　　　　　　　19-20 頁
・コーネリアス・ジョン・ライトホール・ベーツ〔本人〕
　　　　　　　　　　　　　　　　　　　　　　20 頁、28-33 頁
・写真 14 点　　　　　　　　　　　　　　　　　　　21-27 頁
・ウィリアム・レヴァー・ベーツ〔長男〕　　　　　　　33-36 頁
・ルル・デル・ベーツ〔長女〕　　　　　　　　　　　　36-39 頁
・コーネリアス・ジョン・ライトホール・ベーツ 2 世〔次男〕39-41 頁
・ロバート・フィルプ・ベーツ〔三男〕　　　　　　　　41-44 頁
・ベーツ家系図　　　　　　　　　　　　　　　　　　46-47 頁

翻訳に当たり、本書に転載していないエンブレム（表紙）と写真（21-27 頁）の説明頁（1-2 頁）を対象から外した。翻訳したのは、3 頁から 20 頁、および 28 頁から 47 頁までの計 38 頁である。写真を省いた代わりに、本文の内容にふさわしいと思われる写真を探し、文中に組み入れた。それらの多くは、学院史編纂室所蔵資料とアルマン・デメストラルさん（ベーツ

第1部　翻訳

院長ご令孫〕からお借りしているベーツ院長の遺品（写真アルバム）から選んだものである。さらに、2012年にカナダ東部のベーツ関係地を訪問した際、私自身が撮影した写真を加えた。なお、訳者注は付けていないが、必要に応じて〔　〕内に説明を補った。

新大陸に来た人びと

序文

　私〔C. J. L. ベーツ三男〕が「新大陸に来た人びと」と呼ぶ、このベーツ家の歴史の始まりは1935年夏でした。日本に戻るよう、私は父に頼まれました。と言うのは、1934年に脳卒中で倒れた母の命が長くはないと思われたからです。驚くべきことに、父の愛情いっぱいの献身とたゆまぬ看護により、母は奇跡的に1962年1月まで生きました。

　私にタイプが打てることがわかると、父は院長室からアンダーウッドのタイプライターを持ち出しました。そして、関西学院のわが家、現在は藤田允さんが室長をされている国際センター〔1979年3月～1991年3月〕の裏庭に二人で腰をおろし、先祖の歴史にまつわる父の驚異的な記憶と父が語るユーモアあふれる逸話を私がタイプしました。

　42年後、その口述筆記を子どもたちのために複製したルル〔筆者の姉〕とクロード〔ルルの夫〕に励まされ、最新版を作らねばと思うようになりました。そこで、ジョン〔筆者の次兄〕と私は、マスコーカ（Muskoka）にあるジョンのコテージの庭に腰をおろしました。ジョンが語る父とレヴァー〔筆者の長兄〕とルルの生涯を私は記録し、最後はルルの夫が手を加えました。

　今、すべての物語を印刷するため、フロリダ州ポートリッチー（Port Richey）に健在であるジョンの妻ジーンの助けを借り、ジョンの生涯を書きました。さらに、両親の家族の最後の生存者となった私自身のことを書きました。本来の目的から離れ、主観的な話になってしまっていたら申し

訳ありません。写真とともに、この記述が正確かつ十分であることを願います。次の世代には、さらに情報が加えられればと思います。家系図には生年月日と婚姻の日も含まれています。

1988 年 10 月
ロバート・ベーツ

ナサニエル・ベーツ（Nathaniel Bates）

カナダにおけるベーツ家の歴史は、16歳のナサニエル・ベーツが1827年に兄弟姉妹とともにアイルランドのウェクスフォード（Wexford）から移住したことにより始まった。ほぼ同じ頃、アイルランドの同じ地域からダーリントン（Darlington）家の人びともカナダにやって来た。ナサニエル・ベーツはリディア（Lydia）・ダーリントンと結婚し、彼女の兄ピーター（Peter）はナサニエルの姉マーサ（Martha）・ベーツと結婚した。当初、彼らはオンタリオ州プレスコット（Prescott）郡ジョージ湖（George's Lake）近くに住んだ。ダーリントン家はそのままその地に定住した。しかし、ベーツ家はグレンビル（Grenville）郡スミス・フォール（Smith Falls）近くのイーストン・コーナー（Easton's Corners）に移った。

ナサニエル・ベーツは80歳を超えて亡くなるまで、家族とともにその地で農場を営んだ。21歳の時から死ぬまで、地域のメソヂスト教会の説教者だった。60年以上にわたり、ほぼ毎日曜日に説教した。正真正銘のキリスト教徒で、凡人ではなかった。自然や人や神から学び、深遠で詳細な知識を聖書から得ていた。彼と妻リディアには終

写真 4-1　ナサニエル・ベーツと妻リディア（父方の祖父母）
アルマン・デメストラル氏所蔵

生強いアイルランド訛があった。祖父は自分が一族の長であると考えていたが、財布を握っていたのは祖母だった。

彼の生活は農場からの収入によるもので、教会での奉仕はボランティアだった。家族の中でも厳格に規律を守り、当時のカナダ・メソヂスト教会で理解され、教えられていたキリスト教の原理や実践に厳しく準拠した道からのほんのわずかな逸脱も許さなかった。その結果、彼の9人の子どもには権利と義務の基本原理が骨の髄まで染み込んだ。と同時に、その強烈な人間性は、存命中、子どもたちの自発性を抑圧し、独創性を押しつぶした。しかし、概して「知恵の正しさは、その働きによって証明される」〔マタイ11章19節〕。結果は、当然ながらマイナスではなく、プラスであった。

ナサニエル・ベーツとその妻は11人の子どもに恵まれ、2人を除き成人した。5人の息子と4人の娘がいた。〔息子は〕ロバート（Robert）、ナサニエル、ピーター、ジョゼフ・レヴァー（Joseph Lever）、そして80歳を超え、1935年の今も健在のフィランダー（Philander）。〔娘は〕ハナ（Hannah）、カトリーヌ（Catherine）、メアリー・ジェーン（Mary Jane）、そしてオンタリオ州ジャスパー（Jasper）に今も健在のオリーブ（Olive）。兄弟姉妹は皆結婚し、高齢まで生きた。父（レヴァー）は、1919年1月に腸の癌のため68歳で亡くなった。他の兄弟姉妹はそれよりはるかに長命で、73歳から85歳で亡くなっている。

長男ロバートは、生涯のほとんどをオンタリオ州メリックビル（Merrickville）で商人として過ごした。彼には息子ハーバート（Herbert）と娘アニー（Annie）がいて、2人は現在オタワに住んでいる。ナサニエルには成人した子どもが5人いる。イーストン・コーナーにある父親の農場に今も暮らすゴードン（Gordon）、アメリカ合衆国にいるチャールズ。3人の娘は結婚し、ハナとスージー（Susie）はシカゴとその近郊に住んでいる（フロイド・ペッカム〈Floyd Peckham〉夫人と E. F. フリスビー〈Frisbie〉夫人）。そして、オタワに住むリディア（ジャック・マクエリゴット〈Jack McElligott〉夫人）。母親（ナサニエルの妻）はミルタ・ライトホール（Myrta Lighthall）で、私の母ジュリア（Julia）〔ジュリエット〕・ラ

イトホール（J. L. ベーツ夫人）の妹である。

　ピーターは両親が亡くなるまで、人生のほとんどを父親の家で暮らした。ジェーン・アクション（Jane Action）と結婚し、息子と娘が生まれた。息子フレデリック（Frederick）はメソヂスト教会の牧会に入ったが、間もなくサスカチュワン州の教育界に転じた。現在レジャイナ（Regina）に住み、2人の息子ジェラルド（Gerald）とロナルド（Ronald）がいる。娘リディアはチャールズ・デールズ（Charles Dales）と結婚し、現在マニトバ州ブランドン（Brandon）に住んでいる。伯父ピーターとその妻は、晩年、娘の家で暮らし、そこで亡くなった。

　ジョゼフ・レヴァーはその次の息子である。彼は私たちの家族の長なので、あとで詳しく取り上げる。

　一番下のフィランダーと妻のエリザベス・アン・ウォーカー（Elizabeth Ann Walker）には5人の娘がいた。一番上のベラ（Bella、マーケル〈Markell〉夫人）は11人の子の母だ。妹のジーン（Jean ユージニー〈Eugenie〉）は、現在カナダ合同教会日本伝道の一員である。この他の娘は、皆カナダ西部に住んでいる。フィランダー叔父は長らく商人だった。初めは兄ロバートとメリックビルで、のちにカナダ西部に移り、マニトバ州ショール湖（Shoal Lake）で何年か暮らした。妻が亡くなってから、ドーフィン（Dauphin）に住む娘ケイト（Kate）と暮らした。

　家族の最年長ハナは、2度結婚した。最初はブラウン（Brown）氏と、しかし中年で亡くなった。後半生、ランソム・トールマン（Ransom Tallman）と結婚した。子どもはいなかった。

　カトリーヌはジェームズ・エドワーズ（James Edwards）と結婚し、息子と娘に恵まれた。娘はメソヂスト教会モントリオール年会の牧師ウィリアム・スミス（William Smith）師と結婚した。息子が2人生まれた。ウィリアムとチャールズで、チャールズは医者になり、大戦中軍医として従軍した。戦争中のトラブルが元で戦後間もなく亡くなった。

　メアリー・ジェーンはリチャード・ガーランド（Richard Garland）と結婚した。4人の息子と娘が1人生まれた。ウィリアム、ナサニエル、トー

マス (Thomas)、エルマー (Elmer)、そしてカーリー (Carrie)。カーリーは2度結婚した。最初の夫はマクドナルド (Macdonald) と言って、何人かの子どもに恵まれた。皆、イーストン・コーナーの近くに住んでいる。ウィリアムとエルマーは結婚し、ナサニエルとトーマスが独身生活を送る古い家に隣接した農場で暮らしている。

一番下の娘オリーブは3度結婚し、3人に先立たれた。最初の夫ジョン・スコット (John Scott) はかなり若くして亡くなった。彼女の人生のほとんどはジョージ・ハリス (George Harris) とともに送った。彼は東オンタリオの

写真4-2　イーストン・コーナー中心部
撮影：池田裕子（2012年8月30日）

写真4-3　リドー運河
ベーツ家の故郷は、2007年にオンタリオ州初のユネスコ世界遺産となったリドー運河からほど近い場所にある。
撮影：池田裕子（2012年8月30日）

教師だった。2人が暮らし、ジョージが亡くなったのは、今なお彼女が住むオンタリオ州ジャスパーの家だった。のちに彼女はハナ (Hannah) 氏と結婚したが、彼は数年で亡くなった。2番目の夫との間に息子が2人生まれた。ジョージは未婚で、今も母親と一緒に住んでいる。エドウィン (Edwin) はオタワで暮らしている。

5人の兄弟は、皆傑出していた。肉体的に大柄で、身長は6フィート〔180cm〕を超え、生涯のある時期、体重も200ポンド〔90kg〕以上あった。姉妹も同じように印象的な女性だった。あとを継いで説教者になった者はいなかったが、父親から強い宗教的伝統を受け継いでいた。父親のピュー

4 口述筆記

リタニズムの厳しさはいくらか弱められていたけれど、兄弟は皆紳士で、それぞれの地域社会で評判を得ていた。父親の意見によれば、「ダンスとカード遊びは地獄への入り口だった」。サーカスに行っても良いかと尋ねると、「そんな所に行く位なら、豆腐の角に頭をぶつけて死んでしまえ」と答えた。彼は力強い説教者で、地域のキリスト教社会に多大な影響を与えた。尊敬すべき先祖である。

ジョゼフ・レヴァー・ベーツ（Joseph Lever Bates）

通常 J. L. ベーツとして知られ、家族や友人からはレヴァーと呼ばれるジョゼフ・レヴァー・ベーツは、1851年4月1日にイーストン・コーナーで生まれた。若者になるまで父親の農場で育ったが、実業界に目を向け、フルフォード社（Fulford Co.）で大理石と御影石を扱う見習いになった。25歳の時、ジェイムズ・フルフォード（James Fulford）氏とともに、オタワとモントリオールの中間に位置し、オタワ川の南岸にある美しい村、プレスコット（Prescott）郡ロリニャル（L'Orignal）にやって来た。そこで、ジュリエット（Juliet）・ライトホールと出会い、結ばれた。2人は3人の息子に恵まれた。1877年5月26日生まれのコーネリアス・ジョン・ライトホール、1881年4月14日生まれのロバート・ナサニエル、1891年5月3日生まれのチャールズ・ウェスレー（Charles Wesley）。

C. トーマス著『ケベック州アランタイユ郡とオンタリオ州プレスコット郡の歴史』、ジョン・ロベル社、1896年（C. Thomas, *History of Counties of Arenteuil, Que., and Prescott, Ont.*, John Lovell and Son., 1896）、526頁によると、

大理石と御影石の極めて広範囲にわたる商いは、オンタリオ州ロリニャル村で J. L. ベーツと N. ベーツ兄弟により営まれている。兄弟の父ナサニエル・ベーツは1827年頃、16歳でアイルランドのウェクスフォード郡からプランタグネット（Plantagenet）にやってきた。その町で数年暮らした後、グレンビル郡に移り、今もその農場に住んでいる。1834年にアイルランド出身のリディア・ダーリントンと結婚し、5人の息子と4人の娘

第 1 部　翻訳

がいる。

　J. L. ベーツは 4 番目の息子で、若い時に西オンタリオで大理石と御影石の取引を学んだ。1873 年にロリニャルの J. H. フルフォードと提携し、その関係は 7 年続いた。ベーツ氏はパートナーの権利を買い取り、1883 年まで一人で商売を続けた。瞬く間に商売が発展したため、兄のナサニエルが加わった。

　注文は遠方からも寄せられ、今ではオタワを超え、西の端はムースジョー（Moose Jaw）やメディシンハット（Medicine Hat）からも受けている。丁場から石を直接仕入れ、州内で最高の仕事のいくつかはこの店で行われている。手広く商う木材ディーラーで、オタワ銀行頭取を務めた故ジェームズ・マクローレン（James McLauren）の記念碑が、最近、彼の会社によりスコットランド産御影石で建造された。この受注は、カナダの最優良企業間の競争を経て、ベーツ兄弟が勝ち取ったものだった。現在、200 ドルから 500 ドルの価格で複数の記念碑が建造されている。外国産のあらゆる御影石の輸入と加工を行っており、8-15 人の従業員を抱えている。

　J. L. ベーツは、1876 年に故ライトホール船長の孫娘ジュリエット・ライトホールと結婚した。長男 C. J. L. は、現在マギル大学人文学部の学生である。ナサニエル・ベーツは、1883 年に J. L. ベーツ夫人の妹ミルタ・ライト

写真 4-4　ジョゼフ・レヴァー・ベーツ（父）
アルマン・デメストラル氏所蔵

ホールと結婚した。兄弟は公共心ある、聡明な紳士で、メソヂスト教会を支援している。両家族は、ロリニャルの道徳的、社会的一面を担っている。

　（この背景を明らかにするため、「ライトホール家」の歴史を少し振り返る必要がある）。

コーネリアス・ジョン・ライトホール（Cornelius John Lighthall）

　この一族の中で、カナダに暮らした最初の人物として知られているのは、19世紀初頭にアメリカからカナダにやって来たコーネリアス・ジョン・ライトホールである。彼はアメリカ独立戦争の少しあと、恐らく1793年に生まれた。ナサニエル・ベーツの前の世代に属する。熱烈なイギリス支持者で、立ち居振る舞いが堂々としており、極めて存在感があった。そのため、人びとは彼から少し距離を置いていた。家族内外で、彼と親しく付き合いたいと思う者はいなかった。

　彼の両親の家族は組合教会に所属していたと言われているが、彼はイギリス国教会の一員となった。そこで、礼儀正しく、国王と国のために祈ることができた。彼の強い感情は、熱い宗教心により抑制されていた。

　妻の名はエリザ・ビアーズ（Eliza Beers）と言った。大変愉快な、人付き合いの良い人で、厳格で怖い夫を中和するのに必要な人物だった。

　ライトホール曽祖父は、オンタリオ州東部に位置するプレスコット郡ヴァンクリーク・ヒル（VanKleek Hill）の南方1マイル〔1.6 km〕の所に農場を買った。彼が結婚した時、彼と花嫁と披露宴列席者は20マイル〔32 km〕の距離を馬の背に乗って牧師の家に行かねばならなかった。曾祖母は花嫁衣装の上に防水コートを着ていた。しかし、牧師館に着くまでにすっかり汚れてしまったので、コートを脱がないことにした。

　開拓者時代の話である。彼女の家族もイギリス支持者だった。曽祖父は現役時代のほとんどをオタワ川の蒸気船船長として過ごし、農場はほとんど人に任せていた。夏は川で、冬は家で暮らした。彼は、従業員や自分の家族に対しても、統制し、命令する癖が抜けなかった。晩年になった彼が人に何か用事を頼んで、「はい、船長」あるいは「はい、お父さん、パイ

第1部　翻訳

プに火を点けたらやります」と返事されたら、彼は自分自身のパイプを口から外してマントルピースの上に置き、二度と吸うことはなかった。部下からは常に船長と呼ばれ、近所ではライトホール船長として知られていた。

6人の息子と1人の娘がいた。息子の内4人は家を出て、西部の州に行った。当時は通信が困難だったため、消息不明になった。わかっている限り、誰も結婚していない。

その他の息子2人、父の名を継いだコーネリアス・ジョンと一番下のギルズ（Giles）は家に残った。後者は父の農場、のちにその隣に、1910年頃亡くなるまでいた。娘のアン（Ann）は、モントリオールの実業界に次々と現れる特異な一族の始まりとなった。

父親の願いに反し、彼女はヘンリー・ケインズ（Henry Cains）という魅力的な若いアイルランド青年と結婚した。カトリック教会と彼女の父親の見解によると、その青年はろくでなしだった。彼女は父の留守中、16歳で駆け落ちをした。娘が何をしでかしたか知らされた時、父親が発した言葉はお決まりの、「二度とうちの敷居をまたがすな」だった。

何年も娘を見ることはなかった。重病にかかった時、妻が彼に言った。「ライトホール、アンに来るよう言いましょうか？」。「そうすべきとお前が思うなら」。彼は答えた。アンは飛んで来て、父親の寝室に入った。そこで起こったすべてはこうだ。「アン……」。「お父さん、今日のご気分はいかが？」。涙も悔恨も非難もなかった。しかし、父娘の間の途切れた糸をつなぐには十分だった。

アン大叔母が勘当されていた何年もの間、私たちは常に彼女のことを知っていた。父親の家から4マイル〔6.4 km〕以内に住み、母親とは親しくしていたのだ。この秘密を知った者は、父親に知られることなく、あるいは父親が知らないのをいいことに、彼女を助けた。向う見ずな行為の代償は大きかったが、最後は豊かに報われた。彼女の夫は、善悪兼ね備えた、名の知れたアイルランド人だった。見かけはハンサムで、物腰は魅力的だった。しかし、金遣いが荒く、勤勉さと倹約心に欠けており、ひどいアル中だった。

アン大叔母は、息子に救い出されるまで貧しい暮らしをしていた。しかし、自分の父親に対する不満を口にすることは一切なく、いつもこう言っていた。「お父さんは正しいの。私はお父さんの所でしていたのと同じことをするわ」。

　助けを求めることはほとんどなかったが、長年貧しかった。夜の間に洗濯物を干すので、服がどんなにボロボロであるか、近所の人が見ることはできなかった。彼女は長生きして敬われた。ヴァンクリーク・ヒルのカトリック教会の墓地で夫の隣に埋葬されたが、のちに彼女自身は、通りの向こうにあるプロテスタント教会の「神の地」に移され、父親の隣に埋葬された。

　彼女は数人の息子と娘を残した。2番目の息子は父親の名を継ぎ、コーネリアス・ジョン・ライトホール・ケインズとなった。彼は母と家族を貧困から救った。33歳で亡くなった時、数千ドルもの金を残した。弟と妹に教育を受けさせ、独り立ちさせ、母親にはオンタリオ州グレンガリー (Glengarry) 郡ブレダルベイン (Breadalbane) の農場に美しい家を建てた。

　ジョン・ケインズの話は、カナダ史上もっともワクワクする冒険成功談のひとつである。少年時代、彼は兄ロバートにこう言った。「兄さんは家に残って、母さんの面倒をみて。僕は外に出て、皆を幸せにするから」。

　彼はヴァンクリーク・ヒルにある小さな店の奉公人になった。ある日、祖父のライトホール船長、その時は引退して農場におり、リウマチと痛風で身体が不自由になっていた、が店に行き、ジョン・ケインズの接客を受けた。自宅に戻った船長は、妻にこう言った。「エリザ、ヒルの店に見込みのある少年がいたよ。彼は成功するだろう」。「ライトホール」。妻が答えた。「その少年を知らないとは言わせないわよ。あなたの孫息子、ジョン・ケインズよ」。「そうなのか？」。彼は二度と少年のことを口にしなかった。そして、娘と和解するまで、その関係を理解したという素振りを一切見せなかった。

　若いジョン・ケインズは、間もなくモントリオールに移り、グリーンシールズ卸売会社 (Greenshields Wholesale Co.) の従業員になった。その会

第1部　翻訳

社は、イギリスとアイルランドから織物を輸入していた。商売を学んだ後、ジョンは営業マンになり、注文を取って国中を回った。大変仕事熱心だったので、時間を節約するため、夜の内に町から町に移動し、馬車の中で眠った。

彼は成功し、バイヤーとしてアイルランドに送られた。そこで大量に商品を買い込んだため、カナダに戻った時、グリーンシールズ氏にこう言われた。「ジョン、会社を潰す気か。こんなに大量に売れるわけがない」。しかし、彼自身が営業に回ると、積荷はすっかり空になった。再びアイルランドに戻り、さらに大量に仕入れた。

そんな旅の途中、腸チフスに罹った。その結果、33歳の若さで命を落とした。結婚はしていなかったが、グリーンシールズ嬢と婚約していた。彼女は、オレンジの花の代わりに喪服を着る運命だったのだ。

何年も経ってから、私の弟ロバートが大西洋を横断していた時、船でグリーンシールズという名の高齢の女性と知り合った。首尾よく会話をジョン・ケインズの話につなげると、女性の頬に涙が流れた。ジョンは、2人の弟と2人の妹の息子たちをグリーンシールズ社で働かせていた。弟のジョージ（George）は同社社長になり、モントリオール銀行の取締役になった。こうして、息子は母親に誠実に尽くし、彼女にとっては何の価値もない魅力を持つ夫から受けた仕打ちの埋め合わせをした。

スザンナ（カブ）ライトホール
m. コーネリアス・ジョン・ライトホール2世
ジュリエット（またはジュリア）ライトホール
m. ジョゼフ・レヴァー・ベーツ
C. ジョン L. ベーツ師
「また従兄弟のジョン」m. H. E.
ルル
m. クロード・デメストラル
アンナ・マリア（カブ）カス（スザンナの妹）
m. アルフレッド・カス

メアリー・ヘレナ・カス
m. アルフレッド・アトキンソン
　ジョージ

m. ドラ・マックマリー
　フィリップ・アトキンソン
　クリス（イギリス国教会で按手を受け、
　　　ケンブリッジ近郊在住）

ジョゼフ・カス
アニー・ヘレン・カス〔娘〕
m. ノーマン・ファウンド
　N. ポール・ファウンド

コーネリアス・ジョン・ライトホール2世
（Cornelius John Lighthall II）

　コーネリアス・ジョン・ライトホールという名は、スコットランド方言かアイルランド訛のようなそれ自体、ライトホールと一続きのようだ。この名を持つ2番目の人物は、J. L. ベーツの妻になったジュリエットの父親である。

　ライトホールおじいちゃんは、私たちが皆知っているように、冒険的で華やかな人生を

写真4-5　コーネリアス・ジョン・ライトホール2世と妻スザンナ（母方の祖父母）
アルマン・デメストラル氏所蔵

送った。ヴァンクリーク・ヒルの近くにあった父親の農場で育ち、若い頃、あたりでもっとも魅力的で人気のある青年だった。20代初めに、スザンナ・カブ（Susannah Cobb）と結婚し、ウィスコンシン（Wisconsin）州に移住した。そして、オークレア（Eau Claire）の街近くで農業を始めた。

　南北戦争の半ばまで、10年か12年そこで暮らし、1863年頃、妻と3人の子どもを連れ戻って来た。私の母はその内の一人だった。そして、父親の農場近くに落ち着いた。

第 1 部 翻訳

　数年後、家族をカナダに残し、金鉱掘りの旅に加わり、オーストラリアに向かった。3 カ月を要する長旅だった。

　オーストラリアに 2 年滞在し、金塊をいくつか持って帰国した。しかし、幸運はどういうわけか彼をすり抜けて行った。今度は、ブレダルベインに落ち着き、数年間暮らした。そこで、子どもたちは成長した。私の初期の記憶の多くはそのあたりにある。

　祖父は親切で気安い人柄だったので、いつも子どもや孫たちの人気の的だった。妻のスザンナは厳しく、並はずれて潔癖で、強い気性の女性だった。姉妹が 2 人いて、親しくつきあっていた。

　一人はマリア（Maria）大叔母で、アルフレッド・カス（Alfred Cass）と結婚し、ロリニャル村近くの農場で暮らしていた。息子のジョゼフ（Joseph）とアラン（Allan）は、今も近所に住んでいる。娘たちは、アトキンソン（Atkinson）家とマクレナガン（McClenaghan）家の人と結婚した。トロントの G. D. アトキンソンはマリア大叔母の孫息子で、私のまた従兄弟だ。ノーマン・ファウンド（Norman Found）夫人のヘレン（Helen）・カスはジョゼフの娘なので、これも私のまた従姉妹になる。

　もう一人の姉妹はワイト（Wight）という名の男性と結婚した。彼女の娘 3 人と息子はこれを書いている時点（1935 年 6 月）で、サンタ・ポーラ（Santa Paula）に住んでいる。私の母もその近くで、唯一健在の妹、アイダ（Aida）［ここのみ Aida で、これ以降、Ida と綴られている］叔母とその夫フランク・ウィロクス（Frank Willox）と暮らしている。

　ライトホール祖父母には 9 人の子がいた。1 人は早くに亡くなったが、息子 2 人と娘 6 人は成人した。息子は、水銀中毒のため中年で亡くなったコーネリアス・ジョン・ライトホール 3 世で、鉱山技師だった。結婚していなかったため、神聖な名は彼で途絶えた。弟のチャールズ・アランはアリゾナ州の牧場で暮らしている。この時 61 歳で、独身だった。ライトホール家の男どもは妙に女嫌いだったようだ。その多くは独身生活を送った。

　娘はマリア、ジュリエット、エリザ、ミルタ、アイダ（Ida）、スザンナだった。マリアはピーター・マクローリン（Peter McLaurin）と結婚し、

グレンガリー郡ブレダルベインの農場で生涯のほとんどを過ごした。後年、家族はカリフォルニア州に移り、彼女と夫は、数年前に亡くなるまでそこで暮らした。

彼らの子ども、アイダ（コバーン〈Coburn〉）、ジュリア（コール〈Cole〉）、ナット、アニーは、サンタ・ポーラ、およびロサンゼルス近郊に住んでいる。メアリー・マクローリンはアルバータ州カルガリー（Calgary）に住んでいる。カナダに残る唯一の家族である。

ジュリエットはJ. L. ベーツの妻になった。あとで詳しく紹介する。エリザはジェームズ・ミッチェル（James Mitchell）と結婚したが、中年で亡くなった。息子が2人、レヴァーとジョンがいて、今はロサンゼルスに住んでいる。ミルタはナサニエル・ベーツ2世と結婚した。弟のレヴァーとともに大理石の商売をしていた時、3人の息子が全員ロリニャルで生まれた。しかし、家族は早くにイーストン・コーナーに移り、亡くなるまでそこで暮らした。ミルタ叔母は50代始めに、ナット〔ナサニエル〕伯父はそのあと73歳で亡くなり、オンタリオ州ジャスパー（Jasper）の近く、リドー運河沿いのウォルフォード（Wolford）墓地に埋葬された。そこには、最初のナサニエルとその妻、さらにJ. L. ベーツや家族の他のメンバーが眠っている。

アイダは鉱夫フランク・ウィルコックスと結婚した。彼は長年にわたり金塊を求め、西部諸州とカナダを回った。最終的に、サンタ・ポーラのレモン農園に落ち着いた。こうした落ち着かない日々、アイダ叔母はモンタナ州で彼女の父母と暮らしていた。そこは、祖父がモンタナ州とその周辺地域で息子ジョンや義理の息子フランク・ウィルコックスと数年間採鉱した後、農業を始めた場所だった。アイダ叔母にはフィリス（Phylis）という子が一人いて、サンタ・ポーラの近くに住んでいた。彼女の夫の名は〔空白〕で、娘バージニア（Virginia）がいた。スージー（Susie）〔スザンナ〕はウィリアム・コーエン（William Koehn）と結婚し、モンタナ州ヘレナ（Helena）に家を持った。彼女は中年で亡くなり、息子を2人残した。

私の祖父、ナサニエル・ベーツとコーネリアス・ジョン・ライトホール

第 1 部　翻訳

2世は、敬愛の念を抱くに相応しい人物だった。ベーツおじいちゃんは、骨の髄まで厳格だった。大変信心深く、妥協のないピューリタンだった。ライトホールおじいちゃんは、父親より母親似だった。並はずれて親しみやすく、機転が利き、人気者だった。生涯を通じて放浪癖があり、普通の人より多くの世界を見ていた。私の知る限り、ベーツおじいちゃんはイーストン・コーナーにある自宅とそのごく周辺しか出歩かなかった。反対に、ライトホールおじいちゃんは一カ所に留まることが困難だった。

J. L. ベーツ（J. L. Bates）

　J. L. ベーツはイーストン・コーナー近郊で生まれ、少年時代と青年時代を送ったが、生涯のほとんどの期間を過ごしたのはロリニャル村だった。1876年にジュリエット・ライトホールと結婚した後の数年間、ジェームズ・フルフォードと組んで大理石と御影石の商いを続けた。彼はこの商売を40年近く続けた。フルフォード氏は引退してその地を去り、オンタリオ州ブロックビル（Brockville）で暮らした。そこで、兄弟のセネター（Senator）・フルフォードと商売をして、「血色不良にピンクの小粒」（pink pills for pale people）という薬を売って財をなした。

　甥のチャールズ・フルフォードは、「癇癪持ちに癇癪玉」（Bile Beans for Biliousness）という薬で同様の富を得ようと企てたが、成功しなかった。セネター・フルフォードは、自動車の最初期にニューヨークで車の事故で亡くなった。妻と息子に、セントローレンス川ほとりに大変美しい家を残した。2人の娘には、「ピンクの小粒」で得た財産を分け与えた。さらに、義理の息子が金を一人占めしないよう、大変注意深く言葉を残した。しかし、運命のいたずらか、娘の一人が最初の子を生んですぐに亡くなり、生まれた子もそのあとを追った。こうして、セネター・フルフォードの明確な意思に反し、子どもの父親が近親者として、すべての不動産を相続した。

　フルフォード氏の引退後少ししてから、J. L. ベーツは兄ナサニエルと組み、数年間、商いを続けた。ナット伯父さんは商売の持ち分を売り、イー

ストン・コーナー近くの農場に隠居した。

　それから、父は一人で大理石と御影石の商いを続けた。1912年頃、オタワに移住した。ロリニャルでの家族の生活には楽しい想い出がたくさんある。ロリニャルは、人口1,000人程の村で、オタワ川南岸に位置していた。その地点の川幅は1マイル半〔2.4km〕ほどだった。ロリニャルからは、川向こうにローレンシャン高原が見える。ちょうどそこで、ルージュ川（The Rouge）がオタワ川に注いでいる。

　私の少年時代、最寄りの鉄道はオタワ川北岸を走るカナディ

写真4-6　オタワ川から見た故郷ロリニャル、1939年頃
アルマン・デメストラル氏所蔵

写真4-7　ベーツの生家があった場所
撮影：池田裕子（2012年8月27日）

アン・パシフィックだった。ロリニャルからカルメ（Calumet）まで毎日フェリーの便があった。「ボニート丸」（the Bonito）と呼ばれる小さな蒸気船だった。敬意を込めて船長と呼ばれた操縦士と機関士がいて、どちらもフレンチ・カナディアンだった。後者は私の特別な友人だった。私はフランス語と英語のミックスで彼と話をするのが何よりの楽しみだった。

　彼にとって歴史的英雄はナポレオン・ボナパルトだった。その偉大さをあらゆる言葉を使って表現した。しかし、彼はこう語っていた。「ナポレオンがジョセフィーヌと離婚した時、神は彼を見捨てたのだ」。神聖な結婚に関する教会の教えは、運命の男に対する称賛を覆すほどのものだった。

　50年前、ロリニャルの人口の4分の3はフランス系だった。残り4分の1は特に記載されていないが、カナダではイギリス系として知られてい

た。当時、フランス系住民が増え、学校の理事会の大多数をフレンチ・カナディアンが占めるようになり、自分たちの権利を主張した。公立校でフランス人教師を雇い、フランス語で授業するよう提言した。これはイギリス系子孫の我慢の限界を超えていた。

写真 4-8　ヴァンクリーク・ヒルにベーツ家が所有していた家
撮影：池田裕子（2012 年 8 月 27 日）

オンタリオ州教育局の指導の下、英語で教育するプロテスタントの学校を再び組織するという解決策がとられた。これは異例の措置だったが、実行可能な計画だった。私たちのように英語を話す住民は、英語で教育を受けることができた。その学校は、フランス語で教育する公立校の校舎の一部を使い、校庭はつながっていた。こうして、そ

写真 4-9　ヴァンクリーク・ヒルの旧メソヂスト教会
撮影：池田裕子（2012 年 8 月 27 日）

れぞれが大切に思う原理と先入観に従い、寛容な心で互いを尊敬し、イギリスの「持ちつ持たれつ」の精神で、距離を置きながらともに暮らす方法を学んだ。

　私たちの初期の教育は、このように学年の区別なく、1 人の教師がABC から高校入試レベルまで何もかも教えた。そこでは、年少者が年長者から学び、成長すると、今度は自分が下の者に教えた。

　ロリニャルには並行した 2 本の道と 2 つの広場があるだけだったが、川沿いの大変美しい村で、4 分の 1 マイル〔400 m〕の長さの桟橋があった。そこから人や物を運ぶ船を利用した。当時、その便は頻繁にあった。一方、

鉄道の本数はごくわずかで、車はまだなかった。もっとも美しい移動手段は、モントリオールとオタワを結ぶ外輪船、エンプレス号とプリンセス号で、オタワ川航行会社（Ottawa River Navigation Co.）が運航していた。

　この一族におけるもっとも意義深い出来事は 1889 年 6 月に起こった。C. J. L. ベーツとその父親は、メソヂスト教会の新任牧師とその家族を迎えに桟橋に行った。ウィリアム・フィルプ（William Philp）師と家族はその年、オンタリオ州マノティック（Manotick）というリドー運河の村からヴァンクリーク・ヒル巡回区に転任になった。ロリニャルは、その巡回区の説教地のひとつだった。その朝、一家は鞄や荷物の他に馬一頭、牛一頭、ネコ一匹を連れて到着した。アニー（Annie）、ハワード（Howard）、ハティ（Hattie）〔ハリエット〕、ネリー（Nellie）、ルーラ（Lula）がいた。朝 6 時に到着し、ベーツ家で朝食をとった。こうして、現在のもっとも若い世代がもっとも関心を抱くロマンスが始まったのだ。

ウィリアム・フィルプ（William Philp）

　ウィリアム・フィルプは、11 人の子を持つウィリアム・フィルプとマリア・ウェリー（Maria Werry）の家族の 3 番目の子どもだった。ウィリアム・フィルプ・シニアはイギリスのコーンウォール（Cornwall）で生まれ、早い時期にカナダに移住し、リンゼイ（Lindsay）から遠くない中央オンタリオに定住した。

　彼には、娘が 4 人、エリザベス（Elizabeth）、メアリー（Nary）、エスター（Esther）、ジェーン・アン（Jane Anne）と息子が 8 人、ジョン、ウィリアム、トーマス、ジョゼフ、ロバート、ジェイムズ、ヘンリー、リチャード、いた。これを書いている 1935 年 9 月の時点で、オンタリオ州ネスルトン（Nestleton）に健在である。同世代の他の家族は皆故人である。

　ウィリアム・フィルプは 20 歳でハナ・マリア・レイドリー（Hannah Maria Laidley）と結婚した。2 年後、ニューコネクション・メソヂスト教会の牧師になった。それは、メソヂストの 5 教派が合同するかなり前のことだった。合同の流れは続き、1925 年 6 月 10 日には、はるかに大きな合

第1部　翻訳

同が行われ、カナダ合同教会が誕生した。彼はメソヂスト教会モントリオール年会の東部で牧会した。1892年、年会の書記に選出された。1906年、50年におよぶ牧会生活を終えた。

弟のジョゼフも牧師になり、生涯のほとんどをハミルトン地区で送った。唯一の息子ジョゼフ・ハワードは

写真 4-10　ウィリアム・フィルプと4人の娘
アルマン・デメストラル氏所蔵

牧師になり、現在、ケベック州スタンステッド（Stanstead）区にいる。義理の兄弟ロバート・レイドリーはブリティッシュ・コロンビア年会の牧師で、義理の姉妹はモントリオール年会の牧師ジェームズ・B・ヒックス（Hicks）と結婚した。娘ハティはC. J. L.ベーツの妻になった。夫は、生涯のほとんどを日本で宣教師として過ごした。息子ジョンとロバートは現在、カナダ合同教会の牧師をしている。

娘アニーはオタワのヘンリー・ギブソン（Henry Gibson）の妻になった。息子ジョゼフ・ハワード・フィルプ師（M.A., Ph. D.）はジーン・ハミルトン（Jean Hamilton）と結婚し、子どもが2人いる。娘ハティ（ハリエット・エドナ〈Harriet Edna〉）には4人の子ども、レヴァー、ルル・デル（Lulu Dell）、コーネリアス・ジョン・ライトホール、ロバート・フィルプがいる。娘ネリーはウィロビー・スティンソン（Willoughby Stinson）と結婚したが、2年で夫を亡くした。娘ルーラは、現在ブリティッシュ・コロンビア大学の地質学教授をしているM. Y. ウィリアムズと結婚した。2人には、息子エドウィン（Edwin）と娘2人、キャサリン（Katheleen）とマーガレッ

ト（Margareta）がいる。

〔口述筆記：C. J. L. ベーツ談はここまで〕

コーネリアス・ジョン・ライトホール・ベーツ
（Cornelius John Lighthall Bates）

1877年にオンタリオ州ロリニャルで生まれたC. J. L. ベーツは、ジョセフ・レヴァー・ベーツとジュリエット・ライトホールの最初の息子だった。父親が石を商っていたこの小さな町で彼は少年時代を送った。

弟が2人、ロバートとチャールズがいた。父親は地域のメソヂスト教会の有力なメンバーで、平信徒のリーダーを務めていた。

それでいて、エキュメニカルな関心が強く、日曜日にはしばしば3人の息子をまずカトリック教会に連れて行き、次に長老教会と聖公会、最後にメソヂスト教会に連れて行った〔日曜日は長老教会、聖公会、メソヂスト教会に通ったとベーツ自身は書いている〕。

3人の息子の経歴はまったく異なっていた。ジョンはクィーンズ大学に進み、20歳の時、哲学で金メダルを受賞し、卒業した。それから、モントリオールのウェスレアン神学校（Wesleyan Seminary）で牧師になる勉強をして、1901年に卒業した。オタワのドミニオン（Dominion）教会で、メソヂスト教会オタワ年会の按手を受けた。

弟ロバートは、早くから実業界で才能を発揮した。オタ

写真 4-11　母ジュリエットと弟ロバート
　　　　　1886 年頃
アルマン・デメストラル氏所蔵

第1部　翻訳

ワのモード・アスキス（Maude Asquith）と結婚し、3人の子ども、トーマス、ルイス（Louis）、フランセス（Frances）に恵まれた。事業に成功し、紙パルプ製造業を起こし、モントリオール、ニューヨーク、イギリスのロンドンに店を持った。しかし、40代の若さで悲劇的な死を遂げ、会社は売却された。

3番目の息子チャールズは、森と湖と川からなる中央ケベックの広大な森林の管理人になった。結婚し、息子ディビッドが生まれた。最初の妻が亡くなると、その妹と結婚した。そのことが、カトリック社会でちょっとした問題を起こした。

紙パルプ製造業解散後、チャールズは漁業権を維持しようと努めた。以前、木材製造のために使われていたいくつもの小屋、カヌー、その他の設備を所有し、主にアメリカの富裕層の依頼人の要望に応えていた。

1929年、大恐慌の始まりとともに、彼は商売を失い、カリフォルニアに移住した。そこでは、1928年に日本から帰国した母親が妹とサンタ・ポーラで暮らしていた〔ロバートの死後、日本でベーツ一家と暮らしていた母親がカリフォルニアに移ったのは1924年〕。チャールズはいくつかの商売を続け、1977年時点で健在である。2番目の妻を亡くした数年後、新しい妻を迎えた。

ジョンの経歴はもっとも傑出している。カナダで1年牧師をした（オンタリオ州ブラインドリバー〈Blind River〉のメソヂスト教会）後、中国伝道を志した。それは、有名なジョン・R・モット（Mott）の強い影響を受けてのことだった。メソヂスト教会の命により、中国ではなく日本に派遣された。

1902年、ハリエット・エドナ・フィルプと結婚した。結婚式は、花嫁の父ウィリアム・フィルプ師が牧師をしていたオンタリオ州モーリスバーグ（Morrisburg）で行われた。そこから、二人は日本に旅立った。当時、バンクーバーから東京までの船旅は15日を要した。はるか彼方の未開の地に行く娘の決心を聞かされた途端、伝道に命を捧げた牧師である父親はベッドに倒れ込み、3日間起き上がれなかった。

ジョンとハティの宣教師としての経歴は、1902年に東京で始まった。難しく、新しい言葉を学ぶため、1年間、語学学校に通った。その年、ジョンは牧師助手として、東京の中央会堂に配属された。語学教育を終えると、東京から約20マイル（32 km）離れた甲府の小さな教会に派遣された。その教会の日本人牧師は、元武士で、身長約5フィート（150cm）、キリスト教に改宗し、もっとも強力で、有能な伝道者だった。

　甲府で数年過ごした後、東京に戻り、今田師の協力牧師になった。1903年に息子レヴァー、1906年に娘ルルが誕生した。

　最初の休暇帰国は、1909年から1910年にかけてであった。一家は、シベリア鉄道を使い、日本からイギリスのロンドンに旅立った。その旅日記の中で、ジョンはロシアで目の当たりにした貧困に対する驚きを露わにし、「この国は革命の準備が整っている」と記した。

　熱烈な君主制主義者だったので、初めてのイギリス訪問を大いに楽しんだ。ロンドンで、王家の行列に遭遇する幸運に恵まれた。アレクサンドラ王妃は、赤いコートに赤い帽子を身に付けたルルを見て、手を振った。両親にとって、これ以上の喜びはなかった。

　また、ジョン・ウェスレーの家を訪問した時、ガイドが家具をいくつか示し、メソヂズムの創始者のものだと言った。それを聞いたルルは、書斎で丸まっているネコはジョン・ウェスレーのものかと尋ねた。

　カナダで家族と再会し、いくつものメソヂスト教会で説教し、幸せな1年を過ごした後、一家は日本に帰った。

　1902年は、日本が開国して43年しか経っていないことを忘れてはならない。1859年、東京で明治天皇に大政奉還され、250年に及ぶ徳川幕府が終わり、鎖国が解かれた〔正しくは1867年、大政奉還。1854年、日米和親条約締結。1859年、日米修好条約締結〕。教育、産業、医学、文化の進んだ技術を世界の国々と共有し、世界の国々の中の一国家となった日本にルネサンスが起こった。日本は、近代のあらゆる要素を急激に吸収し始めた。それでもまだ、ジョンとハリエットが宣教師として働き始めた頃は未開の国だった。

第1部　翻訳

　1910年に日本に戻ると、高等商業学校開設の命を受け、ジョンは神戸の小さなメソヂストの学校に派遣された。関西学院は、1889年にアメリカの南メソヂスト監督教会のランバス監督により創立された。日本における初期の宣教努力の過程で、カナダのメソヂスト教会は南メソヂスト監督教会と合同して資金と宣教師を提供し、普通学部と神学部から始まったこの学校を支えた。新しくできた高等商業学部は、宣教活動に関する古い考え方からの脱却だった。のみならず、日本人学生に喜んで迎え入れられ、小さな学校の大変強力な一部門になった。

　1911年、軽井沢で息子ジョン（C. J. L. Jr.）が生まれた。1913年、4番目の子ロバート・フィルプが神戸で生まれた。1917年に休暇帰国する前に、ジョンは再び東京の中央会堂への任を受けた。

　1917年から1918年の休暇は、カナダのオタワ、ベイズウォーター通り（Bayswater Avenue）の家で過ごした。この時、ジョンはニュー・ブランズウィック州のマウント・アリソン大学学長を始め、カナダでいくつか招聘を受けた。しかし、日本に戻ることを選択した。関西学院の理事会は、

写真4-12　原田の森のベーツ一家、1921年6月
左より：長男レヴァー、三男ロバート、母ジュリエット、長女ルル、本人、次男ジョン、妻ハティ
学院史編纂室所蔵

4　口述筆記

ニュートン博士と吉岡博士に継ぐ院長として、彼を迎えた。

彼はこのポストを受け、23年間〔正しくは、1920年から40年までの20年間〕、卓越したリーダーシップを発揮した。天性の外交手腕に恵まれ、日本人への心遣いに溢れ、日本人を深く理解した彼は、日本人とともに偉業を成し遂げた。神戸にあった学校は成長して手狭になり、1927年、神戸のキャンパスを売却する阪急電鉄との交渉が成立した。

写真 4-13　関西学院の新キャンパス（上ケ原）1935 年頃
学院史編纂室所蔵

旧キャンパスの売却により十分な資金を得た学校は、神戸と大阪の中間に手頃な広さの土地を購入することができた。そして、日本の文部省が大学と認定する新たな学校を建設することが可能になった。

1929年、学校は新たな場所に移り、拡大を始めた。それは現在に至るまで続いている。1930年代、新国家主義が起こり、日本は侵略を始めた。既に満州を征服し、やがて、南太平洋の島々に侵出していった。

東南アジアを手に入れる企てが日本陸軍の間で膨らんだ。その結果、枢軸国のドイツやイタリアと手を結ぶに至った。それまで多くのことを学んできた連合国に背を向けた。1941年12月、真珠湾で始まった悲惨な戦争に国家を導いた。

この新国家主義の拡大の中、関西学院は1935年に軍事教練を開始し〔1925年、中学部で軍事教練を実施。1927年には文学部と高等商業学部でも開始された〕、1937年にはご真影を下付された。こうして、この新しい精神に忠誠を示した。

日本の理事会は、さらなる変化を求めた。教育機関のトップは日本人でなければならないと主張したのである。その知らせは、1940年末、ジョンに届いた〔日本の学校のトップは日本人でなければならないと考える日本人理事がいることにジョンが気付き、日記にそう記したのは1939年5月だった。翌年5月26日付で辞表を書いている〕。1941年1月、真珠湾攻撃の11カ月前、ジョンとハティは日本を発った〔神戸港を発ったのは1940年12月30日〕。こうして、38年におよぶ宣教師生活が終わりを告げたのである。3,000人以上の人びとが埠頭に立ち、「神ともにいまして」を日本語で歌い、見送っ

写真4-14　サスカチュワン州レジャイナのメトロポリタン教会、1944年頃
アルマン・デメストラル氏所蔵

写真4-15　19年ぶりに来日したベーツ、1959年秋
左より：次男ジョン、今田恵第6代院長、本人、小宮孝第9代院長
学院史編纂室所蔵

たと伝えられている。

　学校から贈られたお金といくらかの貯金を使い、引退後の生活のため、オンタリオ州トロントのロイヤル・ヨーク・ロード（Royal York Road）に家を買った。しかし、間もなくジョンはサスカチュワン州レジャイナ（Regina）のメトロポリタン教会の牧師に招聘され、2年半務めた。そこで、英語を話し、成熟した信仰を持つ教会員に対する説教の腕を磨き直した。任期終了後、彼とハティはトロントに戻り、1963年に亡くなるまで、ロイヤル・ヨーク・ロード教会で副牧師を務めた。

　2人の人生の悲劇的な出来事の一つは、1934年にハティが脳卒中を患ったことだった。右半身不随になり、話すことができなくなったが、その状態で28年、果敢に生き抜き、1962年冬に亡くなった。彼女とジョンが始めて会ったイーストン・コーナー〔前々項によると、2人が始めて出会ったのはロリニャルの桟橋〕のウォルフォード墓地に葬られた。1年後、ジョンが血液疾患のため86歳で亡くなり、その隣に葬られた。

　ジョンにとって、もっとも注目に値する1959年の出来事は、関西学院から招待を受け、学校の創立70周年記念に参加し、名誉学位第1号を授与されたことだった。同時に、最初のプロテスタント宣教師が1859年に到着して100年の記念行事も行われた。82歳という高齢で、健康面にも不安があったため、医者は訪問を諦めるよう言った。しかし、コネチカット州グリニッジ（Greenwich）で長老教会の牧師をしていた息子ジョンが同行を申し出た。結局、2人は、ジョンが実り多い年月を過ごした日本を3週間訪問した。

　この旅行は人生のハイライトだったと、彼自身振り返っていた。3週間に二つの祝賀会を済ませた後、甲府時代か

写真 4-16　ベーツ一族が眠るウォルフォード墓地
撮影：池田裕子（2012年8月30日）

らの古い友人を訪ねた。賀川豊彦や新しい大学の校舎の建築家ヴォーリズ博士を含め、友人の多くは高齢になり、病床にあった。

　関西学院で、彼は大きな尊敬と崇拝の中心にいて、名誉学位を授与された。兵庫県の阪本知事は教育者としての働きに感謝し、国際文化賞を授与した。頂点は、皇居における裕仁天皇との半時間に及ぶ着席してのご引見だった。

　帰国の3日前、持病のため体調を崩し、帝国ホテルの部屋で寝込んでしまった。幸い、聖路加国際病院の主任医師〔日野原重明〕の診察を受けることができた。この医師の

写真4-17　ベーツ家の碑
撮影：池田裕子（2012年8月30日）

写真4-18　ベーツ夫妻の墓石
撮影：池田裕子（2012年8月30日）

父親は牧師で、戦前、ジョンの親しい友人だった。高度な技術を伴う献身的な検査と必要な治療が行われ、ジョンは当初の予定通り、息子とともに日本を発ち、トロントに帰ることができた。トロントでは、ハリエットが玄関先で夫の帰りを待っていた。

〔口述筆記：C. J. L. ベーツ2世談〕

ウィリアム・レヴァー・ベーツ（William Lever Bates）

　ジョンとハリエット・ベーツの最初の子どもは、1903年5月に生まれた。母親と祖父フィルプと同じ赤毛の男の子だった。赤ん坊は、祖父2人のファーストネームを取って名付けられた。つまり、フィルプお祖父ちゃん

のウィリアムとベーツお祖父ちゃんのレヴァーである。

レヴァーは甲府の小さな村で育った。最初、カーバー小学校通信教育を利用して、母親から教育を受けた。後に、神戸のカナディアン・アカデミーで学び、最初の卒業生となり、1919年、大学に進学した。

写真 4-19　東京に電話する長男レヴァー 1935 年頃
アルマン・デメストラル氏所蔵

レヴァーは、身体の大きなアイルランド人の特徴を父方から、赤毛と気質を母方から受け継いだ。最終的に、身長は6フィート5インチ半（194 cm）になり、肩幅と胴回りもそれにふさわしいサイズに成長した。この体型は日本人の目を惹いた。

レヴァーの大学生活は成功と失敗が相半ばした。フットボールの世界で活躍し、トロントのビクトリア・カレッジで1年半過ごした後、中間試験に失敗し、大学を去った。

それから2年、神戸の会社で働いた。大学に戻るよう父親に言われ、ブリティッシュ・コロンビアに行った。そこで、母親の義弟マートン（Merton）・ウィリアムズ博士が地質学の教授をしていた。

再び、彼はフットボールの世界で才能を発揮した。大学にカナディアンフットボールのチームをつくり、ハーフバックの花形選手として活躍した。そのため、学業が疎かになって、再び落第し、大学を去った。

大いに落胆した彼は、1年以上姿をくらました。その間、バスの運転手をしたり、製材所や丸太小屋で働いた。父親から頼まれたウィリアムズ博士が彼を探し出し、何か国際的な分野の仕事を探すよう言った。その結果、サンフランシスコ・ゴム建材会社（Rubberoid Company of San Francisco）に職を見つけた。

1925年にバンクーバーでリタ・ポルスキ（Rita Polski）と結婚し、神戸

で商売を始め、神戸の洋館で暮らした。この結婚と商売は11年続いたが、1936年、結婚生活は終わりを告げ、商売にも失敗した。

その後、1939年に戦争が始まるまでの2-3年、彼は中国で過ごした。上海のノースチャイナ・デイリーニュース社に所属し、夜間編集者となった。1937年に日本と中国の間で戦争が始まると、イギリス海軍情報部の目に留まり、ロンドンに送られた。戦時中、イギリスで任務に当たり、1942年にイギリスと連合国の船を守る、港の輸送警備担当の海軍少佐としてアメリカに派遣された〔アメリカ派遣の時期は、ベーツの日記の記述から1941年だった可能性がある〕。

写真4-20　司祭になった長男レヴァー　1955年頃
アルマン・デメストラル氏所蔵

終戦時、中佐となっていた彼はイギリス海軍を離れ、アメリカでアメリカの化学会社と商売を始めた。中国にコネのあった彼は、大量の化学製品の注文を受けた。しかし、中国との取引がすべて停止されると、化学会社にとって彼の価値は一気に下がった。

イギリス情報部にいた時、レヴァーはドラ・マッケンジー（Dora MacKenzie）と出会った。彼女は外務省の暗号担当だった。1942年6月5日、彼女がニューヨークに来た1週間後、ジョンをベストマンとして父親の手により、ユニオン神学校で挙式した。スタテン島（Staten Island）に居を定め、妻とともに聖公会の教会に通い始めた。25年間、教会とは疎遠だった。その歴史的教派の戒律を守った礼拝と儀式に彼は強く応えた。ほどなく、司祭になりたいとの思いが募り、ついに1947年、試験に合格し、

3番目の職を得た。彼は、ニューヨークの聖ヨハネ大聖堂で司祭の按手を受けた。

　最初、ニューヨークからハドソン河を上ったチボリ（Tivoli）の教会で牧会した。その間、バード大学（Bard College）の宗教主事を務め、1955年に学位を取得した。主教区会議で、大学生とともに祈り、祝福を与えた。チボリで養子イアン（Ian）を迎えた。そこからバッファロー（Buffalo）に移り、街中の昇天教会（Church of the Ascension）で8年務めた。

　司祭の職はレヴァーの性分に合っていた。信仰のために力強く語り、証言した。1967年、肺気腫の合併症で亡くなった。64歳だった。妻ドラと息子イアンが残された。肌の色にまったく関係なく信徒に接したバッファローでの牧会は、唯一の神に対する彼の信仰の輝かしい証しである。

〔口述筆記：C. J. L. ベーツ2世談〕

ルル・デル・ベーツ（Lulu Dell Bates）

　ジョンとハリエット・ベーツの2番目の子どもは、1905年12月31日に東京で生まれた。最初、神戸のカナディアン・アカデミーで学んだ。両親が関西学院で働くため神戸に移ったからである。

　1924年に卒業し、大学教育を受けるため、オンタリオ州トロントのビクトリア・カレッジに進んだ。1928年に卒業し、トロントのオンタリオ教育大学で学んだ。

　卒業後、オンタリオ州イロコイ（Iroquois）で1年教えた後、ビクトリア・カレッジの女子寮アンスリー・ホール（Annesley Hall）の寮母を頼まれた。

　1931年、日本に戻って両親と暮らし、1934年までカナディアン・アカデミーで教えた。その年、母親が脳卒中を起こし、右半身と言葉の自由を失った。同時に、ベーツ博士も重い病を患った。ルルはカナディアン・アカデミーの仕事を辞め、両親の世話をした。それは重労働だった。1936年秋、休養のためカナダに帰り、下の弟ロバートと数カ月過ごした。その頃、ロバートは北オンタリオのナキナ（Nakina）で合同教会の牧師をしていた。

第 1 部　翻訳

写真 4-21　長女ルルとその家族、1952 年
マントルピースに日本のものが飾られている。
アルマン・デメストラル氏所蔵

　ナキナに向かう途中、トロントの友人を訪ね、弟たちの友人であるエマニュエル・カレッジ（Emmanuel College）3 年の神学生と出会った。彼はクロード・デメストラル（Claude de Mestral）と言って、南サスカチュワンで 18 カ月間宣教師として働き、戻ってきたところだった。

　1937 年はじめ、両親の祝福を受け、二人は婚約した。クロード・デメストラルはスイス人で、父と祖父はスイスで牧師をしていた。11 カ月間、実業界で働いた後、遅い召命を受け、1932 年に再び勉強を始め、エマニュエル・カレッジに進み、1937 年に卒業して按手を受けた。

　最初の任地は、北オンタリオのフォリエット（Foleyet）だった。バイリンガルだったので、クロードは 1938 年はじめに、モントリオールのベルダン（Verdun）にある学校に招かれ、そこで 14 年過ごした。その間に、4 人の子ども、アルマン（Armand、1941 年）、チャールズ（1944 年）、ロバート（1946 年）、ジャクリーヌ（Jacqueline、1947 年）が生まれた。

　その間、クロードは様々な社会的、政治的活動に従事し、ケベック州での生活を満喫した。フランスのプロテスタントの機関「オーロラ」

(L'Aurore)の編集長を務めた。1952年、アフリカのキリスト教文学に関する国際委員会の書記を頼まれた。事務所はイギリス・ロンドンのエディンバラ・ハウスにあった。その仕事を7年務め、その間アフリカ中を5度回った。その他、ヨーロッパ大陸に何度も出張し、北米ではイリノイ州エバンストン（Evanston）で開催された世界教会会議にスタッフとして参加した。一家はサリー州パーリー（Purley, Surrey）で暮らした。そこで、ルルはしばしば一人で子どもたちを教えた。そして、パーリー組合教会のメンバーとなり、活動した。

アフリカでの仕事を終え、1959年夏、一家はカナダに帰った。銅採掘地域にあるノランダ・ルイーヌ（Noranda-Rouyn）合同教会に呼ばれた。幸せな日々だった。アルマンはハーバード大学を卒業し、モントリオールのマギル大学で法律の研究を始めた。チャールズはトロント大学に進学し、ロバートはオンタリオ州キングストンのクィーンズ大学に進んだ。ノランダ（Noranda）高校を卒業したジャクリーヌはマギル大学に進学した。

1965年、クロードはモントリオールならではの新しい地位——無教会の人びとのためのセンターで、ケベック州の合同教会のためにエキュメニカルな関係を築く仕事を引き受けた。

このセンターは、有名なダイアログ・センター（Dialogue Centre）になった。サー・ジョージ・ウィリアムズ大学（Sir George Williams University）の向かいで、マギル大学からも遠くない所にあった。クロードは、エキュメニストとして、若い働き手として、困難だがやりがいのある役割を担った（ベトナム戦争従軍を拒否するアメリカの若者を受け入れなければならなかった）。メディアに登場し、地方紙を含め多くの刊行物に貢献した。

彼は1973年7月、70歳で引退した。こうした長い年月、ルルは彼女ならではのやり方で教会と地域に貢献した。流暢なフランス語を身に付け、子どもたちを含め多くの人びとの真の友となり、相談に乗った。

毎夏、一家はオタワ北のガティノー（Gatineau）にある小さなコテージで過ごした。そこで、1977年7月18日、予期せぬ心臓発作のためルルは亡くなった。7月21日、イーストン・コーナーにあるウォルフォード墓

第 1 部　翻訳

地の一族の場所に埋葬された。

1977 年 9 月 25 日、モントリオールのローズデール（Rosedale）合同教会で、英語とフランス語による感謝礼拝が捧げられた。その教会で、ルルは長年長老を務め、たくさんの女性グループの活動に参加していた。彼女の古い友人の一人で、ともに日本で生まれ、同じキャンパスで育ったマギル大学のディビッド・ウッズウォース（David Woodsworth）教授は次の言葉を送った〔ルルは東京生まれだが、ディビッドの出生地はカナダのキングストン。2 人は関西学院の原田の森キャンパスで育った〕。

「ルルは『褒めたり、騒いだりすること』を何より嫌っていた……しかし、私たちは彼女を褒めちぎらなければならない。称賛するに値するからだ。その上、私たちは大騒ぎしなければならない。彼女が日々教えてくれた事柄をもう一度頭に焼き付けるために。ルルは人生の意味を日々の生活や言葉を通して伝えてくれる人の一人だった。自分の時間や力をいつも気前よく与えた。そんなことしたら疲れて病気になってしまうと考えることなどなかった。自己を顧みず、何もかも人びとに与えた。……快活でウィットに富んでいた。人間の矛盾や不条理を知っていたが、決して卑下することはなかった。

大変知的で、学者としても大成したであろう鋭さを持っていた。しかし、彼女はこうした能力を日々のことではなく、人のために使うことを選んだ。……皇女の勅命（Imperial Order Daughters of the Empire）で活動し、レディ・スコット賞（Regent of the Lady Scott Chapter）を 2 度受賞した。

同時に、彼女は絶え間なく二言語併用政策のために働いた。言葉の壁を重く見て、それを取り除こうとした。地域では、ポワン・サン・シャルル（Point St. Charles）の聖コロンバ・ハウス（St. Columba House）で、子どもたちや家族とともに、子どもたちや家族のために働いた。さらに、ユニセフを通じ、国連の活動に時間を割き、リーダーシップを発揮した。

熟慮の上、そうしなければならないと考えたのではなく、教会外の人

びとと交わることが嬉しく、楽しかったのだ。……彼女は他の教会にも手を差し伸べ、カトリックの修道女とも強い絆で結ばれた……。

彼女は私たちの中の一人であり、私たちの外の一人でもあった。私たちが教会の本質やキリスト教信仰の本質を理解するよう助けてくれた」。

〔口述筆記：C. J. L. ベーツ2世談。加筆：クロード・デメストラル〕

コーネリアス・ジョン・ライトホール・ベーツ2世
（Cornelius John Lighthall Bates II）

ジョンとハリエット・ベーツの3番目の子どもは、1911年7月25日に軽井沢で生まれた。軽井沢は日本の中央部の山岳地帯にある宣教師の夏の避暑地だった。ジョンの生まれた日、あたりは豪雨で、父親は、増水し、氾濫した川を越え、医者を呼びに行かなければならなかった。1913年、ジョンとハティは高山にコテージを建てた。高山は、北日本の仙台近くにある、同じような避暑地だった。そこで、一家は毎年夏の2カ月を過ごした。その年の1月26日、4番目の子どもロバート・フィリプが神戸で生まれた。

写真4-22　高山（宮城県）のコテージ、1916年
2002年9月に現地を訪れた際、1952年にベーツからこのコテージ（高山国際村遠山38番）を購入した家族の存在を知った。
アルマン・デメストラル氏所蔵

第 1 部　翻訳

2人の男の子は一緒に成長し、「ほとんど双子」と言われた。家は、北西石の壁に囲まれた23エーカー（28,000坪）の関西学院の敷地内にあった。10軒の宣教師館が芝生の植えられた3区画に分けられていた。そこで、宣教師の子どもたちは野球をした。ボビー〔ロバート〕

写真 4-23　ほとんど双子、1920 年
アルマン・デメストラル氏所蔵

が生まれた家の後方の角の壁の内側にはテニスコートが2面あった。

　壁の向こうにあった学校はカナディアン・アカデミーで、1913年にカナダのメソヂスト教会宣教師が創立した。オンタリオ州のカリキュラムで運営されていて、教師の多くはオンタリオ州から来ていた。この学校は、宣教師の子どものための寄宿学校で、生徒は日本中のみならず、韓国や台湾、時には中国からもやってきた。ジョンとロバートは1929年にグレード13を終え、カナダに帰り、トロントのビクトリア・カレッジに進学した。人文科学を4年、神学を3年学んだ後、2人はカナダ合同教会の按手を受けた。

　1936年7月6日、ジョンはニューヨークのコロンビア大学のチャペルで、ジーン・ウェルフォード（Jean Welford）と結婚した。ロバートがベストマン、マーガレット・ライト（Margaret Wright）が花嫁介添役を務めた。オルガニストは、ピーター・コルグローブ（Peter Colgrove）だった。母親が脳卒中を患っていたので、父親の勧めに従い、新婚旅行で日本を訪れた。関西学院の宣教師館でひと冬過ごし、ジョンは学校で英語を教えた。春になると、ジーンは父親の急逝のため帰国した。

　ジョンがカナダに戻ると、2人はオンタリオ州ホーンペイン（Hornepayne）に行った。そこでジョンは2年間牧師を務めた。1939年秋、ニューヨークに行き、1941年にユニオン神学校で神学専門修士号を取得した。2人はマギファート・ホール（McGiffert Hall）で暮らした。

1941年夏、ブラッドフォード（Bradford）合同教会に呼ばれ、説教した。しかし、セツルメント委員会により、オンタリオ州シンガントン（Singhampton）の任を受けた。ニューヨークに戻ると、ジョンはヒュー・トムソン・カー（Hugh Thomson Kerr）博士から、ピッツバーグ（Pittsburgh）のシャディサイド（Shadyside）長老教会の副牧師に誘われた。彼はそれを受け、3年間幸せな日々を過ごした。アメリカの長老教会が自分に合うことがわかったので、ジョンは合同教会の資格を返上し、国境の南で牧師を続け、成功した。

ピッツバーグの後、ペンシルバニア州ザルツブルグ（Saltsburg）の牧師となり、それからオハイオ州ウースター（Wooster）に招聘された。そこで、大学の宗教主事となって、ウェストミンスター（Westminster）長老教会の牧師を務めた。6年間の学究生活は極めて楽しく、やりがいのあるものだった。生涯の友にも恵まれた。

1951年、コネチカット州グリニッジの第一長老教会（First Presbyterian Church）に呼ばれ、幸せな14年を過ごした。子どもの内2人はそこに定住し、1人はニューヨークで暮らした。そこにいる間、ジョンは教会を開放し、会衆を4倍に増やした。彼はまた、韓国、ハーレム、メイン州での宣教に関心を持った。1952年、ウースター大学より名誉神学博士が授与された。

1965年、ミネソタ州ミネアポリスのウェストミンスター長老教会に呼ばれ、多忙な7年を過ごした。1972年に引退し、フロリダに移った。しかし、セントポール（St. Paul）教区との合同のため、ミネアポリス（Minneapolis）の長老教会の教区役員を1年務めた。さらにもう1年、インディアナポリス（Indianapolis）の大会役員を務めた。牧会生活の中で、彼はいくつもの大学や教会の役員を務め、ようやく1974年に引退することができた。

フロリダでの引退生活は楽しかった。リッジマナー（Ridgemanor）に家を持ち、やがてニューポートリッチー（New Port Richey）のシルバースプリング（Silver Springs）に移った。ジョンは肺気腫になり、健康を

第 1 部　翻訳

写真 4-24　カナダ・アメリカ訪問中のジョージ 6 世を迎える次男ジョン
　　　　　1939 年 6 月
アルマン・デメストラル氏所蔵

害した。33 年間、マスコーカ湖のコテージで夏を過ごした。それは弟ロバートのコテージの近くだったので、両家の子どもは一緒に成長した。1978 年、コテージを売り、ノースカロライナ州の山岳地帯スプルースパイン（Spruce Pines）で夏を過ごした。1982 年 7 月 3 日、彼はその地の病院で亡くなった。多くの人びと、友人に愛された、実り多い人生だった。

〔口述筆記：ジーン・ベーツ談〕

ロバート・フィリプ・ベーツ（Robert Philp Bates）

　ジョンとハリエット・ベーツの 4 番目の子どもは、1913 年 1 月 26 日に神戸で生まれた。日曜日だったので、ほかの子どもたちは日曜学校に行っていた。生まれた時激しく泣いたため、医者は赤ん坊を癇癪持ち（Ginger）と呼んだ。4 歳の時、家族は休暇でカナダに帰った。彼の最初の記憶は、ハワイの屋根のないバスだった。
　オタワで、ボビー〔ロバート〕はベイズウォーター（Bayswater）の幼稚園に通った。その時、ジョンは 1 年生だった。父方（ベーツ）の祖父母

がマクラーレン通り（McLaren Street）に住んでいたので、頻繁に訪ねた。母方（フィルプ）の祖父母もオタワの南、モアウッド（Morewood）に住んでいた。そこで、祖父は牧師をしていた。馬の扱いが上手く、立派な馬車を使っていた。ジョンとボビーはちょくちょくそこに行き、日曜礼拝の後、食卓で祖父が集まった献金を勘定するのを見ていた。私たちが馬小屋をすっかり掃除して、祖父をがっかりさせたことがあった。祖父は、馬の蹄を柔らかくするため、肥しをシャベルで返すよう言っていたのだ。

写真 4-25　上ケ原の宣教師館、1929 年頃
次男ジョン（ピアノ）と三男ロバート（バイオリン）
アルマン・デメストラル氏所蔵

　1 年後、日本に戻る時、家族全員インフルエンザに罹り、バンクーバーで船に乗り損ねた。後日、「エンプレス・オブ・ジャパン」という小さな船に乗った。東京でアメリカン・スクールに通って 2-3 年過ごした後、家族は神戸の関西学院に戻った。そこで、父は院長に就任した。ジョンとロバートは、再びカナディアン・アカデミーに通った。ロバートは飛び級で兄と同じ高校 1 年に入った。2 人はピアノを習い、のちにロバートはバイオリンを習った。宣教師の子ども 20 人と一緒の宣教師館の生活は快適だった。街に出て、日本語の日常会話を覚え、日本のものを食べた。

　1929 年から 1936 年まで過ごしたトロントのビクトリア・カレッジ在学中、ジョンとロバートはバーウォッシュホール（Burwash Hall）で一緒に生活した。他の学生は私たちのことを「仲良し兄弟」と評した。私たち

第 1 部　翻訳

は、音楽クラブのオペレッタ「ギルバート・アンド・サリバン」（Gilbert and Sullivan）で共演した。ジョンがソロで主演し、ロバートはコーラスの一員だった。私たちはシェルボーン通り（Shernbourne Street）合同教会の聖歌隊で歌った。その教会のリチャード・ロバーツ（Richard Roberts）博士の説教とクラスメートからの影響で、ロバートは牧師をめざし、神学生になる決意をした。大学生活の終わりに、ジョンも同じ道を選び、2 人はそろってエマニュエル・カレッジに入った。1936 年に卒業し、按手を受けた。

ロバートの最初の短い牧会は、まるで探検か冒険だった。スペリオル湖（Lake Superior）の北に位置するナキナとアームストロング（Armstrong）で 1 年過ごした。冬には華氏氷点下 50 度〔-46℃〕になった。それから、クロスリー・ハンター（Crossley Hunter）博士に誘われ、ハミルトン（Hamilton）の第一合同教会（First United Church）で助手を務めた。結婚の予定があったので、レバノン（Lebanon）とウォレス（Wallace）の田舎の教会を引き受けた。1939 年 1 月 7 日、ストラトフォード（Stratford）のセントラル合同教会でロバートはマーガレット・ライトと結婚した。ジョンがベストマンで、ポーリン・マクギボン（Pauline McGibbon）が花嫁介添役だった。新婚夫婦は黄色い煉瓦の牧師館で暮らした。電話、暖房用ストーブ、水道ポンプはあったが、電気はなかった（ランプだけ）。日曜礼拝のため、小型の馬ソリで吹きさらしを走った。1928 年型エセックス（Essex）の 2 人乗り馬車は、リストーウェル（Listowel）の町の境界線から 1 マイル〔1.6 km〕離れたところに停まっていた。

夏の終わりに、私たちはコネチカット州ニューヘブン（New Haven）に行った。そこで、父のヴァンクリーク・ヒルの高校時代の級友である D. C. マッキントッシュ（Macintosh）博士がイェール大学神学部教授をしていた。私たちは 2 年間暮らし、最初の子どもディビッドが生まれた。私は神学士を取得した。

私はカナダに帰ることにした。1941 年、6 カ月になったディビッドを新生児用バスケットに入れ、大混雑のニューヨークのセントラル駅から列車

4 口述筆記

写真 4-26 野尻、1935 年
長女ルルと三男ロバート
アルマン・デメストラル氏所蔵

に乗った。

　最初、私はハミルトンの南にあるヨーク（York）の過疎地 3 カ所の担当となり、自転車で回った。2 年後、マザーウェル（Motherwell）とエイボンバンク（Avonbank）のスコットランド人地域に呼ばれ、パース郡（Perth County）の雪の中で 7 年過ごした。そこで、親しい友人ができ、今も訪ねたり手紙を書いたりしている。そこにいる間に、男の子が 2 人、ロバートとジェラルド（Gerald）がストラトフォード（Stratford）で生まれた。

　1950 年、テムズビル（Thamesville）のクロトン・ケント橋（Croton and Kent Bridge）教会に呼ばれた。そこで、8 年、大変楽しい時を過ごした。2 人のモデレーターが参加し、テムズ川メソヂスト巡回区の 150 周年記念を祝った。そこで、娘マーガレット（Margaret）がトロントの女子大病院（Women's College Hospital）で生まれた。2 年後、妻はドレスデン（Dresden）の高校で再び教え始めた。私は教区の書記と年会の財務を担当した。

123

第1部　翻訳

　1958年、再び豪雪地帯シェルバーン（Shelburne）の街のプリムローズ（Primrose）教会に呼ばれた。そこで5年過ごした。説教は大変だったが、スキーを習った。トロントに近かったので、80代になっていた両親を訪ねることができた。

　1963年、サーニア（Sarnia）に移り、セントラル合同教会で副牧師を務めた。そこで、初めて家を買った。それは私たちにとって大きな喜びだった。ここでの4年で、生涯の友を得た。

　説教を続けて30年経ったこの時、トロントに戻りたいと強く思った。私は3つの病院の牧師となり、聖クリストファーハウス（St. Christopher House）の客員牧師となった。午前も午後も、忙しく働いた。この10年、妻は2つの学校の図書館で働き、28年におよぶ教師生活を終えた。1968年、私たちは家を購入し、その家で20年、楽しく暮らしてきた。

　30年間、牧師館を転々としてきた私たち家族にとって、マスコーカのコテージは、定住のわが家だった。そこで、長年にわたり、ジョンの家族と一緒に過ごした。トロントに帰ったので、大学時代の友人や自分の子どもたちと大いに楽しい時を持つことができた。子どもたちは、皆トロントに住んでいた。だから、1977年の引退に当たり、困難はなかった。ボランティアや社会活動や海外旅行を大いに楽しみ、人生を謳歌している。

ベーツ家系図
1830年代から1940年代
第一世代
　　ナサニエル・ベーツは、リディア・ダーリントンと結婚。
　　　　子ども：ロバート、ナサニエル、ピーター、ジョゼフ・レヴァー、フィランダー、ハナ、キャサリン、メアリー・ジェーン、オリーブ
第二世代
　　ジョゼフ・レヴァーは、ジュリエット・ライトホールと結婚。
　　　　子ども：コーネリアス・ジョン・ライトホール、ロバート、チャー

ルズ
第三世代
コーネリアス・ジョン・ライトホールは、ハリエット・エドナ・フィルプと結婚。
> 子ども：ウィリアム・レヴァー、ルル・デル、コーネリアス・ジョン・ライトホール、ロバート・フィルプ

第四世代
ウィリアム・レヴァーは、リタ・ポルスキと結婚（離婚）。ドラ・マッケンジーと結婚。
> 子ども：イアン・レヴァー（ロビン）

ルル・デルは、クロード・デメストラルと結婚。
> 子ども：アルマン、チャールズ、ロバート、ジャクリーヌ

コーネリアス・ジョン・ライトホールは、ジーン・ウェルフォードと結婚。
> 子ども：マドレーヌ、マーガレット、コーネリアス・ジョン・ライトホール

ロバート・フィルプは、マーガレット・ライトと結婚。
> 子ども：ディビッド、ロバート、ジェラルド、マーガレット

1940年代から1980年代
第五世代
イアン・レヴァーは、マデリン・ブラウンと結婚（1979年5月19日）。

アルマン（1941年11月17日生まれ）は、ロザリン・ペペルと結婚（1978年9月16日）。
> 子ども：フィリップ（1981年6月12日生まれ）
> 　　　　チャールズ（1984年7月26日生まれ）

チャールズ（1944年8月28日生まれ）は、マリー・ジョゼ・トランブレイと結婚。

第1部　翻訳

　　子ども：エリア（1987年10月23日生まれ）
ロバート（1946年9月10日生まれ）は、ローレイン・ベリーと結婚（1972年12月29日）。
　　子ども：ベレンジェール（1976年12月15日生まれ）
ジャクリーヌ（1947年12月26日生まれ）は、ドナルド・ベザンソンと結婚。
　　子ども：ルイーズ（1983年9月30日生まれ）
　　　　　　アレクサンダー（1985年9月生まれ）
　　　　　　アンドレ（1987年6月11日生まれ）

マドレーヌ・アン（1941年8月4日生まれ）は、マーク・ルドマンと結婚（1977年12月28日）。
　　子ども：サムエル・ハーディー（1985年4月1日生まれ）
マーガレット・エリザベス（1943年5月16日生まれ）は、ロスコー・ファウセットと結婚（1961年9月）。
　　子ども：デボラ・アン（1962年5月11日生まれ）
　　　　　　レベッカ・ジーン（1965年3月24日生まれ）
　　　　　　アビゲイル・マリー（1966年6月23日生まれ）
コーネリアス・ジョン・ライトホール・ベーツ（1945年7月12日生まれ）は、B. K.と結婚。
　　子ども：コーネリアス・ジョン・ライトホール（1969年9月17日生まれ）
　　　　　　アマンダ・ピーボディ（1980年2月5日生まれ）
　　　　　　ロバート・ウィンスロップ（1983年10月21日生まれ）

ジョン・ディビッド（1941年1月5日生まれ）は、ハイディ・バータネントと結婚（1964年8月22日）。
　　子ども：スコット（1967年12月14日生まれ）
　　　　　　クリスティーナ（1970年4月12日生まれ）

ロバート・フィルプ（1944年2月18日生まれ）は、ビバリー・ロバートソンと結婚（1966年5月1日）（離婚）。
　子ども：ブルース・ロバート（1973年10月5日生まれ）は、ジュディス・メイヤーズと結婚（1981年2月18日）。
　　　　　　子ども：クレイグ・メイヤース（1970年3月31日生まれ）
　　　　　　　　　　ピーター・ジョン・テイラー（1983年5月22日生まれ）
ジェラルド・マクレナン（1946年7月2日生まれ）は、リンダ・カープと結婚（1972年7月16日）。
　子ども：ソフィ（1975年12月4日生まれ）
　　　　　ジェレミー（1978年7月8日生まれ）
　　　　　ニコラス（1981年3月5日生まれ）
マーガレット・アン（1951年7月31日生まれ）は、ハビブ・ウラ・カーンと結婚（1976年8月28日）。
　子ども：シーマ（1979年11月27日生まれ）
　　　　　オマール（1981年5月5日生まれ）
　　　　　ショーン（1984年2月12日生まれ）

（池田裕子）

Column

幻の「ベーツ記念館」

1929年に関西学院が上ケ原に移転した時、キャンパスの北の端に宣教師館が10棟建てられた。その一番東の外国人住宅1号館(1番館)がC. J. L. ベーツ第4代院長の住まいとなった。ベーツが院長を辞任し、妻ハティと共に神戸港をあとにしたのは1940年12月30日である。主を失くした館は、その後どうなったのだろうか。

翌年2月に発行された『関西学院同窓会報』第4巻第6号で、神崎驥一第5代院長がベーツ館に触れている。「理事会は満場一致を以て、深厚

上ケ原の新居前庭

フランス語メモ
写真のウラには、ベーツによるフランス語のメモが記されている。「ベーツ夫妻は真新しい門を通って新居に近づく」

なる感謝の決議を通過し、且つ名誉院長の称号を贈る事となりました。又両ミッションの好意ある了解を得て、先生が最後まで住して居られた住宅を『ベーツ記念館』として保存し、且利用する事となりました」。同じ号で、亀徳一男同窓会幹事長は、「同窓諸君、閑を得て母校を訪れてはいかが。ベーツ記念館に宿りて先生の俤を偲び学窓時代を夢みるなど愉快ではありませんか」と述べている。ところが、実際はそうならなかった。

『母校通信』第78号(1987年秋)に、教え子から寄せられた「ベーツ

Column

館よ何処」という一文が掲載された。「終戦後、宣教師住宅の一番館がベーツ元院長をしのぶ建物として、中の什器類もそのままに保存されたと聞いていました。ポーター先生（当時中学部教諭）のご両親が、来日された時の昼食会の思い出など、私の記憶にもあらたなものがあります。ところが、いつの間にか、インターナショナル・センターという表札が掛けられ、他の目的に使用されているらしいのです。同志社や慶応など、学校の大切な遺産（資料）の永久保存には、細心の注意が払われているとか。同窓諸賢はどうお考えでしょう」。

　戦時中、ベーツ館は理事会や重要な会議の場となった。国際センターとして使われたのは、1979年3月から1991年3月までの12年間である。1999年以降、国内外からの来客の宿泊施設となった。私は、1980年以来、何度かベーツ館に入ったことがある。ベーツ一家を偲ばせる家具や什器はいつの間にか姿を消してしまったようだ。ただひとつ、居間を入った所にポツンと置かれた軽井沢彫りの小机だけが、ベーツ時代の雰囲気を醸し出している。

　実は、これとよく似た小机を私はアメリカで見たことがある。それは今から17年前、J. C. C. ニュートン第3代院長の曾孫に当たるエモリー・アンダーウッドさんをノースカロライナ州モントリートにお訪ねした時のことであった。玄関を入ると、見慣れた軽井沢彫りの小机が私の目に飛び込んできた。「曾祖父が日本から持ち帰ったものです」。エモリーさんは私におっしゃった。室内のあらゆる所に日本のものが飾られていた。

　モントリートは、アパラチア山脈の山間にある人口600人の村だった。日本から遠く離れたアメリカ南部の小さな村で、ニュートン院長の遺品に温かく迎えられた私は、上ケ原に存在するはずだった「ベーツ記念館」の幻を見る思いがした。

（池田裕子）

第 2 部　論文・講演

文学部（専門部）チャペルでの送別礼拝、1940 年 12 月
学院史編纂室所蔵

C.J.L. ベーツは、学院の教育行政に大きな足跡を残しているが、同時に何編かの論文及び書評、さらに講演原稿も残している。まず論文及び書評（1）-（4）は、学院に着任した時期に『神学評論』に掲載したものである。この『神学評論』は、関西学院神学部と青山学院神学部が、1914年から1940年まで共同で刊行した学術紀要である。

　もう一つは、キリスト教学校教育同盟との関わりにおける（5）-（6）の貢献である。キリスト教学校教育同盟は、1910年に創設された、日本のプロテスタント系のキリスト教主義学校の組織であり、その創設以降、関西学院は一貫して重要な役割と貢献を果たし、とりわけベーツの貢献は顕著なものであった。（5）の講演原稿は、1925（大正14）年に開催された第14回総会において教育同盟の会長に選出され、その総会の冒頭で、会長として「開会の演説」を行った講演内容である。また（6）は、教育同盟の22回総会（1933年）においてベーツが、各学校におけるキリスト教主義教育の意識を明確にし、対内的および対外的に表明する趣旨で、「キリスト教主義教育宣言」作成を提案し、翌年の第7回同盟の夏期学校において「キリスト教々育原理の宣言」として提示した内容の原稿である。

　最後の（7）の講演原稿は、ベーツが、関西学院創立七十周年記念祭に招かれてた折り、大学より名誉博士の称号が授与され、その際神学部チャペルに於いて講演した内容である。

　なお、『神学評論』に掲載された論文及び書評、そして教育同盟関係の講演及び未定稿の原稿については、ベーツ自身のオリジナルな英文の原稿が残されていないだけではなく、今日理解する上でやや難解な部分も少なくない文語調で翻訳され、しかもその訳者も不明である。それ故、可能な限り多くの方に読んでもらいたいと願い、かなり意訳しつつ現代語訳を試みた。現代語訳に際して、元文学部教授の細川正義名誉教授より助言をいただいたことに感謝いたしたい。

　現代語訳に際して、特に困難であったのは、（3）と（4）の論文であった。両者とも、引用の典拠が指示されていないので、『ニーチェ全集　全15巻』（ちくま学芸文庫）及び『タゴール著作集』（第三文明社）をもとに調べ、「タゴールの宗教」に関しては、引用文の現代語訳として参照できた。しかし、

「ニーチェかキリストか」に関しては、引用の現代語訳を見いだすのが困難であったので、引用文も含め現代語訳を試みざるを得なかった。

なお、聖書箇所の引用については、基本的に新共同訳聖書を使用した。

（神田健次）

1　生としてのキリスト教
「生としての基督教」『神学評論』第1巻第1号、1914年、96-106頁。
2　批評：ヘーリング著『系統神学としてのキリスト教的信仰』
「批評：ヘーリング著『系統神学としての基督教的信仰』』『神学評論』、第1巻第4号、1914年、717-719頁。
3　ニーチェかキリストか
「ニイチェ乎基督乎」『神学評論』第2巻第2号、1915年、64-73頁。
4　タゴールの宗教
「タゴールの宗教」『神学評論』第3巻第4号、1916年、69-77頁。
5　第14回総会での開会の演説
「第14回総会での開會演説」『第十四回総会記録』（1925年5月5日から7日開催）、基督教学校教育同盟、17-30頁。
6　キリスト教々育の原理
「基督教教育の原理」（「基督教主義教育の要旨」〈基督教学校教育同盟〉）のための原稿、1933年頃。
7　キリストの証人——神学部チャペルにおける講演
「キリストの証人——神学部チャペルにおける講演」『神学研究』1959年、1-7頁。

第2部　論文・講演

1　生としてのキリスト教

　時代には、その時代の特色を現わす思潮がある。従って我々は、過去の大思想家の用語だけを羅列しただけでも一つの思想史を作ることができる。精神と運動、心と物質、現実と理想、現象と本体、本質と意志、自由と必然、経験と生命等は、そのような用語の主要なものである。
　過去の顕著な観念を概観すれば、ギリシャのソクラテス以前の時代には、思想家は主に自然界の事象について研究していた。眼に見えるこの自然界は流転して極まるところがないが、この生滅変化の万法の土台になる何か一定不壊の物がなければならないと考えるようになり、遂にそれを水に求めた者もある。また風に求めた者もあり、或いは何か本来の物質であると唱える者も出てきて、次第に思想の傾向は抽象的になり、ピタゴラスのように、数が万物の根本であると主張するようになった。
　ゼノファネス[1]は、一元論を唱えた元祖とも言うべき人物であるが、彼は一（ユニット）をもって万物の根元となし、一をもって万法を貫くと提唱したことで、世界を一の全体と見なして、この「一」を神と呼んだのである。彼は、神は「一」であると唱えて、多神教や神人合一教を排斥したのである。
　彼の弟子のパルメニデス[2]は、さらに一歩を進めてこの「一」という考えを純粋存在という観念として考察し、それを変化とか「多」とかいうものに対立させ、「存在と思想とは一において不可分である」と唱えた。
　この純粋存在という観念は、弟子のゼノン[3]が一層抽象的にしたが、彼の主張は「多」と「運動」に対立する唯一の実在は統一と精神であるという点にあった。

このような極端な立場に対する反対の立場が主張されてくるが、ヘラクレイトスが登場して万物流転の説を鼓吹したのである。彼は万物は一つとして変化しないものはなく、新陳代謝してその形式を変え、生あれば死ありでこの転換極まりなき中に実在するものは流転あるのみと唱えた。その哲学を力説するために、彼はそれを不断の猛火に比較し、天地の不断の生滅流転性を強く主張したのである。

　しかしソクラテスが登場して、形勢はまったく一変し、研究の題目が変ったのである。彼の注意をひいたのは、自然界の現象でなく人間の心であった。彼は、徳の本源を探究するのが哲学の目的であると唱えたので、自然学者の注意が天地よりも人間界に惹かれるようになり、研究の歩みをその方向に進めるようになり、徳と知が哲学の問題になってきた。プラトンになると、師の説を「観念」の方面に持って来て、それ以来唯心論として知られるようになった哲学説を興したのだが、この唯心論は今日に至るまで人間思想の大潮流として存在してきたことは言うまでもない。

　アリストテレスは、プラトンに師事して彼の下にあること二年に及んだが、師とは違った立場をとるようになった。プラトンが、「統一」「精神」「観念」こそ真の実在であると唱えたのに対して、全くそれに反対はしなかったが、彼自身は「多」の方面に研究を進めて行ったのである。彼が探求しようとしたのは、形の内に現われる観念であったから、自然界も人間の心も共に彼の注意を惹いたのである。彼の頭脳は百科全書的であったから、すべて我々の経験に入って来るものは研究に値するものであるという見解をもっていた。さらに、遂に論理学、博物学、実験心理学等の種々の科学を創始したのである。

　その後数百年の間は、ヨーロッパに新しい思想は出ることなく、ただアリストテレスの学説が学界を支配していた。ところが十七世紀になって、思想界に一つの転換が起こり、思想の二つの潮流が全く独立して押し寄せてきた。一つの源は英国に発し、もう一つは欧州大陸に発して、共にスコラ学派の唱えたアリストテレスを祖とする論理哲学を排斥することを、その出発点に置いた。英国ではロックがその思想を代表し、哲学の根底は人

間の悟性にあるのだから、先ずこれを直接に分析探求することを哲学研究の方法としなければならないと唱えた。

　欧州の大陸において新思潮を代表したのがデカルトであり、懐疑をもってその出発点とした。我々はまず万物を疑うべきであり、しかしそこに自分が疑う事のできないことが一つある。それは考えるということであり、疑うといってもやはり思考することである。それ故、思考することは存在することであるというのが彼の主張であった。

　「我思う、故に我在り」（コギト・エルゴ・スム）は、デカルトの哲学の基礎となった。要するにロックにしても、デカルトにしても、人間の経験に言及することがその出発点であった。

　この二思潮は、英国では唯心論者のバークレーと懐疑論者のヒュームによって大成し、大陸では、かの有名な汎神論者のスピノザと新教徒の哲学者の先駆けとなったライプニッツによって発展し、遂に十八世紀の大思想家カントに収斂するに至ったのである。このようにして、カントが近世の哲学に貢献したのは、我々の経験に入ることができないものは一切知識をもつことは出来ないということを力説した点にある。

　ロックにしても、デカルトにしても、カントにしても皆経験を重んじ、経験の内容は如何、その事実は如何、その真相を説明するに足る根本原理は何であるかという問題を研究するようになり、今日までもやはり引き続いている。

　前述の問題に対する見解は、多種多様であった。物質をその根本となすものあれば、意志が無上のものであることにより説明を試みた者もあったし、またヘーゲルや彼の学徒のように、思想や観念のうちに究極的な実在を求めた者もあったのである。

　しかし近頃また状況が変化してきて観念を重んずる反動として、観念はすべてではなく、物の根底をなすものではないと唱える新しい哲学の機運が生じてきた。いわゆる「生」が第一次的なものであると主張するのが「生の哲学」の特徴であり、この立場に立つ者のうちにはドイツのオイケンやフランスのベルクソンが存在することは今更言う必要はない。歴史は同じ

事を繰返しているのである。

　従って、ヘーゲルを古代ギリシャのパルメニデスの系統とすれば、ベルクソンは、ヘラクレイトスの思想を継承した人といってもよい。

　今日の思想の特色は「生」という事であると、科学者も哲学者も皆熱心に生の事実と普遍性を説いているのである。生の本質、その本源、その機能等の問題が、今日の思想界を動かしているのである。

　約一年前に、英国科学協会の会頭のシェッフェル氏が、演説の中で化学者が原形質を創りあげることが出来るようになるだろう、とその見解を述べ、化学者がこの複合体即ち原形質を首尾よくつくりあげるなら、この複合体は我々が「生命」という語を聞いて思い浮かべるのを例とする現象を示すのは疑いないと主張し、当時の学界を騒がしたのは、我々の記憶に新しいところである。生命の本源及び性質については、主な学説が三つある。

　第一は機械観で、これは生命という現象は物質的機械的に説明が出来るという見地に立つので、元形質と其環境の生理的及科学的状態を以て細胞内に起る変化を説明するのに十分であると主張する。これを唯物的生命観と名づける。

　第二は精力観という説で、生命はエネルギーの一形式で細胞はエネルギーを変化させてゆく、これが即ち生命の現象であると説くのである。このエネルギーは、言うまでもなく電気力に類した物質であり、原形質に透徹してもって生命に変化するのであるが、これはヘッケルの説であると思う。彼は、細胞霊（セルソール）という事を唱え、人の生命及び霊は細胞生命（セルライフ）と細胞霊から進化してきたものであると見做しているのである。しかしヘッケルは、徹頭徹尾一元論的の宇宙観を主張するので、生物と無生物との間に事実上の区別を認めないのである。

　第三は活力観（ヴァイタリステック）という説であり、英国ワレス教授やロッヂ氏のような進歩的科学者が主張する見解である。物質を導く大きな力が物質の内に又物質を通じて活動し、無生物も生物に変転させる万物を生み育てる自然の力を認めるのであって、この原動力が生物に現れる時生命力と呼んでいる。

換言すれば、天地水は生の力に充ち、否生の海そのものであってこの力が不断、物質に浪のように押し寄せ侵入して来て、生物の中に起る生理的化学的変化を左右し、また目的を支えるものであるということをこの説の特色とする。
　自分はこの説が正しいものと信ずる一人であるが、これは生の事実、変化、永久性を最もよく説明していると思う。人間が大気を吸込む時は、まさに生を吸込むのであって、人間は大海に浮遊する者であると言っても差支えない。このような生の力が生存することを信じるのは、生の事実を悟る点で欠くことのできないことである。そうでなければ、汽車は機関手がいなくても目的地へ到達する事が出来るという考えを是認するのと同じ様なことになるのである。また生物のもっている複雑な関係を説明する際にも、何か霊的な物質を導き左右する原動力が存在する事を信じない訳にはいかない。
　イタリアのマヂニーの言葉に、「我々は生の仮相（すがた）を見て、その本来の面目を誤ってはならない。生は本来壊れることがなく、その仮相（すがた）もまた極まるところがなく、そして多様なかたちに変化するのは、中間に介在する二次的な目的に達しようとするためである、しかも、この二次的な小さい目的の実現は、神聖な最後の目的に到達する途上のことに過ぎない」という意味の言葉があるが、実にこのような点を明かにしていると思う。
　このような幅広い見地に立って、生を観照する時、我々は天来の息吹が吹きこむのを感じる。我々がそれによって生き、動き、また存在することができる無限で且つ自己を分つ力があると観ずる時に、我々の心の中には大いなる力と元気が、朝方の潮のように迫り来るのを感ぜざるを得ない。
　神というのを、生の力というような哲学的な用語に移して見ることが出来る。神は生命である。無限な充実した命！これが神でなくて何であろう。我々は神をこのように観ずる時に初めて底力のある、堅固な観念が出来るのである。神という存在を、単に創造者と見るだけではなく、単に天地を保つ者と見るだけでもない。また世界を支配する者と言っただけでも足り

ない、「父」と言っただけでもまだ言い尽してはいない。更に一歩を進めて、「神は万物を自由自在に産み育てる力であり、万物を造り、万物を保有し、天地の間を往来し、自己の命をほとばしり出させ、人類を交流させる実在者である」と記されることで、始めてその真の姿を彷彿させることが出来るのではないであろうか。

　しかし生は、科学哲学にのみ限られた問題ではない。キリスト教にとっては、生命はその中心問題である。この点は、生の観念が聖書の開巻一頁に現われているのを見ても理解できる。先ず創世記からいえば、その始まりの方は、光と命の神を讃える無韻の詩である。神は天地万物を創造し、人間に自らの生気（いき）を吹き入れたら人は生命あるものとなったとある。また詩篇には、生命を人が世にある理想と見做す思想が随所に見られるのである。またヨブ記に至っては、「全能者の息吹が私に生命を与えた」と語っている。ここにも生命の大浪が、物質を襲い動かしてゆく力を見ることができるのである。

　新約では、生命の観念が益々著しくなっている。ヨハネ福音書には、特に生命の観念が明白に現われており、神は生命の本源であって、キリストを通じて与えられた永遠の生命は即ちそれである。第一章の冒頭には、「初めに言があった。言は神と共にあった。言は神であった。この言は、初めに神と共にあった。万物は言によって成った。成ったもので、言によらずに成ったものは何一つなかった。言の内に命があった。命は人間を照らす光であった。」[4]という言葉は、これらの思想を見事に表わしている。イエスが、「わたしは道であり、真理であり、命である。」と語り[5]、私は生命の糧である、或いは私があなたに語る言葉は霊であり、生命でありとも教え、また私に従う者は暗闇を歩むことなく生命の光を受ける、と述べている。使徒言行録に目を転じれば、イエスを生命の君と見なし、また「すべての人に命と息と、その他すべてのものを与えてくださるのは、この神だからです。」という表現を見るのである[6]。そこではパウロはどうかというと、ローマの信徒への手紙8章2節に、「キリスト・イエスによって命をもたらす霊の法則が、罪と死との法則からあなたを解放したからです。」と記し、

また「文字は殺しますが、霊は生かします」とも語っている。また「我々の生命であるキリストが現れる時に」と述べている。ヨハネの手紙一には、「御子と結ばれている人にはこの命があり、神の子と結ばれていない人にはこの命がありません。」という言葉があり、その他、生命の木、生命の冠、生命の水などという表現がある。このように聖書は、始めより終わりまで生命という考えに充ちて、しかも初めは小さな石清水の流れが次第に広がってゆき、遂には海に入って天に達するほどの勢いがある。聖書の数万言を要約すれば、「神は生命であり、キリストは生命なり、そして新しい生命、これ即ち救いである」となると思う。旧約では、生は存在の最高の善であって、歓喜、発展、平和、知恵、正義などはみなこの生という観念に胚胎している。新約では、生は絶対無上の価値をもっている。「命は食べ物よりも大切であり」という言葉もあるし、「自分の命を買い戻すのに、どんな代価を支払えようか。」ともある。

　イエスが、世に宣べ伝えた言葉を一言で言い表すなら、「私は生命を、新しい命を豊かに世に与えるために来たのである。あなたがたがもし、私がもたらそうとする天国に来ようと欲するならば、あなたがたは当然再生すべきであり、新しい生命を受けるべきである」。従ってイエスの使命は、永遠の命の本源である神より流れ出るその命を人に与えることである。これが即ち、父なる神の教えの眼目である。それ故に悔改とは、自己の生命がいかに空虚であるかを真実に悟って、そのことを告白するという意味である。罪の赦しを受ける経験とは、我々の内に以前からあった悪の傾向に打ち勝ち、罪を退け、誘惑を克服して余りある力、即ち新しい力が我々の内に湧いてくるのを経験することである。救いの経験もまた、罪を捨て去って生命を全うするだけのこの新しい命に満たされるということである。我々は愛を口にするが、愛とはこの命を分かち合うことに他ならない。愛するとは、生命を愛することではなくて何であろうか。神とは生命を与えるが故に、神は愛であるということである。神はその独り子を世に与えて、信じる者に滅ぶことなく限ない命を受ける道を開いたという意味の聖書の句は、即ちこのことを言うのである。

1 生としてのキリスト教

　生命を強調すること、これはキリスト教の特徴であると思う。他宗教には、どうもこのような生命の力説がないように思われる。イエスは、私は道であり、真理であり、生命であると語った、この道という語は、東洋では宗教という意味を持っているように思うが、この道は何であるかと言うとおのずから教化される道である、所謂自然のままに任せれば治まらないことはない道である。

　また儒教も道ということを言い、日本の倫理も同じであるが、この道とは徳や道徳の教えというような意味に過ぎないことが多々あるのである。

　「真理（まこと）」というのも、他の宗教にもある観念である。これは仏教が頻繁に唱えるところのもので、「悟り」即ち真理を悟るのが救いであると教えている。

　しかしイエスが、道と真理という語に生命という一語を加えたことは大いに意味がある。これはキリストの道は、生ける道であるキリスト自身であり、キリストの人格であるという意味であり、掟や規則ではないことを示している。生きるという事、これがイエスの教えの核心である。復活の真義である。キリストは滅んだのではない、生きている。死は万事の帰結ではない。死の黒い一線を超えたところに、生の光がある――これがキリスト教の主張する「完全」ということの特色である。キリスト者が天国に入るという願望は、生きて不断の向上発展を願うからである。充実した生、今あるよりもっと大きい生はキリスト教の主張するところである。生命の特質は、運動、変化、成長、繁殖である。その運動は自発的であり、内に動く力を宿して活動するのである。また生物は不断の変化をしているものである。何か新しい形を取り、新しい方面へ発展してゆく。併し全体的に観察すると、生物の変化には一定の方向があり、その変化は目的のある変化であって、その目的は成長ということである。再言するならば、生物の変化は決して無計画的ではなく、自己保存、自己表現、自己を充実させようとする内なる力から発するものが生物の変化の特色である。そこで生物は自己の周囲から生存に必要な物質を摂取し、不必要になったものを排出する。これはくらげから人間に至るまで共通の現象である。また生殖の特

性は、自己に類した個性を生むのである。ところで注意すべき点は、生物がどのように変化を遂げてもその同一性を失わないということである。草木でも、人間でもその同一性を失わないという事である。草木でも、人間でも、その成長の過程はきわめて著しいが、常にその同一性と継続性を保ってゆくのである。

　運動を統一するはたらき、即ち律動（リズム）もまた生物の一特色であるといえる心臓の鼓動や呼吸は生命と健康を保つことである。この現象のない所には、生命の廃頽か終息を意味するのである。

　自由という事も生命の特質である。生物は徹頭徹尾法則の支配を受けているのではない。無暗にある方向へ押されて行くのではない。生物はその道筋や形式を境遇に順応させてゆく力をもっている。これは植物界、動物界共通の現象である。最後に生物には組織、即ち部分部分を一つの全体に造り上げる力をもっている。骨、筋肉等を統一して細胞を繁殖させ、生物としての形を保存させるのである。しかしこのような現象が起るには存在ということがなくてはならない。とにかく物質を取り入れて、その自己表現の手段に供するのは明白な事実である。

　こうした生命の特色は、キリスト教にもこれを認めることが出来るのである。これなしには、事物でも思想でも宗教でも生気を失っている。従ってこれを充分に保っている宗教は、活発に地上の生を営んでいる訳である。そこでキリスト教をリアルに悟得する者は、必ずこの特色を看取せざるを得ないのである。神は活ける神である。不断の活動、不断の自己分与、不断の自己啓示、このようにしてその目的を実現するために、自己実現に応じて生起する無限の変化のうちにあってなおその特性を保つが——これは、我々が神と呼んでいるものである。

　もしキリスト教を固定してしまった一つの律法であると思うなら、それは大きな間違いである。何故ならばキリスト教は、人間の心の奥底に活きて動いている生命の根源であるからである。故に我々の心の内に動いているものは、永遠より断えず自ら新たにする神の生命でなくてはならないと共に、時代と共に推移する歩みを検証してゆかねばならない。従ってキリ

1　生としてのキリスト教

スト教会は、歩み寄って来る人々に対して、その生命を拡めてゆくものでなくてはならない。そうでなければ、教会はその存在の意義を失ってしまうのである。

編者注記……………………………………………………………………………

　ベーツは、1910年に学院に赴任した初期には神学部の組織神学や哲学などを担当した。彼の神学的な立場は、時代からの思想的、宗教的問いかけを誠実に受け止め、その積極的内容を評価しつつ、それと批判的に対話して、キリスト教の立場から応答しようとする弁証論的な立場と言える。『神学評論』に掲載された本稿「生としてのキリスト教」は、古代ギリシア哲学以降の哲学史を概観しつつ、当時新たに台頭してきた「生の哲学」の代表的立場や特色を明らかにし、キリスト教における「生」或いは「生命」の視座から対話と弁証を意欲的に試みた論考である。なお、本稿の背景となる日本における「生（生命）の哲学」の受容は、明治40年代以来、ベルクソンとオイケン、大正期以降にはディルタイやジンメルなどが紹介されていた。訳語としては、1911年（明治44）以来〈生命哲学〉、大正期以降は、「生命の哲学」「生活の哲学」「人生哲学」などの訳語が用いられていたが、「生の哲学」という訳語は、少なくとも1914年（大正3）以来の訳語であり、本稿が掲載された年でもある。ベーツは、学院に着任する前は東京の本郷にある日本メソヂスト教会の中央会堂の宣教師であったので、当時の先端的な思想の潮流をよく知る立場にあったので、「生（生命）の哲学」に親しんでいたと言える。更に言えば、古代ギリシア哲学以降の哲学史を辿りつつ「生の哲学」を考察する叙述にはクィーンズ大学の哲学の指導教授ジョン・ワトソンの影響を垣間見ることができるのである。

注……

1 ゼノファネス　クセノパネス（紀元前6世紀のギリシア哲学者。体系的哲学者というよりは詩人であり、叙事詩などの詩を作り公衆に対して朗唱した。コロフォンの建設やエレアへの植民を主題とした2000行に及ぶ詩を書いたという。
2 パルメニデス（紀元前500年か紀元前475年－没年不明）は、古代ギリシアの哲学者。南イタリアの都市エレア出身、エレア派の始祖。名門の家柄であり、祖国エレアのために法律を制定したともいわれる。クセノパネスやエンペドクレスにならって、詩の形で哲学を説いている。その中でも教訓詩『自然について』が断片として現存する。パルメニデスは感覚よりも理性に信を置いて真に在るものは不変だと考えた。このことから感覚より理性を信じる合理主義の祖であると考えられている。
3 エレアのゼノン（紀元前490年頃－紀元前430年頃）は、古代ギリシアの自然哲学者で、南イタリアの小都市エレアの人。ゼノンのパラドックスを唱えたことで有名。また、アリストテレスによって「弁証法、問答法」の創始者と呼ばれた。
4 ヨハネによる福音書1章1-4節。
5 ヨハネによる福音書14章6節。
6 使徒言行録17章25節。
7 コリントの信徒への手紙二　3章6節。
8 コリントの信徒への手紙二　4章10節。
9 ヨハネの手紙一　5章12節。
10 マタイによる福音書6章25節。
11 マルコによる福音書8章37節。
12 ヨハネによる福音書3章16節。

原田の森の神学部校舎前、1916年
学院史編纂室所蔵

2　批評：ヘーリング著
『系統神学としてのキリスト教的信仰』

　英国や日本、或いはその他の国でも、目下ドイツ及びドイツの事物に対する反感が生じている様子であるが、これは大いに悲しむべき現象であると思う。開戦後間もなく、ロンドンのクイーン・エリザベス・ホールに於けるオーケストラでは、偏狭な敵愾心に駆られて、弦楽曲目から、ワーグナー及びその他のドイツ曲を除外してしまった。しかし幸いにも幹事たちは、この態度が愚かであることを悟り、また以前のように曲目に加える事にしたが、どうか我々も、偏狭な感情に支配されたくないものである。日英その他の同盟国が戦っているのは、ドイツの武断的政治家であって、その音楽、芸術、科学、学問に対してでは決してない。戦争の帰結はともあれ、今後欧州の地図は一変することに違いないが、ドイツの学問は依然として重きをなし、世界的な感化を及ぼすのは疑いのないことである。バーナード・ショーが指摘したように、この大戦の目的は、万人の憎悪するビスマルクのドイツを退けることにあるのであり、万人の愛好するゲーテ、ベートーヴェンのドイツに復帰させることである。世界は到底、ルーテル、ゲーテ、カント、ワグナーのドイツが与えた貢献を忘れる事は出来ない。またその他、過去現在に亘って、宗教、芸術、哲学、科学に貢献した数多くの人物を忘れることもできない。ドイツは、いわゆる世界の主権を取るだけの力はないが、しかしその他の方法によって世界を教え導くことはできる。それ故に本誌の読者諸君に対して、ドイツ神学の近年の好著であるヘーリング教授の書を紹介するのも、あながち不利益ではないと思う。

　ヘーリング教授は、チュービンゲン大学で神学の講座を担当しているが、同大学は、ドイツに於いて長い歴史を有し（1477年創立）、有数の学者を輩出しており、16世紀の宗教改革者フィリップ・メランヒトンは、実に

この大学に席を置いた1人であった。

本書は、近年の大著であって極めて有益の書であるけれども、英訳で950頁の大著であるので、残念ながら詳細にわたる解説批評等は割愛しなければならない。ただ簡単な紹介をするに過ぎない。

先ず第一に、著者は宗教の神秘的方面を重んじている。即ち、「宗教は啓示の神秘によって生きていると等しく、神秘の啓示によって生きている。既に把握しているものによって生きていると等しく、得ようと欲して努力しつゝあるものによって生きている。絶えず新しい経験を繰返して、過去から受継いだ宗教思想を新たにし、これを摂取しないような神学に至っては、既に死んでしまったのである」と述べている。著者は本書の題を、「啓示された神秘を叙述する教理の体系」と記し、また「ユニティー」と見なした一つの啓示された神秘とも述べている。このようにして、一方に、この神秘的傾向を、多様な神秘に充ちたカトリックの神学と相違している点を論じ、「むしろ我々は、感謝に充ちた信仰を以て、ユニティーとして顕現するかの一つの神秘、即ち神を把握しようとするのである。こうするのは、既に与えられた啓示によるのである。そしてこの信仰によって、今日のとうてい見通すことの出来ない遠景と断えず新しく見てゆく働きが生じるのである」と述べている。

本書の目的については、著者は「初めの頁から終わりの頁まで、明確に誠実に、キリスト教の認めている神に対する信仰とその特色を示し、これをもって、真に活ける神に対する真の信仰、信頼である事を示す」と述べている。

著者は、すべての宗教における、四つの根本的特色を認める。第一に、超自然力という思想、我は神に依存するのであると感じる者に保護を与える神という思想。第二が、この超自然力によって満足を求めようとする止みがたい要求、これは礼拝と信頼という形式をとって、その力を崇めなければならないという感情と、この感情を実現しようとする意志を伴う。そして第三が、神の性質は必ず何らかの形式をもって顕現啓示されるという信仰であり、以上の三つの特色をまとめて述べている。「宗教とはほかで

もない、神と人との交わりである。神の方からは人に近づき、人の側からは神に近づくのである。神は人の内にあり、人は神の内にあることである。この霊による交わりとしての特色は、その根本を神にすえ、そのことにより進歩し、完成するのである。人が神に依存するのは大切であるけれど、最も重要なのは、神こそ初めでありまた終わりである」。

著者は、ただ神という観念だけを信じているのではなく、神自身を信じている。宗教とは、人が自分に対して試みている論議ではない、直ちに神を相手に戦わす論議である。即ち、依存することによって存在することを知るところの実在に到達しようとする思慕の情であると、彼は語っているのである。

著者にとっては、神は厳然たる実在である。我々はただ意識に上がってきた程度のものを拝する事は出来ないと、語られる。また、神が客観の実在か否かという問題に無関心ではいられない、我々の幸福は実にこの一事に懸かっていると語り、宗教的な人間は、自ら抱く神の観念が真実であろうとする事に留意することで深い境地にいたる。これが、すべての真実な信仰者として、他を自らの信仰に導こうとする伝道の精神となると説いている。

要するに神の実在性を力説するのは、ヘーリング教授の信仰の基調であって、主観を強調しすぎる傾向の強い今日、大いに人々を警醒するものがあると思う。

編者注記……………………………………………………………………………………

ベーツの批評「ヘーリング著『系統神学としてのキリスト教的信仰』」は、第一次世界大戦が勃発して間もなく『神学評論』（第 1 巻第四号、1914 年、717-719 頁）に掲載されたものである。ドイツへの反感が世界的に高まる中、ドイツの優れた思想や文芸、芸術は区別して評価なければならないと訴えつつ、チュービンゲン大学の組織神学者ヘーリング教授の大著を批評している。その時々の政治的・軍事的状況を見すえながら、その国の文化

第2部　論文・講演

や思想、芸術を区別して冷静に評価しようとするベーツの視点は、この批評にも見いだされる。

　尚、ヘーリング（Theodor Häring, 1848-1928）は、チューリッヒ大学やゲッティンゲン大学の神学部教授を経て、1895年から1920年までチュービンゲン大学神学部の組織神学教授を務めている。ベーツが批評した著書は Der christliche Glaube. Dogmatik（1906）の英訳 The Christian Faith. A System of Dogmatics（1913）である。

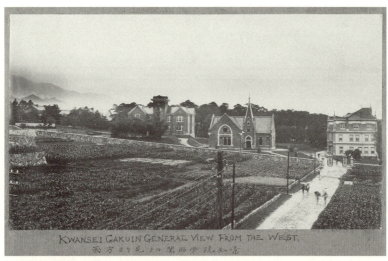

関西学院（原田の森）、1915年頃
学院史編纂室所蔵

3　ニーチェかキリストか

　昨今、世界で著名な人物の中で、19世紀末の詩的哲学者フリードリッヒ、ニーチェの名は、その最たるものであろう。ある面では、彼は、現在のヨーロッパでの戦争に出現した精神を言い表したものであるとも見なされているのを見ても、彼の名は真に意味深いものである。

　ニーチェは、1844年に、ライプツィヒ近郊の小村レッツェン・バイ・リュッケンの牧師館に誕生した。25歳でバーゼル大学において古代言語学講座を担当し、在職七年で脳と眼を病んだために休職を願い出て、1879年に年金を支給されることとなった。その後10年間は、病苦と闘う生活を過ごし、一年の内200日はただ苦痛を抱えて過ごしたと告白する程であった。しかしこの時代は、彼にとって最も豊かな労作の時代であり、彼が世界の思想界に及ぼした、深い憂愁が込められた著書は、その多くがこの時期に書かれたものであった。しかしながら、1888年には病いがますます重くなり、ついには精神の病との診断を受け、その2年後の1900年に逝去したのである。

　ニーチェを冷笑し、彼は精神の病いで亡くなったので、格別取り立てるほどの値打ちがないと見なすことは、近来の風潮であった。しかし、この度の大戦が勃発して、急進的精神が横行し、少数者の国民の権利が踏みにじられ、神聖な誓盟が無視され、ルクセンブルグ、ベルギーの確固とした中立が破壊されるに至り、世論はニーチェがその文才によって表現した精神の中にその根源を認めたのである。良心が失墜し、人類全体に対して負うべき責任を拒み、目的遂行の前には手段の善悪を顧みない超人の精神──これは、この度の戦争の下に横行しているものではないであろうか。

　彼は1844年に誕生しているので、プロイセン＝フランス戦争の際は、

既に成人していた。彼が名声を勝ち得たのは、ドイツが戦勝した後であったが、真に彼が重要な地位や名声を得たのは、1892年以後のことである。彼の『ツァラトゥストラはかく語りき』が出版され、ドイツ魂の権化として尊敬を受けるようになったのはこの年であった。確かにこの時期は、ドイツ民族にとって最も重大な時代であり、単に国の経済力だけではなく、学問、商業、工業に於いてもひときわ頭角を現わし、国民の自覚は強くなり、自信は高まってきた。陸上では、デンマーク、オーストリア、フランスに勝ち、海上では、一挙に強大な戦艦を浮かべた。この国の凄腕ぶりは到るところにその切れ味を増し、国民の自覚は無限の豊かさを加えた。新興ドイツには、危惧すべきものは何もなかった。国民は尊大になり、高慢になり、思い上がり、その途上に立ちはだかる者を容易に打ち負かす勢いを示し、ただこの上は、その自己意識を表現するに足りる一つの哲学が生まれ出るのを待つのみであった。

　彼等が、ニーチェの著書を手にした時、そこに彼等の精神が高らかに力説されるのを認めたのである。ニーチェは、古きゲルマンを鼓舞し、新しきゲルマンの理想を具現した。「善とは何か」に対する彼の答は「勇即善」であった。「存在しようと欲する意志を唱えた者は、解き明かしてきたがいまだ真実とはなっていない。確かにこのような意志は決して存在することはなく、生があって始めて意志があるのであり、これは生に対する意志ではなく、権力に対する意志である」というのが彼の主張であったが、これは実に、彼及びその後の時代に、ドイツにみなぎっていた憧憬と全く一致したものであった。彼の国の尊敬を一身にあつめるのも確かに無理もない。

　ニーチェは、権力を欠くことができないものと見なし、闘争というものを、生物の存在、社会の存続に必要なものであると考えた。さまざまの思想、感情、あるいは一つの種を造っている個性、種と種、これらは何れか争いにならざるを得ないが、平然と権力を振るおうとするのは苦闘と言わなければならない。「私の戦いの同志よ、私は皆さんを心より愛する。私は過去も今も皆さんと等しい者である。私は皆さんに、働くことなく、た

だ戦うよう勧める。皆さんに、和することなく、ただ勝利するよう呼びかける」、「皆さんは、名分を正して戦うことは義戦であると言うが、しかしながら、私は皆さんに語りたい、名分を正すものは戦いに他ならないと」、「戦いと勇しさとは、愛にも優って、偉業を成す」。以上は、彼の戦争に対する立場である。「心の貧しい人々は、幸いである。柔和な人々は、幸いである」と言い切ったイエスとは、何という相違であろう！

　ニーチェは、生理学と生物学とにその論拠をすえた。「道徳心の頽廃、風俗の堕落は、国を覆し、民を亡ぼす」とは、普通、倫理が教えるところであるが、ニーチェは、それとは反対に、「国民が退化し、生理的に堕落すれば、道徳心がすたれ、規律がそこなわれる」と主張し、「道徳はすべて生理的な状態と見なすということは妥当であり、すべて道徳的評価の当否は、それが生を促進するか、阻むかによって定まる」と説くのである。

　ニーチェは、相対主義に立って述べている。一国の風習は、その国民の生物としての条件に依存している。時代の変化は思想の変化を促す。善とか悪というものも、いつも変わらない状態にあるわけではない。万事、万物は、たえず変動している。過去に否定的なものと見なされても、そのことが人に役立つようになれば、現在では評価されるのである。信は社会の利という事である。罪は決して実際にあるものでなく、ただ生理的な状態を表した名に過ぎない。意志の自由――そういうものはない。人はその行動、その品性に対して、責任を負うべきではない。他の悪を抑え、善を揚げるのは、不公平である。「雷が落ちたり、身体を濡したりしたからといって、我々は自然を責めない。しかしながら、我々を害する者を不道徳と見なすのは何故であるかと言えば、我々は、人間には、自由意志があると考えているが、自然界には、ただ必然性だけを見るからである。しかし、自然と人間とをこのように区別するのは間違っている」。「我々は、蠅を殺し、囚人を殺す。しかし蠅も、囚人も少しも責むべきではない。蠅にしても、囚人にしても、善と思い、有益と思ったので遂行したのである」。

　しかしながら、ニーチェが慈悲の情を憎悪することは、自由意志を嫌悪するよりも甚だしく、彼は慈悲を感情の浪費と見なし、十分な生の発展を

阻むものと批判した。他を憐れむ者は、力を失う、弱者、障がい者はいなくなるように、これは、我々の人道面で最高の真理というわけではない。従って、我々は彼等のために、存在しなくなる手段を考えなければならない、弱者、障がい者を憐れむということは、キリスト教的な考え方であり、この世にこれより大きな悪があるであろうか」。

ニーチェは、道徳を二つに区別した。一つを自主道徳とし、他を奴隷道徳と呼んでいる。善と悪との区別は権力をもつ階級より、或は、権力の下に伏している階級より生じて来た。前者は、その下にある階級より超然たるを、上場自覚し、高尚なものを善と呼び、下劣なものを悪と名づけ、また後者は、有益なものを善とし、危険なものを悪と呼んだ。奴隷は、結局は利害道徳である。「人間は平等ではない。君と臣、これは無くなってはならない区別である。一日中一生懸命働く民と、余裕をもって生きている人がいて、社会に始めて、高い文化が生まれる。厳しく言えば、働かざるを得ない階級と、進んで労する階級の存在に期待すべきではない。奴隷制度は、文化にとって必要不可欠のものである」、「自主道徳は、高尚な特質をもっている。高尚とはどのようなものかと言えば、他を命令し、他を服従させる力のことである」。このようにして、この自主道徳の開発は、生の目的でなくてはならないというのが彼の主張である。

ニーチェは、その学統を、ギリシャの哲学者、ヘラクレイトス[3]とエンペドクレス[4]を受けついだ。そして、この古代の二哲学者は、近代思想に先鞭をつけたと見るべき点が多くある。例えば、ヘラクレイトスの進化論、エンペドクレスの自然淘汰のようなものである。ニーチェは、自然淘汰の価値を確信し、不適者の排除に賛同した。然るに、不適者の排除を過去と現在に於いても妨げつゝあるのは、不適者、弱者を擁護してきた、キリスト教会であると語り、教会は淘汰の理に抵抗するものと見なした。

彼はまた語る、人類の要求するところは、生理的な欠陥をもつ者、即ち弱者、退化者を排斥することである。しかしながら、この反対に立つキリスト教的愛他主義は、弱者の群集的利己主義に他ならない。キリスト教は虚偽の産物で、社会の階級者を保護生存しようとして生れた。これは、こ

の教えに限ったわけではない。あらゆる宗教は偽善であって、畏怖と圧迫より生じた。しかしキリスト教は、本来奴隷階級の所産であって、このような階級に伴う、服従、諦めの要素が強い。罪と罰、恩寵、救済、寛容、これらはみな虚妄であり、人間の有する因果の観念を破壊しようとするために、勝手につくり上げたものに過ぎない。要するに、原因結果ということに対する攻撃であると。

　ニーチェが攻撃を加えているのは、イエスに対してではなく、むしろ、パウロにある事実は、興味深い。このことは又、イエスが人を心服させる品格の一つの証しである。ニーチェは、イエスに関しては、「彼の死は余りに早かった。もし彼が、私と同年輩になっていたら、彼は必ずその所説を翻したことであろう。彼は心が広かったので、まさにそうであったと思われる。しかし彼は未だ成熟しないままで亡くなった」と述べている。しかしながら、パウロに至っては、彼は憎悪せざるを得なかった。「パウロは奴隷的な人物であり、律法に反抗した」、「福音は十字架上で死んだのであり、その後福音と呼ばれてきたものはキリストが体現した福音とは全く異なっている。これは悪しき福音となった」、「パウロは、良心の呵責と、権力を渇望する思いをいだいて登場してきた」。彼は、「キリストの生涯、教説、死を偽って歪曲しイスラエルの歴史を偽り、キリスト教に従う者を喜ばせたり……実に、パウロは一介の詐欺師に過ぎなかった」。

　キリスト教の神観に対する彼の態度は、教会に対するよりも更に一層、容赦ないものがある。彼は、「キリスト教の神観は地上において最も醜いものの一つである」と述べる。キリスト教は、彼が徹頭徹尾嫌悪しているもので、無政府主義や社会主義（この両者を、彼はキリスト教の奴隷的良心の産物と見なしている）と同列に置いている。新約聖書を、手袋なしには触ろうとはしない。「私はキリスト教の罪悪を批判する。未だかつて誰もあえて口にしなかった批判をもって説き伏せる。私は、この教えは、あらゆる醜悪の中でも最たるものであると思う。わたしは、これを、人間唯一の永久の汚点と名付けよう」。

　ニーチェはまた、一種の英雄崇拝をもっていた。「必ず偉大なる指導者、

偉大なる人物を待ち望んで、人類はその理想を得る」。そして、このような指導者、人物、偉人は、将来、人類を、道徳的より、知的人間に変化させると見なし、これを成しとげれば、偉人の生涯の目的が始めて達せられるのであるから、彼等は、超人に達する橋渡しに過ぎない。過渡期の人物である。善良な欧州人の優れた人物は、無神論者となって、不道徳家となるが、民衆が信じる宗教、道徳は、これを維持することに努める。「善と悪とを超えて——しかしながら、我々善良な欧州人は、民衆道徳の保存を、断乎として絶対に主張することはできない。」このように、ニーチェは、多数者と少数者とを明確に区分し、将来、超人を生み出す偉人は、一般の民衆とは異にする者であると断言したのである。

　ニーチェの福音は、超人の福音である。「昔、人は天地を望んで、神を呼び求めたが、今は我々に、超人を呼ぶように教える」、「神は想像である」、「神は空想である」、「今や神々は皆死んだ、我々は超人の出現することを願う」、「超人はこの世の意味である」、「私は電光の先駆者である——そして電光とは超人である」。

　しかし超人とは何か、ニーチェは語る。「近代が作った人間の姿に三つあって、尚暫くは人を動かして、その生を変革してきた。ルソー、ゲーテ、ショーペンハウアーこそがこれである。ルソーは大いなる焰をもっており、広く民衆に名を刻むに相応しい。ゲーテは極めて少数の著名人である。しかしながらショーペンハウアーに至っては、その道を歩もうとする者に対して至高の活動を要求する。彼は、彼の姿を見て後退することがない力量を持つ有能な人物にのみ適している。普通の庶民はただ震え恐れるだけである」。ニーチェは、超人に最も近いものを、ショーペンハウアーに見た。彼は、断乎として真理を伝えたと信じたからである。

　「超人は善し、人類は与えることはない」と唱えたニーチェは、すべてを平等に帰そうとする理想主義に反対する。「我々の道は、種より、超種に向かって向上する」のであり、彼は、このような超人観に依拠して、広く人がその力を弱めるものを憎み、その力を増進するものを発展しようとすることを望んだ。凡俗の宗教の迷妄や道徳の煩いを脱落し去ったニー

チェの超人は、新しき道徳上の価値を創造するのである。超人は凡俗に対して、少しも妥協するところはないが、自己に対してもまた峻烈である。超人は、生の歓喜を、苦難と闘う中に見出し、また権力を握る中に見出す。良心の束縛、罪の顧慮を投げ捨て去り、彼は、生の与えるすべてを喜んで受け、意気揚々として、万物が究極的に行き着くところである虚無に向って進んでゆく。彼はその力を楽しみ、「今」を手放さず、最後まで奮闘する。このような超人は、万人にとっての理想でなくてはならない。神を信じる者が、すべてを犠牲としてうらみのないように、人類はそのすべてを超人に捧げ、願求の翼を超人に向けて、羽ばたかなければならない。

　以上は、キリスト教に関係ある項目に対する彼の所説の一端である。その言葉には力がある。憧憬がある。彼もキリストも共に悲哀の人であって、また楽観することを忘れなかった。しかしニーチェにあっては、個人の滅亡であったことが、キリストにあっては、永遠の生命であった。ニーチェは、あるがままの真相を要求し、形骸や虚偽をひどく忌み嫌ったが、彼の超人が、その目的を実現しようとするためには、偽善の手段を採ることを容認した。凡庸な人間に対する評価に於いては、彼は全くイエスと異なり、平等の見地に立つ民本主義を、偶像と呼び、愚か者の夢と見なした。我々がひと度イエスのもとに来るとき、彼が凡庸な人間を高めたのを見る。「わたしの兄弟であるこの最も小さい者の一人にしたのは、わたしにしてくれたことなのである。」、「異邦人の間では、支配者と見なされている人々が民を支配し、偉い人たちが権力を振るっている。しかし、あなたがたの間では、そうではない。あなたがたの中で偉くなりたい者は、皆に仕える者になり、いちばん上になりたい者は、すべての人の僕になりなさい。人の子は仕えられるためではなく仕えるために来たのである。」権力にではなく、人に仕える、これがイエスの理想である。

　ニーチェは個人を尊重した。この点に於いて我々は、彼とキリスト教との間に共通点を発見するが、キリスト教の理想は、ただ個人に止まらず、一歩を進めて、向上した社会を仰ぎ望む。超人という個人的の意見でなく、社会を包容する神の国という観念である。この国に万民生れるべきであり、

道徳と精神との再生の基準は、剣ではなく愛、その英雄は武人ではなく僕
——これがキリスト教の理想である。

　ニーチェは、度々「生」を口にした。しかし彼はキリストのように生を
重んじなかった。「私は、あなた方が命を受け、豊かな命を授けるために
来た」「わたしは道であり、真理であり、命である。」とはイエスの宣言で
はないか。然り、キリスト教は師から弟子に教えを言い伝える宗教ではな
い。形骸ではなく、溌剌とした命である。しかもその生命は、肉体的生命
でなく、物質的生命でもない、豊かに流れ出る永遠の霊的生命である。

　我々はこの度の大戦に対して、少しも恐れるに足りない。これはいかに
も理想と理想の衝突、戦争と平和、ニーチェの精神とキリストの精神との
争いである。しかもキリスト教は砕け散ることはない。イエスの宗教は、
人間存在の力であることを止めることはない。たとえ、勝利は遅々たるも
のであっても、それが到来するのは確かである。どのようにその批判が鋭
利であっても、「わたしは、平和をあなたがたに残し、わたしの平和を与
える。わたしはこれを、世が与えるように与えるのではない。心を騒がせ
るな。おびえるな。わたしを信じ、また神を信じなさい」という豊かな響
きを消し去ることは到底できないのである。

　個人主義の行者、「アンチクリスト」の著者、あらゆる道徳の諸説を検
討した末、その殆どを排除し、殊にキリスト教の伝統的道徳として著名な
ものを退けたニーチェは、そもそもどのような貢献をキリスト教になした
であろうか。五道の冥官が、闇王の前に立った者の過ちを述べて、地獄に
落とそうとする点で、ニーチェはこの冥官に比してもよい。彼がキリスト
教に対する攻撃は、この教え本来の力を顕現せしめ、いかなる森厳冷徹な
批評も恐れることのない類いの徳を表明する結果になった。彼のこの教え
に対する貢献は、対抗することによって貢献したことであり、信者として
黙して熟考する立場を守り、その信仰を弁解する事になったのである。

　彼がキリスト教と見なし、嘲り罵倒したものは、いかがわしい、女々し
い、好意的ではあるが、意気が少しもあがらない類いのもので、その信者
は、徹底的にその信仰を観るのを恐れていた。ニーチェの憎悪したのは、

実にこのようなキリスト教であった。この憎悪により、彼は高慢な無神論的自由思考家となり、奴隷道徳と見なしたキリスト教に対立して、新たに自主的道徳を宣伝するようになった。彼が攻撃する際に、新たに価値の標準をすえ、全くキリスト教倫理を一掃して、超人として、弱者たる奴隷、堕落した者、或いは心の貧しき者を、足下に踏みにじろうとしたのであった。

ニーチェは、キリスト教の道徳を嘲笑ったが、晩年精神の病いを患って、他に頼らなければならなくなってからは、自分自身が冷笑した、憐れみや親切などの幸福を要求し、これを得た。

このように、彼の実際の生活に於いては、根本的思想、主義に於けるように、キリストに降らざるを得なかった。我々キリスト者は、キリストとニーチェの反発を見て、その結果はどうなるのかと当然憂慮することであろう。しかし、我々は今現に信仰によってあなたが思っているように、感謝の念をもって「ガリラヤ人よ、あなたが勝利した」と叫ぶ日は、必ず来るに違いないからである。

編者注記……………………………………………………………………………………

　本稿の「ニーチェかキリストか」と題するベーツの論考は、大正期に入り本格的に日本の思想界に紹介され始めてきたニーチェの思想との批判的な対論を試みたものである。大正期に入ると、「この人を見よ」（1913年、大正2年)、「悲劇の出生　善悪の彼岸」（大正4年)、「ニイチェ書簡集」（大正6年）など、ニーチェの翻訳が本格的に始まり、ニーチェの思想研究も出始めてきたと言える。そのような思想状況を視野に入れつつ、ベーツはニーチェの思想の特色を要約するかたちで考察し、とりわけニーチェのキリスト教批判についての言説を取り上げ、イエスについては評価しているがパウロの思想は鋭く批判しているなど、その特徴的な言説を考察しつつ、批判的に対話している。ニーチェの言説を丁寧に取り上げながら対論しているベーツの論考に、既に欧米において大きな影響を及ぼしたニーチェの

第 2 部　論文・講演

キリスト教批判に対して、批判的な対話の必要性を覚えたものと思われる。

注··

1　フリードリヒ・ヴィルヘルム・ニーチェ（1844-1900 年）は、ドイツの哲学者、古典文献学者。現代では実存主義の代表的な思想家の一人として知られる。古典文献学者 F・W・リッチュルに才能を見出され、バーゼル大学古典文献学教授となり、辞職した後は在野の哲学者として一生を過ごした。『ツァラトゥストラはかく語りき』（1885）、『善悪の彼岸』（1886）、『道徳の系譜』（1887）、『アンチクリスト』（1888）、『この人を見よ』（Ecce homo, 1888）などの代表作がある。
2　この大戦は、1914 年から 1918 年にかけて、ヨーロッパで繰り広げられた第一次世界大戦である。
3　ヘラクレイトス（紀元前 540 年頃 - 紀元前 480 年頃？）は、ギリシア人の哲学者、自然哲学者。
4　エンペドクレス（紀元前 490 年頃 – 紀元前 430 年頃）は、古代ギリシアの自然哲学者、医者、詩人、政治家。アクラガス（現イタリアのアグリジェント）の出身。四元素説を唱えた。弁論術の祖とされる。ピタゴラス学派に学びパルメニデスの教えを受けたとされる。
5　マタイによる福音書 25 章 40 節。
6　マルコによる福音書 10 章 42-44 節。
7　ヨハネによる福音書 14 章 27 節。
8　五道の冥官とは、仏教の教えで、地獄で、五道の衆生の善悪を裁くという冥界の役人。

『神学評論』第 2 巻第 2 号、
1915 年、表紙
関西学院大学図書館所蔵

4　タゴールの宗教

　今から 50 年前、宗教の母国インドの地に産声をあげた幼児があった。この幼児こそ、後に世界の最大なる宗教的詩人・哲学者と肩を並べるに至ったラビンドラナート・タゴール[1]に他ならない。

　タゴールのように、地球の東西にわたって注意を喚起するような人物は余り現れるものではない。現在の詩人の中でタゴールと比較できるような、東西に名声を馳せている人物は、ラドヤード・キプリング[2]であろう。しかしながら、この両者ほど相異った詩人は稀にしか見ることができない。

　タゴールの来日を、我々はただ個人として彼を迎えるのではなく、代表者として迎える[3]。彼は、一個人としてのタゴールではなく、インドの代表として姿を現すのである。我々は、彼において、過去のインド、現代のインド、そして未来のインドの予言を見出すことができる。

　インドには、海洋を連想させるようなものが存在する。地域が広く、包容力も大きく、多様な人種、多くの言語、多くの習慣及び多くの宗教を蔵している。インドは、ただ一つの国民ではなく、大陸であり、生命である。しかも明確な目的をもつことなく、この大陸、この生命の中に入る者はたいてい迷ってしまう。この大洋の中央には、深く流れる潮流がある。そこには、目まいを覚えるような差別を貫いて確かな平等が存在している。この潮流が即ち宗教であり、この大きな平等が即ち神の思想である。

　このような豊かなインドの生命思想、即ち宗教的経験の宝庫、その広大な包容力の中よりタゴールは出現したのである。彼は、愛する生国インドのために弁解することなく、かえってその使命を理解し、これを称賛した。インドはひとつの使命をもっている、そしてこの使命を、第一に自らの言語であるベンガル語をもって自国民に呼びかけ、次いで英語によってイン

ド以外の世界の人々に宣べ伝えている——これがタゴールの使命である。

　彼は、その愛するインドのように謙遜であるが、恐れをもっていない。彼の装いは西欧のものを模倣しないで、自らの意に適うものを身にまとい、自己と母国インドとの使命を世界に表明して少しもためらうところがない。タゴールは、単なる個人ではなく、ひとつの人格である。いかなる群にあっても、彼はその中心であろうとする。しかも、これは彼の言葉によってではなく、沈黙による。決して傲慢不遜からでない。そもそも彼には、そのようなものはない。ただ彼の徹底した謙虚な在り方によって、賛同を得ている。彼は詩人であるに留まらず、聖なる賢者である。

　彼は、崇拝者を生み出すような人物であるが、生み出そうとしているわけではない。ひとたび彼と接する者は、彼が既に、「あれは大詩人よ、わたしはあなたの足下に座る。わたしの生涯が簡素直截であること、あなたのために奏でる葦笛のようにならせてください」という、祈りの言葉を体現していることを感ぜずにはおれない。

　インドには一種の文明が存在して、タゴールはこれを「生の実現」という題目で発表した講演の中で、幾分理想化して説いている。彼は、インドの文明はその源を森林に発し、広大な自然の生命に抱擁され、自然が養うところが装うところとなり、変化極まりない自然の姿とたえず親しい交流を保ってきたと語っている。しかしながら、ギリシャに生れた西欧の文明は都市において育てられ、まさに現代の文明の始まりは煉瓦とセメントに由来している。その結果として、武力による支配は現代人の思想に浸食した。「われわれは国と国とを、知識と知識とを、人間と自然とを分割して分けた」と、彼は語る[4]。

　彼はまた、「西洋は自然を征服していると考えて得意になっているように思われる」と述べる[5]。征服して併合する思いが強く、他を打ち負かす心があるので、権威を振りかざそうとする感情が生じてくる。「しかしインドにおいては観点が異なっていた。インドの観点は人間を含めた世界を一つの大きな真理と考えた。インドは個人と普遍的なものとの間に存在する調和を大いに強調した」[6]。「人間の心と世界の心とのこの深い調和を実現す

ることこそ古代インドの森に住む賢者たちが目ざす目標であった」[7]。このようにタゴールは、西欧を物質的、分析的、科学的であると見なし、インドを精神的、総合的、宗教的と理解している。

本来の問題には無関係であるが、日本人は東洋的というよりはむしろ西洋的であると思う。日本人はインド人ほど思索的でなく、イスラム教徒のように宿命を信じることなく、中国人のように保守的でない。より一層活動を重んじ、実際的、進歩的である。これを弁護して言えば、西洋人に似ている。日本の文明は、まさに都市の産物だ。遙か遠い昔の時代より、日本人は戦闘者であった。従って、インドに於けるより、西欧に於いて重んじられている特色を培ってきた。日本の武士道は、西洋の騎士道とよく似ており、西洋の騎士は、日本の武士と同じような社会的地位を占めていた。

しかしながら、日本がひとたび仏教を受容して以来、インドと接触するようになったのは、到底西欧の比ではない。しかし日本仏教は、インド仏教とは非常に異なっている。釈迦が、日本の昔の僧兵を見たなら、唖然として驚くであろう。とにかく日本は地勢上だけではなく、心理的にも特殊な地位を占めており、東西の接触融合の境であるので、東を西に、西を東に紹介する上で、この上ない資質を持っているはずである。

タゴールは、日本に於いて大変な歓迎を受け、著書も非常に愛読された。約5年間、彼の著書は日本に於いて夢中になって読まれ、英訳はことごとく翻訳され、紹介批評の書は続々と出版され、通俗的な雑誌もタゴール特集を出し、彼及びその使命の研究を試みたものもあった。

この現象は喜ぶべきものである。彼は健全にして清新であり、徹頭徹尾理想主義を掲げている。彼の母国インドのように、彼は神秘的であり奥深いところがある。しかしまた彼がインドとは異なる点は、平等一辺倒に陥らない点である。インドには、不純や肉的なものが純粋なものや理想と混在しているが、彼タゴールに至っては不純なものもなく、肉的なものもない。

タゴールの作品には、何となく広大で、また透徹したところがある。調和がよくとれているだけではなく、また確然とした観念でなく、含蓄の深

い、読者を深く考えさせる思想や言葉に満ちている。あたかも、スティーブンソンやホイットマンを思わせるが、更により深い、理想的な匂いが漂っている。但しその偉大な放浪的精神に至っては、三者共に同じ特色がある。

タゴールは、自然と共に生き、自然について考え、自然について説いている。しかし彼の自然主義は、あの非道徳とは言えないまでも、無道徳な近代文学上の自然主義では勿論ない。自然の偉大な沈黙する力、生命と勢いとに富める宇宙より流れでる、広大で爽快な潮流にも比すべき自然主義であり、我々を向上の一路に導びき、我々に迫り来る現実を理想化させるようなものであり、野獣的で奔放な情熱であるような、我々の肉性に根ざす自然主義ではない。欧州の自然主義は、今日の思想及び道徳に深い禍いを及ぼした。しかしながら、タゴールの自然主義には、清浄な理想的力が宿っている。

それでは、このことは何に基づくかと言えば、タゴールによれば、自然が神によって生きているからだ。「神」は、タゴールのすべてに浸透している観念である。欧州最大の汎神論を唱えたスピノザは、「神に酔える者」と言われた。この語をタゴールに当てはめてみると、更に一層の切実味を覚える。あらゆる彼の作品、詩歌、劇曲、論文のすべてにわたって、神の現臨という感覚が貫いている。神は永遠に現臨している。たとえ「暗室の王」のように眼に見えないとしても、その現臨は等しく感得されている。

いかにもタゴールの神は、キリスト教の一神教的神というよりは、より汎神論的な神に相違ない。しかし彼の「自己の問題」や「生の実現」のような哲学的論文に於いては、彼は人間意志の自由を肯定し、あたかも神の活動を制限するような表現に及んでいる。彼は、「神は喜んでご自身の意志を制限し、我々に自己の小世界を支配する権限を与えた」と語っている。

「ギーターンジャリ」という宗教詩集には、至高の敬虔的思想が歌われているのを見る。神に人間が依って立つことを歌い、「あなたは私を限りないものにした。それがあなたの楽しみなのだ。この脆い器を、あなたは何度もからにして、またたえず新鮮な生命を注ぎこんだ。」[8]と語っている。また神に対する人間の責任について、「わが命の命よ、私はいつでも自分

の身を清らかにしておくように努めよう。私の体の隅々まで、あなたの生命が通う感触があることを知っているのだから。私はいつでも、あらゆる虚偽を私の思想に寄せ付けないように努めよう。私の心の中に理性の燈火を点した真理があなただということを知っているのだから。私はいつでも、私の心からあらゆる悪を追い出して、私の愛の花を咲かせておくように努めよう。私の心の奥殿にあなたがいますことをしっているのだから。そして私の行動に力を与えてくれるのがあなたの力であることを知っているのだから」と語っている[9]。

　タゴールの宗教は、純粋な無私無欲の境地の類いのものである。「私のものを少しだけ残して置いて下さい、あなたが私のすべてであると言えるように。私の意志を少しだけ残して置いて下さい。どちらを向いてもあなたを感じ、どんなものにおいてもあなたに近づき、どんな時にも私の愛をあなたに捧げることができるように。私のものを少しだけ残して置いて下さい。あなたを隠すことが決してないように。私の枷を少しだけ残して置いて下さい。それによって私はあなたの意志に結びつけられ、そしてあなたの意志に結びつけられ、そしてあなたの目的が私の生命の中で実現されるように——そしてそれがあなたの愛の枷なのです」[10]。

　このような無私無欲の境地と並んで、彼の宗教は人間の自由の真実と必要とを主張する類いのものである。この上もなく尊い神を、あるがままに心からあこがれ慕うに際しても、タゴールは人間の霊の真実、その自己意識、自己の意志の自由をあくまでも確信することを見過すことができないのである。

　彼は「生の実現」において、「創造全体の目標である、有限なものに対する無限なものの啓示は、星々の輝く大空の中や花の美しさの中にその完全な姿が見られるわけではない。それは人間の魂の中に最も完全な姿が映し出される。……したがって、宇宙の大王は人間の自我の中にご自分の王座を置かなかった。——人間の自我の中を空のままにしておいた。人間が自然と結ばれている精神と肉体の有機的組織の中では、人間は自分の王の支配を認めなければならない。けれども、自我の中では王を否認する自由

をもっている。われわれの神は人間の自由の前では中に入れてくるように説得しなければならない。そこでは神は王としてではなく、客として訪れる。だから招き入れられるまで待たねばならない。神が人間の自我からご自分の支配の手を引いたのは、神がそこにわれわれを訪ねてきて求愛するためである」[11]。

　タゴールの宗教はまた歓喜の宗教である。「これは神の創造がいかなる必然からも生まれていないという意味であり、また万物は豊かな神の喜びから生まれているという意味である。創造するのは神の愛であるから、創造の中で神はみずからの姿を現わす」と語っている。彼はまた、インド古代の賢人の言葉を引いて、「この全宇宙は歓喜からほとばしり出て、歓喜によって保たれ、歓喜に向かって進み、歓喜の中に入るのである」と言っている[12]。

　タゴールは世捨人ではない。彼は、「この世界から逃げ出して神に辿り着こうとする者は、いつ、どこで、神に出会うつもりなのだろうか。……いや、われわれは、今、ここで神に触れている、と主張できる勇気をもたねばならない。」と語っている[13]。英語には訳されたが、未だ出版されていない劇詩の「自然の復讐」と題するもので、過日神戸において僅かな聴衆の前に朗読した作品の中に、彼はただ自然の要求を否定して、我々の欲求する満足を得ようとすることは到底不可能であると言っている。この問題はアナトール・フランスが「タイース」[14]で取扱い、解釈しようと努めたことに著しく類似している点がある。

　タゴールはまた芸術家である。故に彼の宗教は美の宗教である。「われわれが自然界の調和を充分に理解していけばいくほど、われわれの生命も創造の喜びにいっそう深くあずかり、芸術における美の表現も真の普遍性をさらに増していくであろう。われわれが魂の調和を意識してくるとき、世界の精神の至福を理解する力は普遍的なものになり、われわれの生活における美の表現は善に、そして無限なものへの愛に向かうようになる。これがわれわれの存在の究極の目的である。すなわち、われわれは『美は真理であり、真理は愛である』ことをつねに知っていなければならない」[15]。

「知性による認識は部分的である。……しかしブラフマンは喜びによって、愛によって知ることができる。というのは喜びは完全に知ることであり、またわれわれの全存在によって知ることだからである」[16]。

知性は、知ろうとする対象と我々とを引き離すが、しかし愛はその対象とひとつに溶け合うことによってそれを知る。神はただ我々の霊、彼に於ける霊の喜び、霊の愛によってのみ知ることができる。換言すれば、「結合によってのみ、われわれの全存在との結合によってのみ、ブラフマンと関係を結ぶことができる。われわれは『父』と一体でなければならない。われわれは『父』のように完全でなければならない」[17]。

いかにもこれはキリスト教的ではないか。キリスト者を標榜しない者として、これほどキリスト教的情感をもっているのは実に稀有と言わなければならない。勿論タゴールは大いにキリスト教の影響をこうむり、聖書に精通し、殊にイエスの教えについて造詣が深いことは明らかである。だが、キリスト教の影響がそれほど深いにしても、彼はキリスト者ではない。彼はカム・モハウ・ロイという人物の主唱で、カルカッタ市に約100年前設立されたプラモ、サマジという新インド教に属している。この団体は1843年に、タゴールの父デベントラ・ナス・タゴールによって、盛大になったものである。

この新インド教は、一神主義で唯一のこの上ない神について教え、この神は確然たる神格と、神性にふさわしい質と、宇宙の統治者としての理性と知恵をもっていると説き、また霊の不滅と、悔い改めは救いの唯一の道であることを主張する。しかし神が人前に姿を現すことについては、全く否定するのである。

前述の宗教において、本当に優れているのはその教えであり、キリスト教とは大きくは異なるところは少ないが、神が人前に姿を現すという信仰、十字架、復活の信仰を与える点は欠如している。言わばキリスト教が変化した姿である。従って進歩の力、広く人を本来の姿に導く力を欠いている。

しかし、タゴールはプラモ、サマジ会の会員であることに止まることなく、インド思想の最高峰に立つ代表者である。彼はウパニシャドを深く研[18]

究して、その精神より影響を受けている。彼は近代に於けるウパニシャドの代表である。

　以上三種の潮流、即ち古代のインド思想、新インド思想、及キリスト教が、タゴールに合流している。

　タゴールは、強靱で、美しい、現代に必要な使命をもっている。それは、物を超越した霊、見ることの出来ない本性と力とを伝える使命である。

　彼の虚生法は美しいものではあるが、それは極めて少数の特別な人物で、その鋭い理知と高潔な良心をもち、つまり医師の助けを必要としない健康な人物にのみ適した生き方である。彼の人物及び使命は、キリスト教的といっても差し支えないほどだが、しかし彼の使命が広く一般の人々に達し得るかというと、これは疑問である。確かに彼は具体的であろうと努めてはいるが、全体としては抽象的であることを免れることはできない。依然としてその根本はインド的である。いかにも穏やかで、沈静であり、深く考えさせるものではあるが、何か刺激をもたらし、活動を促すほどのものではない。この点に於いて、黙想よりも祈祷、思考よりも活動を鼓舞するキリストの使命には及ばない。彼を師と呼ぶことは当っているが、統率者とは言えないと思う。どうも彼は、一つの定った方向へ人を導くようには思われない。勿論彼は目的点に達した人物、しかも立派な目的点に達した人物ではある。しかしながら、キリストの大使徒パウロとは異なって、彼の霊的態度は静的であり、既に目的点に達してしまったよう

法文学部での最終講義「倫理学概論」
1940年12月
学院史編纂室所蔵

な感じで、なお前方へ進むようには思われない。我々は、彼に対して不公平であってはならないが、キリストの十字架が暗示するものには、苦闘の後の勝利感、徹底的な虚無が至高の楽観性によって克服されているのである。タゴールは、すべての哲学者のように、戦いについて思考することによって勝利があるとするが、キリストは戦いに身を投じ、血を流して初めて勝利するとする。これは非常に相違している点である。

そうではあるが、タゴールは人をキリストに導く教師にも比すべき、これはまた偉大な働きである。しかしイエスと共にあり、イエスについて学んできた者は、タゴールからは根本的に新しいものを学ぶことは出来ない。

編者注記……………………………………………………………………………………

本稿は、1916（大正5）年に『神学評論』に掲載された論考であるが、その背景にはインドのタゴールが初めて来日し、熱烈な歓迎ぶりがあった。タゴールは、1913年には『ギーターンジャリ』によって、アジア人としては初めてノーベル文学賞を受賞したこともあり、1916年5月から約3カ月間、日本で滞在し、講演活動等を行っている。タゴールが、最初に船で到着したのが神戸であり、ベーツもその歓迎ぶりを肌身で感じて本稿を執筆したと思われる。『ギーターンジャリ』や『生の実現』を中心として、タゴールの宗教思想を分析し、その思想を高く評価している。この時期、いまだ宗教間対話が希有であった時代に、タゴールの宗教思想と積極的に対話を試みている中に、ベーツのブロードな対話姿勢を見ることが出来る。最後の結論部では、タゴールを、「人をキリストに導く教師」と述べている点には、他宗教の真理契機がキリストへと導くという、いわゆるキリスト包括主義の立場と今日では呼ばれている宗教間対話のあり方がうかがえる。また、1921年以降、ベーツが神学部や他学部の学生を率いて、空海が開いた真言密教の総本山にある高野山大学と交換講演会を開催している（口絵参照）ことも併せて、このような他宗教に開かれて対話しようとするあり方は、まだ宗教間対話が余り言われていなかった時代にあっては画

第 2 部　論文・講演

期的なことと言えるであろう。

注………………………………………………………………………………………………

1　ラビンドラナート・タゴール（1861-1941 年）は、インドの詩人、思想家。ベンガル語の詩集『ギーターンジャリ』を、1913 年に自ら英訳して刊行する。これは詩人のイェイツに絶賛されて評判となり、タゴールはアジア人として初のノーベル賞となるノーベル文学賞を受賞した。著作が多くあり、1981 年に『タゴール著作集』（1981-88 年第三文明社）が刊行されている。
2　ジョゼフ・ラドヤード・キップリング（1865-1936 年）は、イギリスの小説家、詩人であり、イギリス統治下のインドを舞台にした作品、児童文学で知られる。19 世紀末から 20 世紀初頭のイギリスで最も人気のある作家の一人で、小説『ジャングル・ブック』『少年キム』、詩『マンダレー』などが代表作。1907 年に、イギリス人としては最初に、ノーベル文学賞を 41 歳という史上最年少で受賞している。
3　タゴールは、1916 年から 1929 年にかけて 5 回来日しているが、約 3 カ月滞在した 1916 年の最初の来日が最も長い日本滞在であった。このときは最初に神戸に到着し、神戸で数日を過ごしている。神戸にはインドの実業家が大勢住んでいて、神戸在住の実業家モラルジー氏から招待されていた。
4　「サーグナ　生の実現」（『タゴール著作集　第 8 巻　人生論・社会論集』　第三文明社　1981 年、9 頁）これは、1912 年にアメリカのハーバード大学で行った連続講義をまとめたもので、その翌年に出版された。
5　同書 11 頁。
6　同書 11 頁。
7　同書 10-11 頁。
8　『タゴール詩集　ギーターンジャリ』（渡辺照宏訳　岩波書店　1977 年、236 頁）。
9　同書 238 頁。
10　同書 257 頁。
11　「サーグナ　生の実現」39 頁。
12　同書 66-67 頁。
13　同書 106 頁。
14　アナトール・フランス（1844-1924 年）は、フランスの詩人・小説家・批評家。アカデミー・フランセーズの会員を務め、ノーベル文学賞を受賞した。代表作は『舞姫タイス』『赤い百合』『神々は渇く』などである。『舞姫タイス』（1890 年、翻訳『タイス』警醒社、1915 年）は、遊女タイスを悔悛させた、キリスト教に伝わる有名な聖人伝に材をとり、霊と肉の葛藤を描きながら、霊と肉に引き裂かれている現世の人間の姿を描いた作品。
15　「ザーグナ生の実現」113 頁。
16　同書 127 頁。ブラフマンは宇宙の源であるあり、神聖な知性として見なされ、全ての存在に浸透している。それゆえに、多くのヒンドゥーの神々は 1 つのブラフマンの現われである。初期の宗教的な文書、ヴェーダ群の中では、全ての神々は、ブラ

フマンから発生したと見なされる。
17 同書127-128頁。
18 ウパニシャッドは、サンスクリットで書かれたヴェーダの約200以上ある書物の総称である。各ウパニシャッドは仏教以前から存在したものから、16世紀に作られたものまであり、成立時期もまちまちである。

第2部 論文・講演

5 第14回総会での開会の演説

〔中略〕

　昨年の集まりは、まだ震災の記憶もまだ新たであった上に、米国の排日法案など色々心が痛む事件があった際でありました。今年はハワイに於ける米軍艦隊の大演習、また程度は違いますがシンガポールに於ける英国の海軍根拠地問題などで、表面は極めて冷静でありますが、日本の民心が裏面ではかなり揺れ動いているのであります。今は困難な時代であり、疑いの精神、心配の精神、恐れの精神が動いている時代であります。世界大戦が済んでまだ7年、世界は武装した平和の状況にあるに過ぎませんから、或いはまた世界大戦のような大悲劇が起らないとも限らないという恐怖の精神が、世界に漲っていることは無理ありません。

〔中略〕

　このような事情の下にあって、我々キリスト教主義に依って立つ教育者はどういう態度を取ったら宜しいでしょうか。我々が経営している学校は、真に国際的な勢力であります。この同盟に代表されている学校にあって、日本人は英国人又は米国人、或はこの両国の人々と一緒に合同して働いているのであり、その間の友好関係は実に深く、楽しいものであります。日本人と外国人が、キリスト教主義の学校に於いてこのような大いなる自由と、信頼と成功をもって共同してゆくことは、実に人の心を強くするに足る美しい事であります。

1925年頃
学院史編纂室所蔵

我々は、その組織や人員の配置に於いてお互いに違う所もありましょうし、また事実そうであり、ある場合には外国人が校長となり、ある場合には日本人が校長となっております。そして過去数年間に於けるキリスト教主義の学校が全国に渡る実際的な成績を考えますと、ただ日本人が経営する方が成績がよいとも、外国人が経営する方が成績がよいという訳にもゆかないのであります。

　我がキリスト教主義の学校の成功と幸福は一体何に由来しているかと言えば、その根本的理由は、すべての者が共同して根本的に忠誠を尽くすからであると信じます。キリスト教主義の学校は国際的なものですが、外国のものではなく、日本のものであります。日本の法律の下に在り、日本政府によって認められ、日本帝国に忠実に、日本の国体を尊び、皇室を崇めるのであります。この点については何の疑う所もありません。我々の学校がこういうような立場に適し、国民に於いても、政府に於いてもこの点について何の疑問もない事は実に大きな幸福であり、成功であると言わなければなりません。

　キリスト教主義の学校として、我々は日本の将来の国民となる幾万の青年の生活と人格を形成することは大きな特権であります。この多くの青年に先ず第一に、忠君愛国の精神を吹き込むことは我々の義務であります。日本に於けるキリスト教主義の学校は、いまだかつて政治活動の中心となったことはありません。革命的な運動の中心にならなかったのは勿論であります。これは甚だ名誉でありまして、この名誉を落とさぬように努力するのが大切であろうと考えます。キリスト者はいつも忠良なる国民であります。国の掟を固く守り、悪と不義のほかには何にも反対しないことを特色とするものであります。「神を畏れ、皇帝を敬いなさい。」[2]とは聖書の教える所であります。なお我々がこのように協同し、調和の精神に依って立つのは、我々が皆同じように一人の主イエス・キリストを信じるからであります。即ち、「我らすべての君主にして主なる」イエスを信仰するためであります。「キリストに於いて一つ」というのは、すべての教会、すべての国民、すべての人種を一つに結ぶことが出来る旗印であります。

第2部　論文・講演

　この共通のキリスト教的信仰と経験との中に、我々はすべての問題と困難とを解決する二、三の鍵を見出すものであります。キリスト者としての我々は、ただ単に日本人であるばかりでなく、米国人、英米人でもありません。互に兄弟であるばかりでなく、「もはや、わたしはあなたがたを僕とは呼ばない。僕は主人が何をしているか知らないからである。わたしはあなたがたを友と呼ぶ。」と記されているように、我々はキリストの友であります。我々は、唯一の父と同じようにいただく神の子であります。もしこの信仰がなかったならば、我々が共同して仕事をすることはとうてい出来ないと考える場合が少なくないと思います。たとえ外部に対して力を失うことがあっても、この信仰さえあれば我々は共同し合ってゆけるのであります。

　我々キリスト教主義の学校としての特別の使命は、ここにあると信じるのであります。この信仰を分ち、この経験を伝え、この見解を生徒に与え、十分に心の中に神の国を宿す新たな国民を生み出し、神を知り、人類相互に対する信頼の思いが豊かな男女を形成する、これが我々キリスト教主義の教育者としての使命であります。

　我々キリスト教主義の学校が、国内でのこのような希望と親善と協同という実験があるところに、日米戦争、英米戦争、あるいは日英戦争等のようなことはとうてい考えることも出来ないことであります。このような不祥事はあってはならないことであります。

　現在の国と国との間に横たわっている困難な問題の解決方法は、戦争のような手段によらないで、他に発見しなければなりません。我々はそれを発見する決意であります。日本に於いては外国に於けると同様に、我々の学校の中で国際的な問題を正当に理解しようとする運動が行われている事は、我々の感謝するところであります。国際連盟協会[4]のようなものは、各学校の中にあるクラブや会の関係のあるものを通じて、この点について大きな貢献をしています。澤柳博士[5]が指導する国際教育振興会のようなものは将来に希望を与える団体であります。

　この点より考えまして、私はこのキリスト教々育同盟会が世界教育連盟[6]

の一員となり、7月にエディンバラで開かれる大会に、代表者を任命して送ることを提議するのであります。私は本同盟がすべてのこのような国際的な教育上の集会には代表者を送るべきであると確信しています。我々の財政が豊かでありませんから、我々は当然加わるべき会にも加わることが出来ないことが度々あります、しかしこのような場合に十分な代表者を送ることは、キリスト教々育運動にとって要する費用をつぐなって余りあると考えるものであります。

　キリスト教主義の男子学校で当面の解決すべき重大問題の一つは、今回制定された軍事教育[7]に対してどういう態度を取るべきかということであります。この問題のために、我々はジレンマに陥っています。一面に於いて我々は法律をよく守る者であり、政府の要求に従うばかりでなく、その希望にも添いたいと思います。しかしながら他面、我々はキリスト者として軍国主義に対して断乎として反対するものであります。それが日本であろうと、米国であろうと、また何処であろうともそれは問うところではありません。世界の平和、戦争のない世界という理想は、これを実現するには長い年月を要するものであるとしても、これを希望し、祈り、常にその実現に努力し続けなければなりません。しかし日本政府に対し、どうか軍事教育を差控えて下さいと請願しながら、一方に於いて我々の代表する外国の政府に対し同様の請求をしないということは出来ません。我々は掟を守り、我々が預っている生徒の忠君愛国の精神を弱めるようなことは断じていたしません。しかし各国がこのように軍備の競争に熱中するのを止めさせるために、何か適当な方法を講ずる必要があります。これをこのまま見過ごしておけば、また第二の大戦が起ることは必然であります。

　そういうわけでありますから、私は本会がきわめて慎重な字句をもって一つの決議をすることを希望します。その趣旨は、我々は政府に対して忠誠を尽し、国家に対して愛国の至誠を献げることを強調すると共に、各国民が軍事的準備を行うことを中止することを要求し、更に全世界のキリスト教的教育者とは協力して、国民と政府に対して、剣に依存して世界の色々な問題を解決するよりも、更に善い方法を取るように努めることを希望す

る決議をするのであります。

　〔中略〕

　一面に於いては謙遜の精神を保ちつゝ、我々は重要な価値をもっている事業に参加し、日本の教育界に相当の貢献をなしつゝあると自信をもって差支えありません。

　日本政府に対しては、我々に十分に与えられた信頼と特権に対して感謝の意を表し、また　天皇、皇后両陛下に対しては、時あたかも銀婚式に当り、忠誠からの奉祝の微意を表し、天長地久竹の園生の幾久しく栄えますことを祈りたいと存じます。

　　　　　　　　　　会長　神学博士　シー、ゼー、エル、ベーツ

編者注記……………………………………………………………………………

　教育同盟におけるベーツの貢献についてはいくつか重要な貢献が挙げられるが、まず特筆すべきことは、1925（大正14）年に開催された第14回総会において院長として出席し、教育同盟の会長に選出されたことである。そして、その総会の冒頭で、会長として「開会の演説」（『第十四回總会記録』18-30頁）を行っている。この演説において、ベーツは、総会における審議事項として、世界教育連盟に教育同盟から代表者を送る件と、軍事教育の中止を要求する件の二つの事項を決議することを提議しているが、総会では、前者については常務委員会に付託すると前向きに審議されている。後者については議題となることはなかったが、開会演説において、世界平和の理念を掲げつつ、軍国主義へと向かう時代的動向に対して警鐘を鳴らした意義は決して小さくはないであろう（拙稿「キリスト教学校教育同盟と関西学院――ベーツ院長の関わりを中心として」『学院史編纂室便り』35、2012年6月を参照）。尚、本講演においてベーツが国際的組織との連携を強調する一方、日本帝国や国体、皇室への忠誠にも配慮して述べているのは、当時の帝国憲法の下に生きなければならなかったキリスト教主義学校の歴史的状況を示している。

5　第 14 回総会での開会の演説

注

1　この総会の 2 年前、1923 年に起こった関東大震災を指している。その大震災によって、東京を中心として、関東のキリスト教主義学校が大きな被害を受けている(『キリスト教学校教育同盟百年史』教文館、2012 年を参照)。
2　ペトロの手紙一 2 章 17 節。
3　ヨハネによる福音書 15 章 15 節。
4　日本の国際連盟協会は、戦前における平和運動であった。また各国国際連盟協会の一つとして世界規模の国際連盟協会世界連合に加盟し、国際平和運動の一翼を担う存在でもあった。
5　澤柳 政太郎(1865-1927 年)は、東北帝国大学初代総長、京都帝国大学第 5 代総長等を務めた教育者であり、大正自由主義教育運動において中心的な役割を果たした。また、大正自由主義教育運動の発信地ともなった成城学園を創立し、ドゥ・ガンの『ペスタロッチー伝』(1898 年)を訳し、著書『実際的教育学』(1909 年)等を刊行し、新教育の指導者としての役割を担った。
6　「世界教育連盟」とあるが、恐らく「世界新教育連盟」ではないかと思われる。世界新教育連盟(英:New Education Fellowship)は、第一次世界大戦後の平和主義と国際主義を基とする民間の教育に関する国際組織であり、当時の同様の組織の中では組織力、組織範囲、継続性に関して群を抜いたものであった。教育における国際ネットワークづくりの先駆的役割をはたした。人種、宗教、国家の枠組みを超えた共同を目指してユネスコ設立に大きな影響を与えた。
7　第一次世界大戦後、世界的な軍縮の流れの中で、日本でも 1925 年に陸軍の 4 個師団が廃止された。その代わり、軍事教練によって服従・規律などを身に付けさせ、将来軍務につくときに役立つ素養を獲得させることが重要であるという趣旨の提案が行われ、決定した。この提案は、後の現役陸軍将校の学校配属への道を開くことになった。
8　戦後直後まで、現在の天皇誕生日に当たる日を「天長節」、皇后誕生日のことを「地久節」と呼んでいたことから、「天長地久」とは、天皇の治世が変わらずに永遠に続くことに願いを込めていた。「竹の園生」は皇帝や皇族という意味である。

第2部　論文・講演

6　キリスト教々育の原理

　キリスト教主義学校に於いて実施されている教育に対する我々の理念を明確にし、その信念を公にすべき秋が到来した。

　このステートメントに於いて検討すべき点としては、明らかに表題自体が暗示する3点である。第1点は、我々が取扱っているものは教育であるという事、第2点は、キリスト教的である事、第3点は、この事業には幾つかの原理が包含されているという事である。

　環境の影響が、これ等の原理の意識を弱める危険が余りにも度々あるのである。我々は幅広い視野に於いては、世界の教育制度にその比を見ない一大教育運動のただ中に置かれているだけに、さすがに不断に国家教育の潮流に巻き込まれ、我々の運動と一般的運動とを区別する特徴を失う危険に面しているのである。

　もし、キリスト教的教育事業の存在理由として、事業の基礎である原理が如何なるものかと問うならば、答としては、「キリスト教主義学校の創立理由は如何ものなのか」と、あるいは「キリスト教主義学校は如何なる理由によって、創立者の甚大な犠牲によって今日まで維持されたのか」と反問しなければならない。

　その動機は勿論多岐であったが、しかし我々は、キリスト教はその全歴史を通じて常に教育を通して、また直接伝道及び社会奉仕を通じて自己表現を求めてきたという事を記憶する必要がある。欧州の中世史を通じて、学問及び宗教を不断に生かしたものは修道院であった。

　教会は如何なる時、如何なる場所に於いても教育と宗教との基礎的結合と相互不可欠要件の例証として学校を建設した。宗教なくして教育は科学的物質主義に堕してしまうものであり、このような教育はたとえその知育

の力は大きいものであっても、性格形成にまで影響を及ぼさないものである。キリスト教は教えるべきあるものを、即ち授くべきある知識をもっている。従ってキリスト教は、この知識を自由に授ける機会を確保するため、且つキリスト教主義の下に於ける教育の維持を恒久化するために学校を建設しているのである。

(1) 従って第一の原理は、教育と宗教との必然的関係である。人間の本性は単に肉体的ばかりでなく、同時に又道徳的並に霊的である。従って人間の本性の初めの二様相のみを目的とする教育は不充分であり、且つ宗教にまで達しない道徳は不充分である事が経験によって明らかにされたのである。井上哲二郎教授がかつて、「十分なる道徳は宇宙観に根源を持たなければならない」と言い、ジョン・ワトソン教授が指摘しているように、「神に対する合理的信仰は道徳の基礎に存している」のである。

(2) キリスト教々育の第二の原理は、たとえ第一でなくとも性格形成――ある種の個性の創成――の目的である。勿論キリスト教の目的は、「神の国」の建設、「新社会秩序」の創造であるが、併しその目的を達するためには、個々の男女が新たに生れ、彼等が「だから、あなたがたの天の父が完全であられるように、あなたがたも完全な者となりなさい」と教えた主イエス・キリストによって、またキリストに於いて示されている新生活に入る事が必要である。絶対的正直、絶対的純潔、絶対的無私、絶対的愛、これ等はキリスト御自身によって提唱された標準である。従ってこれ等の標準を支え、教える事がキリスト教々育者の仕事である。

(3) 第三の原理は社会理想である。キリスト教は、この世には何らかの間違いがあり、この世は改良され、それ自体から救われねばならない、という事を確信しており、また従来常にこのように確信して来たのである。「神は、その独り子をお与えになったほどに、世を愛された」と聖書にあるように、今や我々は世界が改良を必要としているという事を明確に意識している。

経済学者、政治家、実業家は如何にして人生の諸問題を解決し、文明を崩壊より救うべきかについて途方に暮れている。この崩壊の諸原因は、基

礎的には道徳的である事がいよいよ明確に認められつゝある。再建に最も困難なものは、信認の破壊であり、信用の喪失である。

　富への熱狂的追求に於いて、人々は絶対的には正直でなく、激烈な競争に於いて彼等は絶対的には無私ではなかった。この点に困難が存するのである。「何よりもまず、神の国と神の義を求めなさい。そうすれば、これらのものはみな加えて与えられる。」[5] 人々は初めに義を求めないで、富を求めた。従ってこゝに経済的難問が生じたのである。

　我々の経済問題を、道徳的、人格的、キリスト教的見解より考察する事が必要である。「あなたがたは、鳥よりも価値あるものではないか。」[6] イエスは経済問題に対して多くの教訓を与えられた。若しも我々が、彼より学ぶ程聡明であるならば、我々の困難は大いに減少することを知るであろう。神の国を実現し得るまでは、無私の協力の精神が、この世を今日まで支配してきた利己的競争の精神に代えられなければならない。

　これは、キリスト教主義学校で教えられる社会経済学及び倫理学の基礎でなければならない。

　(4) キリスト教と日本精神との関係は、我々の直面しなければならない、最も重要な問題の一つである。イエスは「皇帝のものは皇帝に、神のものは神に返しなさい」[7] と語られて、この問題に答えられた。

　我々は国家にある義務を負っている。従ってそれを忠実に履行する事は、我々キリスト者の責務である。使徒パウロは、ローマの信徒への手紙13章に於いて、「人は皆、上に立つ権威に従うべきです。神に由来しない権威はなく、今ある権威はすべて神によって立てられたものだからです」[8] と述べている。使徒ペテロは、ペテロの手紙一 2章17節で、「すべての人を敬い、兄弟を愛し、神を畏れ、皇帝を敬いなさい」と語っている。キリスト者は常に熱心な愛国者であり、イエスは彼の国の都エルサレムに対して、涙を流された。キリスト者は、その政府が、神の子どもを助け、仕える点に於いて、聖者のように、正直無私であることを願うのみである。

　(5) 国際主義に関してキリスト教は世界的宗教である。それは、あたかも太陽のように真実に、すべての人に属している太陽は、事実は常に日々

新たにすべての土地と民族の上に昇るけれど、現象的には東に昇り西に沈むのである。「全世界に出て行って、すべての造られたものに福音を宣べ伝えよ」。もしも、すべての人々が先ず神の意志を知ろうとすることを求め、次にその意志を実行する方法を求めるならば、個人的、家庭的、社会的、経済的、国家的、及び国際的諸問題は、遥に容易に解決されるであろうと信じる。困難は、困難な問題自体にあるのではなく、人間の本性の罪と利己心にあり、また競争と闘争心にある。

　我々キリスト者学徒は、イエス・キリストの教えと人格を更に熱心に求め、キリストの道や全人類の救いの道である事を信じ、勇気を出してこの真理を体現する事に努めなければならない。

高等商業学部「倫理学」授業、1930年頃
学院史編纂室所蔵

編者注記……………………………………………………………………………

　教育同盟におけるベーツのもう一つ特筆すべき貢献は、「キリスト教主義教育の原理」を提言したことである。これまでこの文章は、大学昇格問題がクローズアップされていた1920年代前半に学内向けに書かれたものと推察されていた。しかし、このベーツの文章は、学内に向けて書かれた文章ではなく、教育同盟において一つの重要な問題提起となった文章であ

る。即ち、第22回総会（1933年）においてベーツは、各学校におけるキリスト教主義教育の意識を明確にし、対内的および対外的に表明する趣旨で、「基督教主義教育宣言」作成を提案し、そして、翌年の第7回同盟の夏期学校において、「基督教々育原理の宣言」として提示したのが、本稿に他ならない。

　ベーツの「基督教主義教育の原理」は、教育同盟の論議では、東北学院のシュネーダーの案と併せて検討され、最終的には、キリスト教主義教育の目的や根本原理を示す文書「基督教主義教育の要旨」としてまとめられ、第24回総会（1935年）において決議されている。作成から決議に至るまでの時期は、それまでの教育勅語に基づく教育体制に学校教練が加わることで、キリスト主義学校におけるキリスト教主義教育の実施が困難となった時期であっただけに、ベーツの問題提起と貢献は大きな意義をもっていたと言えるであろう（拙稿「キリスト教学校教育同盟と関西学院――ベーツ院長の関わりを中心として」『学院史編纂室便り』35、2012年6月を参照）。

注………………………………………………………………………………………
1　井上哲次郎（1865-1944年）は、明治時代の哲学者であり、欧米哲学を多く日本に紹介し、帝国大学において日本人で初めて哲学の教授となった。国家主義の立場から宗教に対する国家の優越を主張し、第一高等中学校教員であった内村鑑三の不敬事件に際してはキリスト教を非難し、植村正久と論争した。
2　ジョン・ワトソン（1847-1939年）は、1872年以降クィーンズ大学の哲学の教授を務め、ベーツは在学中ワトソンより大きな影響を受ける。
3　マタイによる福音書5章48節。
4　ヨハネによる福音書3章16節。
5　マタイによる福音書6章33節。
6　マタイによる福音書6章26節。
7　マタイによる福音書22章21節。
8　ローマの信徒への手紙13章1節。
9　マルコによる福音書16章15節。

7　キリストの証人
神学部チャペルにおける講演

　この神学部に来て皆様にお目にかかれるのは、私の大きなよろこびであり、また光栄であります。私の心は、むかしも今も、つねに神学部にありました。

　あなたがたは、みな、イエス・キリストの使徒である。昔イエスによって選ばれた使徒は、12名であった。しかし今、ここにはその約5倍、60数名の使徒達がいることになる。まことにたのもしい限りである。使徒たちの働きは、人間をつくりかえ、そして世界をくつがえす程につくりかえてゆくところにある。

　59年前、カナダのトロントでスチューデント・ボランティア大会があった。その席上、当時のキリスト教界で世界的指導者であったジョン・R・モット博士は2通の電文を読み上げた。1通は中国から、他は日本からのものであった。日本からの電文は、"Japan is leading Asia, but Whither！"というのであり、中国よりの電文は、"Fill the gap！"というのであった。当時中国は拳匪事件の直後であり、この拳匪事件によって250人の宣教師および牧師が殺されていた。また中国人信者は、このために20,000人殺されていた。この中国のギャップをみたすためにスチューデント・ボランティアの中から250人の宣教師を送ってほしいという訴えがなされたわけである。モット博士は、この電文を読み上げたのち、イザヤ書6章8節の聖句を引用して

　「わたしは誰をつかわそうか、だれがわれわれのために行くのだろうか」と、そこに集っていた青年男女に迫った。そのとき、たちどころに300名の男女学生が、「私が行きます」と答えた。私はその300人の中の1人であった。かくて私は中国に行く任命を受けて準備をしていたのである。ところ

が3カ月ののちに、カナダ・メソヂスト教会から任命の変更があって日本に行くようにと命ぜられた。そして私は今から49年前、1902年に日本にわたって来たのである。日本に来たことは、私にとって非常によいことであった。色々な意味ですばらしいことであった。もっともすばらしかったことは、当時まだ生きていた日本の初代のキリスト教界の指導者たちと会うことが出来たことである。当時、同志社の創設者新島襄先生はすでに亡くなっておられてお会いすることは出来なかった。しかしほかの、日本伝道のために目ざましい活動をされ、多くの人々によき感化をあたえていた方々、例えば本多庸一先生、植村正久先生、海老名弾正先生その他の方々と親しくお交わりをすることが出来た。本多先生はもし政界に入っておられたならば、総理大臣になり得た方であろうことを信じて疑わない。植村正久先生はキリスト教界における偉大な思想家であったし、海老名弾正先生はキリスト教界きっての雄弁家であった。

　あなた方は、このような過去の偉大な先輩たちのなした業を継承していくのである。このことを決して忘れてはならない。しかし、あなた方は過去の想い出よりは、むしろ将来に対して、より深い興味をもっていることであろう。キリスト者はたしかに将来に対して希望をもつものである。その方がはるかによいのである。今、この時代はペシミスティックで非常に不安がみちている。アメリカ合衆国では、現代は、いわゆる敗北の時代だといい、英国では老人の時代だといっている。このような風潮は、今や全世界一般の風潮である。しかしこれはキリスト教的な考え方ではない。キリスト者は周囲が如何に暗黒であっても、悲惨であっても、将来に対して真実な希望を抱くものである。このことを明らかに示してくれるのはヨハネ黙示録である。黙示録は当時のキリスト教界において、また世界の歴史において、最暗黒の時代に書かれたものである。しかもそのような時代にあって将来を信仰と希望と勇気とをもって待ち望むべきことを示し、励ましている。

　聖書は、創世記の冒頭にしるされているように、「はじめに、神は天と地とを創造された」という神の全能の力がこの世界を支配しているという

ことを明らかに示している。私たちは、このゆえにいつでも希望をもちうるのである。すなわち、神の全能の力を信じて立つのである。このことはヨハネ福音書の第1章にも表わされている思想である。すなわち、

「はじめに言があった。言は神と共にあった。言は神であった。すべてのものはこれによって出来た。出来たもののうち、一つとしてこれによらないものはなかった。……そして言は肉体となり、わたしたちのうちに宿った。わたしたちはその栄光を見た。それは父のひとり子としての栄光であって、めぐみとまこととに満ちていた。」[3]

これこそ、イエス・キリストの使徒として、あなた方も私も、常に忘れてはならないものである。伝道者はこの福音の証人である。福音とは活ける神の言であるイエス・キリストによって、人を新しく生れ変らせ、希望と勇気とをあたえるものである。

この福音を証するためには力がいる。そこで、使徒行伝のはじめに、

「聖霊があなた方にくだるとき、あなた方は力をうけて、エルサレム、ユダヤとサマリヤの全土、さらに地のはてまでわたしの証人となるであろう」[4]といわれた、このような聖霊の力がわれわれには必要である。

ヨハネによる福音書14章において、イエスはこういっておられる。

「わたしは父にお願いしよう。そうすれば、父は別に助け主を送って、いつまでもあなた方と共におらせて下さるであろう。それは真理の御霊である。この世はそれを見ようともせず、知ろうともしないのでそれを受けることが出来ない。あなた方はそれを知っている。なぜなら、それはあなた方と共におり、またあなた方のうちにいるからである。」[5]

あなた方と私とをキリストの証人とする力は、この真理の御霊であるところの聖霊である。使徒行伝19章によれば、パウロはエフェソで、ある弟子たちに、「あなた方は、信仰にはいったときに聖霊をうけたのか」と尋ねたところ、彼らは「いいえ、聖霊なるものがあることさえ聞いたことがありません」と答えた。そこで彼らは、主イエスの名によるバプテスマをうけ、パウロの按手によって聖霊をうけた、と記されている。[6]

聖霊はわれわれと共にいて、われわれの心のなかに入ろうといつもその

機会をみつけようとしているのである。だからわれわれが心を開くならば、いつでも聖霊は入ってくる。むかし、関西学院には、岩橋武夫氏などの盲人の学生が数名在学していた。[7]私は、彼らが一つの建物から他の建物へと歩いていくのをみて胸にこみ上げてくるものを感じた。それは彼らの周囲には輝かしい太陽の光がみちているが、目が見えないために彼らはなおも肉体的には暗黒のうちにとざされているからであった。もし彼らの目が開くことが出来たならば、たちどころに太陽の輝かしい光が彼らのうちに入ってくるであろう。ちょうどそのように、われわれの周囲には聖霊がみちている。神がわれらのためにあたえて下さるこの助け主なる聖霊に心を開いてうけいれるものとなりたい。そうすれば福音の証人としての力が私たちのうちに満ちあふれてくるのである。

　私たちは、キリストの証人として、大切なつとめを果たすために、さらに、必要なことが二つある。一つは聖書についてよき知識をもつことであり、今一つは、イエス・キリストがわがうちにあって生きておられるという個人的な宗教体験をもつことである。私はかつてアメリカを旅行したとき、ボルチモア女子大学や東京の青山学院を創設したガウチャー先生[8]と会って日本の伝道について話しあったことがある。その時先生は、「よき実を得ようとするなら、根がよくはっていなければならない」といわれた。聖書のよき知識と生きた宗教体験の根がしっかりしていなければ、キリストの証人としてのよきつとめは果たされないのである。私は49年前、組織神学の教授として学院に来たのであるが、かつてイェール大学の組織神学教授Ｄ・Ｃ. マッキントッシュ博士は、「Christian Works」をするために最も大切なことは「Right Religious Adjustment である」といわれたことをおぼえている。

　私はあるとき、ごく少数の学生と共に、宗教体験のことを語り合ったことがある。それは3人の学生で、1人は法学部の学生であり、1人は商学部の学生であり、いま1人は神学部の学生であって、いずれもクリスチャンであった。この3人に、私は、

　「キリスト教的体験をもっているか、洗礼をうけるに至った動機は何で

あったか」

と尋ねてみた。すると商学部の学生は

「自分は関西学院に来るまでクリスチャンではなかった。自分の家は山奥であるためキリスト教についてまったく知らなかったし、クリスチャンに会ったこともなかった。ところが関西学院に入学して幸いにもクリスチャンの友人をもつようになり、またクリスチャンの先生方や宣教師の方々と親しくお交わりをする機会があたえられ、これを通してクリスチャンになったのです」

と語ってくれた。また法学部の学生は、

「私の家では先ず姉がクリスチャンになり、この姉の熱心な導きをうけて私もクリスチャンになりました」

と答えてくれた。神学生は、

「私は先生も御存知のように、父が先生の教え子で牧師をしておりますため、幼いときより食事の前にはいつも感謝の祈りをささげる習慣があり、また勿論教会にも行っておりましたので、その意味では私はたしかにクリスチャンでした。しかしある退修会に出席して始めてそれだけではなお足りないということが示され、どうしても私自身が救われた、という体験をもたなければならないことを痛感せしめられ、このことが動機となって神学部へ参りました」

ということであった。

聖書についての深い知識とともに、かかる個人的な宗教体験がしっかりと把握されなければ、福音の証人としてのつとめは果たしていけないのである。

語りたいことは沢山ある。しかし、そのすべてを語りつくすことは出来ない。皆様のうえに神の御祝福がゆたかであるように祈ります。

× × ×

第 2 部　論文・講演

懇談会におけるベーツ先生談話

　私は 49 年前、始めて学院へ来て神学部で組織神学の教授をした。その頃、日本語で神学の講義をするということは、私にとっては非常に困難なことであった。ことに教室に行ってみると、学生たちの間にまじって当時のメソヂスト教会監督平岩先生がじっと私をみつめておられたのには参ってしまった。

　そのうち、間もなく、私は高等学部（カレッジ）長を仰せつけられた。しかし仰せつけられたものの、当時、高等学部（カレッジ）には建物もなにもなく、ただチャペルだけがあった。しかしそのうちに神学部の美しい建物が建てられた。

　こんど、こちらに来て学校が大きくなっているのを見て非常に嬉しい。殊に神学部が存続していることに私は非常な喜びを感じている。学校が大きくなると、どうしてもキリスト教的なものを持続して

図書館に飾られている肖像画の前で、1959 年 10 月 28 日
学院史編纂室所蔵

いくことが困難になるが、そのためにも神学部が存続していることは有意義である。

　当時、神学部の統合という問題が考えられたり、話されたりしていたのであるが、これについて、私は、神学部の初代部長であったニュートン博士ともしばしば語り合った。——統合にはいろいろな利点がある。しかし関西学院はこれからだんだん大きくなると思うから、そういうときに学院全体のために神学部の存続は必要である、と。こんど来てみて、神学部が存続し、しかもますます盛んになっているのをみて私は非常に嬉しく思い、またあの当時考えていたことは間違いでなかったと思っている。

編者注記……………………………………………………………………………

　本稿は、関西学院創立70周年記念祭（1959年10月）にベーツが招かれ、カナダより20年振りに来校された折、神学部チャペルで記念講演された内容の要旨である。なお、この創立70周年記念祭において、「名誉博士」の称号が授与されている。

注………………………………………………………………………………………

1　スチューデント・ボランティア大会とは、海外への宣教活動の働き手を求めて、北米のカレッジや大学の学生を募集するために1886年に設立された組織によるものであり、ベーツが参加した大会は、1902年2月にトロントのマッセイ・ホールで開催されたものであった。その同じ大会に、ヴォーリズ建築で著名になったヴォーリズ氏も参加していた。関西学院の原田の森キャンパス、そして上ケ原キャンパスの建築がヴォーリズ宣教師による設計であるが、その不思議な巡り合わせのルーツはこの大会にあったのである。
2　ベーツが、カナダ・メソヂスト教会の宣教師として1910年に学院に就任されたが、実は、宣教師として来日したのは1902年（掲載誌の「1908年」を訂正）であり、最初の8年間は主に東京と山梨を中心として宣教活動を担っておられた（拙稿「東京と山梨におけるベーツ先生」（『母校通信』130、2012年9月参照）。
3　ヨハネによる福音書1章1-4節。
4　使徒言行録1章8節。
5　ヨハネによる福音書14章16-7節。
6　使徒言行録19章2-6節。
7　日本の高等教育機関において、最初に視覚障がい者に門戸を開いたのは関西学院であり、最初に神学部学生として入学したのが、日本で最初の盲人伝道者となった熊谷鉄太郎氏（1883-1979年）であった。その後、文学部に、日本ライトハウスを創設した岩橋武夫氏（1898-1954年）、日本点字図書館を創設した本間一夫氏（1915-2003年）等が入学し、いずれもベーツからサポートを受け、大きな精神的影響を受けている。
8　米国メソジスト監督教会の牧師 J. F. ガウチャー（1845-1922年）が、1885年にメリーランド州ボルチモアに設立したボルチモア女子大学は、現在は創立者の名前を冠してガウチャー大学（Goucher College）と名称変更している。また、東京の青山学院の創設は、正確には1874年米国のメソジスト監督教会関係の三つの学校を源流としている。即ち、1874年にドーラ・E・スクーンメーカー宣教師によって麻布に開校された「女子小学校」、1878年にジュリアス・ソーパー宣教師によって築地に開校された「耕教学舎」、そして1879年にロバート・S・マクレイ宣教師によって横浜に開校された「美會神学校」である。ガウチャー宣教師は、初期の段階で多額の財政的な支援をしたことで、青山学院の歴史に深く関わってる。

Column

ベーツ先生と賀川豊彦氏

　関西学院は、米国南メソヂスト監督教会の W. R. ランバス先生によって 1889 年に創立されましたが、その後 1910 年にカナダ・メソヂスト教会が学院の合同経営に参与することによって飛躍的な発展を遂げることになります。その中心的な役割を担われたのが、ベーツ先生です。実は、ベーツ先生がカナダ・メソヂスト教会の宣教師として来日したのは 1902 年であり、最初の 8 年間は主に東京と山梨を中心として宣教活動を担っておられました。東京の拠点は本郷にあるカナダ・メソヂスト教会の中央会堂であり、後に東大新人会の優秀な人材（新明正道氏や松沢兼人氏等）を、また日本の高等教育で初めて視覚がい者の学生（熊谷鉄太郎氏、その後の入学者岩橋武夫氏や本間一夫氏等）を学院に迎えることができたのは、この中央会堂との関わりによるものでした。そこには、ベーツ先生のブロードな社会的関心と人権感覚がうかがえます。ベーツ先生が学院に就任する前年の 12 月に、賀川豊彦氏は神戸の貧困層地域の新川に入って伝道を始めています。原田の森のキャンパスが、新川からさほど遠くない距離にあったので、読書欲旺盛であった賀川氏はよく図書館に通っていたと言われます。そのような関わりから自ずと、賀川氏とベーツ先生との出会いと豊かな交流が生まれたのも必然的であったと言えます。

　賀川氏が、新川に入る契機の一つになったのは、20 代の初めに『ジョン・ウェスレーの信仰日誌』を読んで感銘を受けたと言われています。その後、賀川氏はこのメソジストの創始者ウェスレーの『信仰日誌』を翻訳して出版することになりますが、その原書を翻訳できるように賀川氏に手渡したのが、実はベーツ先生でありました。賀川氏は、ベーツ先生から手渡された原文を読みながら、もう一度ウェスレーの『信仰日誌』を通してイエスの福音をベースとして、社会の様々の貧困や病理を救済するスピリットを新たに学んだものと思われます。ベーツ先生が院長に就任して以降も、賀川氏との交流は続いてゆきますが、例えば、写真にあるように、1922 年 9 月に賀川氏を原田の森のキャンパスに

招いて講演会を開催した際に、ベーツ先生と賀川氏が並んでいます。また上ケ原に移っても、賀川氏は1932年11月には宗教部主催の秋季宗教運動の講師として招かれ、「自然科学と宗教」、「社会科学と宗教」、「精神科学と宗教」という演題で3日間連続の講演を行い、多くの学生たちが

賀川豊彦氏を囲んで
1922(T11)年9月15日撮影

集って盛況だった模様です。さらに、1938年1月には、神学部主催の農村問題講演会に講師として2日間に亘り「農村文化と精神文化」と題して講演を行い、関西学院新聞部の記者インタビューに応じ、彼の多岐にわたる社会活動について述べています。

　もう一つ、ベーツ先生と賀川氏との交流において看過できないのは、賀川氏との40年以上にわたる交流を回顧しつつ、賀川氏のノーベル平和賞の推薦状を書いたことです。既に、賀川氏はノーベル賞の文学賞や平和賞の候補者として推薦されたことがありますが、ベーツ先生は、賀川氏の業績がノーベル平和賞に相応しいと確信して、賀川氏が亡くなる直前までアメリカやカナダの友人たちに手紙を書き送り、賀川氏を推薦できるよう尽力しています。賀川氏の死去により、その実を結ぶことができませんでしたが、ベーツ先生は最後まで賀川氏の働きを評価し続けたと言えます。賀川氏をどのように評価していたかについて、1960年に賀川氏が逝去した翌年の1月、ベーツ先生は『毎日英字新聞』に2回にわたって、その生涯と業績について執筆した、そのタイトル「私が知る最もチャレンジ精神に富む人物」がよく表わしています。その中でベーツ先生は、社会運動家あるいは平和主義者として賀川氏を高く評価し、現代世界で最も影響力のあるキリスト者として、ガンディやシュバイツァーに匹敵する人物である、と語っているのです。

（神田健次）

第3部　原文

Part 3 Original Texts

1 "REMINISCENCES OF KWANSEI GAKUIN FORTY YEARS AGO AND SINCE"
『関西学院六十年史』(*Sixty Years' History of Kwansei Gakuin*), Oct. 29, 1949, pp. 3-9.
Japanese translation, pp. 14-22 in this book.

2 "These Sixty Years in the Ministry "
『関西学院七十年史』(*Seventy Years' History of Kwansei Gakuin*), Oct. 30, 1959, pp. 558-576.
Japanese translation, pp. 22-36 in this book.

3 "OUR COLLEGE MOTTO, 'MASTERY FOR SERVICE'"
関西学院商科会会報『商光』(*Shoko: Bulletin of Kwansei Gakuin Commercial Club*), No. 1, Feb. 1915, pp. 3-5.
Japanese translation, pp. 54-56 in this book.

4 "FROM MY OFFICE WINDOW"
『関西学院学生会時報』(*Kwansei Gakuin Newspaper*), Vol. 1, No. 2, June 28, 1922, p. 1.
Japanese translation, pp. 56-58 in this book.

5 "THE MISSION OF K. G. UNIVERSITY"
『関西学院新聞』大学昇格祝賀号 (*Kwansei Gakuin Newspaper*, Celebration Issue Marking the Change to University Status), Dec. 20, 1932, p. 4.
Japanese translation, pp. 58-59 in this book.

6 "UNDERSTANDING JAPAN"
Radio speech for CBS on Aug. 22, 1941.
Japanese translation, pp. 69-74 in this book.

1 REMINISCENCES OF KWANSEI GAKUIN FORTY YEARS AGO AND SINCE

It was in the year 1908 that I first became aware of Kwansei Gakuin. We were in Karuizawa that summer and Professor and Mrs. Matthews were there. One afternoon Mr. Matthews came over to call and to talk with us about the possibility of our Canadian Methodist Mission joining in the work of Kwansei Gakuin. At that time nothing was further from our thought as the work of our mission was entirely in Central Japan, and at that time we were considering the reopening of our middle school work and cooperating with the Theological School of Aoyama Gakuin.

But in 1908, in response to and invitation from the Southern Methodist Mission Board, our Canadian Board of Missions decided to unite with the Southern and Japan Methodist Churches in educational work in Kwansei Gakuin in its old home on the eastern outskirts of the City of Kobe; and I was appointed as the first representative of our Canadian Church and Mission in that work.

That was an honour and privilege that opened up to me an opportunity for work and fellowship that is a great joy to remember. Mrs. Bates and I arrived at K. G. in September of 1910, with our two older children Lever and Lulu. We were most cordially welcomed and entertained by Dr. and Mrs. Haden until we were able to move into the house at the north-west corner of the Campus. At that time there were three missionaries homes and four Japanese professors homes on the grounds. Dr. Yoshioka, then President, and Professors Matsumoto, Sogi, Yoshizaki and their families lived in them. Dr. and Mrs. Haden were in the middle house on the north side of the residence campus. The other two missionary homes were vacant as both the Newtons and the Matthews were on furlough. Dr. and Mrs. D. R. McKenzie moved into the house on the east side. They remained at Kwansei Gakuin only one year, then they moved to Tokyo. I recall these names with reverence as so few of them are with us today.

Kwansei Gakuin was a very different place then from what it became later. Situated on the eastern edge of Kobe it seemed to be quite out in the country in 1910. We had to walk for about fifteen minutes to get the street car. There were four school buildings on the grounds, the two little old wood and plaster buildings that were erected when the school was opened in 1889, and that had of recent years been used as dormitories. The Academy, Theological School and Library were housed in the large three-storey frame building at the south, and the neat brick chapel stood near the west entrance.

The loveliest feature of the grounds was the grove of beautiful pine trees on the east side that surrounded the village shrine. To our great regret, a few years later the pine trees were largely destroyed by a plague of grass hoppers. At that time Dr. Yoshioka was President of Kwansei Gakuin. Dr. Haden had just taken Dr. Newton's place as Principal of the Theological School and Dr. Hager was Principal of the Middle School. He lived in Kobe and used to ride out to K. G. in a jinrikisha every day. Prof. Matthews was Librarian and Mr. Nagatani was Bursar. I always remember the beautiful view from the library in the third storey of the main building. It looked out over the fields and the bay. The view to the north looking towards Maya-San and the range of mountains was very lovely. Old Kwansei had one of the most beautiful college sites in the world.

The development that followed was very rapid. I went to Kwansei Gakuin to teach in the Theological School, and took over Dr. Newton's class in Systematic Theology. Among my first students were Dr. Takuo Matsumoto who is now Principal of Hiroshima Girls School and Dean Matsushita of the same institution who was Dean of Kwansei Gakuin Theological School prior to the war. It is a great joy to me to remember that such splendid Christian Scholars were among my first students. Many other names are enshrined in my memory of the students of those early days who have become leaders in the intellectual and spiritual life of Japan – too many for me to mention at this time.

The next year I was appointed Dean of the proposed College of Literature and Commerce; and during the year Professor Matthews and I with the help of Dr. Yoshioka and others worked out the plans for the Organization and Courses of study of the College. And during that year a new building was erected for the use of the Theological School. Bishop Honda and the Hon. S. Ebara helped us to present the application for the recognition of the College to the Government. At that time the Vice Minister of Education, Mr. Fukuhara, was a former student of Azabu Middle School of which Mr. Ebara was principal. That helped us greatly.

The College was opened in April 1912 with about 40 students in the Commercial course and 4 in the Literary. Twelve of these graduated from the Commercial Course four years later among whom were Prof. Y. Kodera, Mr. E. Shiraishi and Mr. S. Ishimoto. Prof. Harano was one of the first literary students. We owe much to the first College teachers among whom were [sic] the late Prof. Murakami. He was very zealous for the dignity and standards of the Literary College and his interest in and devotion to that work must not be forgotten. Profs. Kimura, Sato,

Kishinami, Sogi, Matsumoto, Ishida and others helped us greatly in the foundation laying of College education. The staff was greatly strengthened by the addition of the late Drs. Armstrong and Woodsworth who became Deans of the College in turn.

On account of ill health, Dr. Yoshioka retired from the Presidency of Kwansei Gakuin and was succeeded for a time by Dr. Newton whose place was taken by Dr. Haden as Dean of the Theological School. Meanwhile the school continued to grow. The Campus was greatly enlarged by the addition of several thousand tsubo to the east until the whole area comprised about twenty five acres (30,000 tsubo). New buildings were erected for class rooms and for residences for both teachers and students. A new middle school building with a fine athletic field graced the eastern half of the grounds and the main building in the Old Campus was given over to the College. Mr. T. Nishikawa was the Principal of the Middle School, Dr. Yoshioka, President, Dr. Newton, Dean of the Theological School, and I, Dean of the College when the School was honoured by a visit from Marquis Okuma. This was arranged by the Hon. Ryutaro Nagai who was one of the early students of K. G. Academy and who later for many years was a director of Kwansei Gakuin and always a loyal friend.

As the Auditorium of the Middle School was our largest hall at that time, Marquis Okuma was received in that building and addressed our teachers and students there. Among other distinguished speakers heard there were Mr. Nagai and Mr. Kurushima both former students and among Japan's most eloquent orators. One of the early experiences that are vivid in my memory was the visit of Mr. Kosaku Yamada at the time of his return from Germany where he had been studying music for several years. He was another of the old K. G. students who by superior talent and industry, gained nation-wide reputation.

1 REMINISCENCES OF KWANSEI GAKUIN FORTY YEARS AGO AND SINCE

In the organization of the College and the outlining of its Courses of Study, one of our chief aims was to stimulate self government and the spirit of personal responsibility among our students. With that in view we organized the Students' Union on that basis with all the officers elected from among and by the students. And as I look back upon my life in Kwansei Gakuin I feel that our Self-governing Students' Union was a great success and a great help in the administration of the College. Another of the students' organizations which gave great pleasure and brought honour to K. G. was the Glee Club and kindred musical societies. The motto of the College "Mastery for Service" and the watch words "Character and Efficiency" were inspiring ideals.

In 1917, we left Kwansei Gakuin expecting to spend the rest of our lives at the Central Tabernacle in Tokyo. But in 1920, the Board of Directors did me the great honour of choosing me to be the successor of Dr. Yoshioka and Dr. Newton in the office of President. May I take this opportunity to express my sincere appreciation of the character, the devotion, and the kindness of those two men of God to whom our school owes so much. Their memory will be forever associated with the institution in which they spent most of their lives and which they did so much to guide in the way of Christ and truth and righteousness and God.

The next nine years saw increased development in K. G. in all departments. Dr. Haden in the Theological School, Dr. Woodsworth in the Literary College, Mr. Kanzaki in the Commercial College, and Mr. Tanaka in the Academy carried on the work to ever higher heights of achievement. New buildings were erected and Kwansei Gakuin became a center of cultural activity that attracted large numbers of people from Kobe and the vicinity. Our new auditorium was the largest and best available for concerts and other large assemblies and we had the privilege of listening to such great figures as General Bramwell Booth of the Salvation Army and such great musicians as Godowski and Kovaloff.

The memory of our life in Old Kwansei on the outskirts of Kobe, is very precious. Our personal fellowship among those who resided on the Campus; Japanese, Americans, and Canadians was most happy. The Jones, Cragg, Outerbridge, Whiting, Ogburn, Woodsworth, Matthews, Mickle, Hilburn and Bates families grew up together around the residence campus there. At one time there were twenty two children of missionaries on the grounds. They are now men and women grown, many of them occupying important positions in the Christian Ministry, the Medical and teaching professions and other spheres of useful life.

In 1929, the great change came when Kwansei Gakuin was moved from its old site to the new and larger premises in Nishinomiya. That event was not without deep regrets for we loved the old place. Nonetheless the move made possible larger activity and usefulness. We owe lasting gratitude to Messrs. Kikuchi, Outerbridge, Woodsworth and Kawabata for planning and promoting the sale of the old place and the purchase of the new and to President Kobayashi of the Hankyu Electric Railway and our own Dean Kanzaki as he was then, now President of Kwansei Gakuin.

The move to Nishinomiya made possible the promotion of K. G. to University standing and the erection of our beautiful buildings by the Takenaka Construction Company. The ten years that we had in the new place were years of increased growth in many ways, until the unhappy outbreak of war put an end to our many years of fruitful fellowship. I shall let someone else tell the story of what follows. As I look back on it all I think "What a wonderful time it was!" When I went to K. G. in 1910, there were 300 students. When I left there on the last day of 1940, there were over 3,000. And it gives me great joy to remember that there are over 6,000 graduates who have my name on their graduation diploma. I think of those young men – now not so young it may be – with deep and tender affection. May God bless them all and may the Spirit of Jesus Christ be their inspiration and guide.

The memory of our leaving Kobe at 7 p.m., Dec. 30th, 1940, is very vivid as the boat sailed out into the darkness and as the hundreds of teachers and students standing on the dock called out, "Bates Sensei, Sayonara. Mata irasshai [Come back]." How I wish I could return but circumstances beyond my control have prevented it so far, and it may be forever. But memory holds the door, and greatly treasured incidents of all the years together pass in and out. I rejoice in the new day that has dawned on Japan and on Kwansei Gakuin and pray God's richest blessing on all the teachers, students, and graduates and their families.

C. J. L. Bates

Kwansei Gakuin Board of Directors, Nov, 28, 1928.

2   These Sixty Years in the Ministry

by

C. J. L. Bates

Lesson: Matthew 6, 25-34.

Text: Isaiah 26, 3-4.

"Thou wilt keep him in perfect peace whose mind is stayed on Thee, because he trusteth in Thee. Trust ye in the Lord forever for in the Lord Jehovah is everlasting strength."

These inspiring words have been a comfort and source of strength to me many times. When it has been hard to get to sleep, when discouraged by weakness and almost ready to give up, when waiting for the nurse to take one to the operating room, these words have allayed anxiety and fear. When watching by the bedside of loved ones, when called to bring comfort to those worried by pain, bereavement and sorrow, the message of these words has never failed. "Thou wilt keep him in perfect peace whose mind is stayed on Thee, because he trusteth in Thee. Trust ye in the Lord forever for the Lord God is an everlasting rock."

This year has been a hard year for me but it has had glorious compensations. The kindness and help of friends and loved ones, the skill and faithfulness of doctors and nurses, the wonder of returning health, the memories of experiences of four score years, especially of Christian parents, of home and school and the privilege of service in the Church and mission field and, over all, the consciousness of the constant presence of the Divine Companion-these things in the midst of weakness and suffering have enriched my life and made this year every[sic] much worth while.

On the 12th of May last I was to have gone to Ottawa to celebrate the sixtieth anniversary of my entry into the Christian ministry. But illness made that impossible. Nothing, however, can cancel the fact or remove the memory of these sixty years. "These sixty years." What a wonderful time it has been! In these years we have passed from the horse and buggy age to that of the airplane and the exploration of outer space. In these years science and technology have made more progress than in all the previous years of human history. Fifty-five years ago it took Mrs. Bates and me two weeks to cross the Pacific. Now that men mount up with wings as eagles that is done in less than one day.

These have been wonderful years but they have been terrible years for, despite men's progress in scientific knowledge, he has not yet learned how to live in peace with his fellow men. Knowledge is power but only Wisdom is liberty. Only through the exercise of good will among men may lasting peace be realized.

During these years with but brief breathing spells the world has been almost constantly at war, hot or cold. Canada has participated in three wars within these sixty years and, but a few weeks ago on Remembrance Day, we united with our Queen in grateful remembrance of the sacrifice of 100,000 men who died in battle that we might live in freedom. But through these years of terror Canada has passed from colony to nation, has won a place of influence in international affairs and has led the way in the peaceful transformation of the British Empire into the Common-wealth of Nations. And in the world at large still more significant has been the upsurge of nationalism and the repudiation of imperialism and colonialism by the so- called coloured peoples of Asia and Africa. The enlistment of soldiers from the colonial possessions in those great continents in the French and British armies and their participation in two world wars has made their people aware of the more desirable conditions of life among the peoples of Europe and America and has aroused in them a desire and demand to be allowed to share in the more abundant life of the western nations. 'This has led to the emancipation and independence of the Philippines, the East Indies, Indo China, Malaya, Burma, India, Pakistan and Ceylon in Asia and Ghana in Africa with more to follow.

And during these turbulent years of destruction and reconstruction the changes in political systems in many countries have inspired both hope and fear among the peoples of the world, hope for those who have been oppressed and fear in the hearts of those who have been in possession of the world's wealth and privileges hitherto. In these years aristocracy and monarchy have been well nigh destroyed and strange dictatorships have arisen under the assumed name of "People's Democracies". The world has been divided into three great groups known as Communist, free and neutral and the conflict is still on and the issue undecided.

It has been a great time to be alive and to have participated in the developments of our country, of our Church and of the world. My early home was in the village of L'Orignal on the south shore of the Ottawa river sixty miles east of Ottawa city and midway between Ottawa and Montreal. That section of Eastern Ontario has through these years become increasingly French speaking. In L'Orignal in my boyhood days we had one large French Roman Catholic Church and three small Protestant Churches and it was our frequent custom to attend the Presbyterian Church Sunday morning, the Anglican Vespers in the afternoon and the Methodist in the evening. I thought of these three churches as the house of prayer, the house of worship and the house of praise. These various elements in the services were found in all three but the emphasis differentiated them to a recognizable degree. The experience of acquaintance with these three different churches was an excellent preparation for my life work. Our relationships with the various elements that made up our village community were very happy. We had our differences and each of us thought his own culture and language and church best, but the spirit of toleration, good will and mutual respect enabled us to solve our problems amicably. When we were building our little Methodist Church, we received help from everybody, even the Roman Catholic priest. Some of our ladies went to Father Be rube for a contribution and he said, "Oh, I can't give you anything to build a Protestant Church, but I can give you something to take down the old building on the lot." And, with a hearty laugh he handed them four dollars.

In 1894 I entered McGill University in Montreal. That was a time of new and upsetting ideas. The doctrine of evolution had just reached the New World and the venerable Sir William Dawson, who had just retired from the principal ship of McGill, feared it and was loathe to accept it. He was a great scientist, a geologist, and a devout Christian. Another new idea then was Biblical Criticism which had already found acceptance in the Scottish Universities but was not yet understood in Canada. Queen's University in Kingston was the first Canadian institution of learning in which these new ideas found favour. Many devout people feared that foundations of Christian faith were being undermined. But what was new then has become commonplace now and the Church is stronger than ever and the Bible is more widely distributed throughout the world than ever before, for other movements were at work which counteracted the unsettling influence of new undigested scientinc ideas. Prominent among these were the evangelistic activities of Moody and Sankey and the Student Volunteer and Laymen's Movements for Missions under the inspired leadership of Dr. John R. Mott, Robert E. Speer and our own Dr. F. C. Stephenson. These and other movements did much to awaken the Church to its world wide opportunity and responsibility and to stimulate it to high endeavour in carrying out our Lord's command to go into all the world and preach the Gospel.

In May of 1897 I was received as a candidate-we called it "probationer" then—for the Christian Ministry by the Ottawa District—we now say Presbytery—of the Methodist Church and was sent to Blind River, the farthest west point in the Montreal Conference and one of the weakest and least developed charges in the Church. There was as much uranium there then as now but no one knew anything about it. Blind River was then a lumbering centre with a total population of about 250, made up of English, French, Indian and mixed bloods. We had no Church building so used the little one room school house and had a congregation of some forty every Sunday evening. Blind River was, however, a place to begin in and many interesting memories remain of the year spent in what many regarded as the jumping off place in the Church. One such memory is of my first funeral which was of the young wife of an English immigrant farmer. She died in childbirth. The simple pine coffin made from a freshly sawn log was carried on a one horse farm wagon[sic] to a little cemetery where there were some Indian graves. It was evening, the sun was setting and the cowbells in an adjoining field tolled the knell of parting day. Sixty years have not obliterated the scene but have softened its pathos with beauty.

The next year I was sent to Portsmouth, a suburb of Kingston, where I remained as student minister of the Methodist Church for three years. Our Church there is situated near the Rockwood Mental Hospital and not far from the Kingston Penitentiary. Members of the staffs of those institutions attended the Church and indeed a few patients from the hospital. One Sunday I preached in the Penitentiary at the invitation of Chaplain Cartwright whom the convicts nicknamed Holy Joe. There were about 300 men present with armed guards in a Chapel that had been beautifully decorated with life-size religious pictures painted on the walls by one of the prisoners. At one side of the Chancel there was a large open window through which the preacher could look into a smaller room where there were some thirty women prisoners. It seemed that the women were just one-tenth as bad as the men sixty years ago. I doubt that the ratio has changed much since then.

My contact with these two institutions of correction and healing gave me an insight into the problems of mental illness and crime that could not have been easily acquired in any other way. But the greatest privilege of my three years at Portsmouth was the opportunity of attending Queen's University. Principal Grant was the inspiring leader of a staff of scholars who were unsurpassed anywhere. Among them was Professor John Watson in Philosophy who was recognized as one of the leading exponents of Idealism in his day. It was a rare privilege to study under his guidance. The discipline we received through the study of Greek, German and British philosophy in the original texts laid the foundation of careful research into the grounds of conviction of the dependability of knowledge and religious faith. I have never forgotten Dr. Watson's insistence that "a rational faith in God is at the basis of morality." That is a lesson that we need to relearn today. Vital religion must express itself in the good life and true and secure morality must have as its motivating power faith in a living and holy god.

In the summer of 1901 I was appointed to Dorchester Street Methodist Church, Montreal, and in order to be able to take full charge of that work was ordained in November of that year by Dr. S. P. Rose in Dominion Church, Ottawa. That service is one of the high lights in my memory. Dr. Rose was a man of the finest Christian culture and scholarship. He used as the basis of his sermon the 13th Chapter of first Corinthians and he said, "Let us substitute the word 'minister' for 'charity' and read, "The minister suffereth long and is kind; the minister envieth not, the minister vaunteth not himself, is not puffed up". It was a good lesson for me so early in my ministry. How important it is for us ministers to learn to set aside all personal ambition and pride—

"When I survey the wondrous Cross
On which the Prince of Glory died,
My richest gain I count but loss
And pour contempt on all my pride."

That year gave me the opportunity of learning something about the conditions of life in the poorer sections of our Canadian cities. I had not known that such poverty and squalor existed in Canada. It was a humbling lesson to learn before going to Japan as a missionary. The great English historian of our day, Professor Arnold Toynbee, in his book entitled "An Historian's Approach to Religion" speaks of the religious view of History as characterized by challenges and responses which determine the direction and quality of our religious and moral life. The year 1902 presented me with the greatest challenge that had so far sought a response in my life. In January of that year Dr. F. C. Stephenson visited the Wesleyan Theological College in Montreal which I was then attending. He was then promoting the Young People's Forward Movement for Missions. One day he said to me, "Bates, are you going to the Student Volunteer Convention in Toronto next month?" I answer, "No." "Why not?" he asked. "Because I have neither the time nor the money." Then he said, "As far as the time is concerned there is nothing better that you could do with it, and so far as the money is concerned, take this" and he put his hand in his pocket and pulled out ten dollars, "take this to help pay your expenses and come to our house."

That was the first challenge. The next came at the Convention when Dr. John R. Mott read a telegram from China which said, "North China calls. Fill up the gaps." That referred to the Boxer rebellion when 250 missionaries and thousands of Chinese Christians were killed. Then in the words that the young prophet, Isaiah, heard in the temple he challenged that great audience in Massey Hall, "Whom shall I send and who will go for us?" And 300 young men and women responded in the spirit of Isaiah's words of surrender and dedication, "Here am I, send me." That was the first time that I had heard the hymn,

"The Son of God goes forth to war

A kingly crown to gain,

His blood red banner streams after.

Who follows in His train?"

It was an inspiring challenge.

A few weeks later I was appointed to go to China which appointment was soon changed to Japan. Another challenge followed when a few days later I wrote to the young woman who had consented to become my wife and told her what I had done. And her response was "I shall go with you. There is nothing I would prefer to do".

So on August 6th, 1902, we were married in Morris burg, Ontario, where her father was the minister of the Methodist Church, and a few weeks later we were on our way west towards Japan. We stopped in Winnipeg to visit the General Conference of the Methodist Church which was then in session. That was the occasion of another momentous challenge when Principal Patrick of the Presbyterian College proposed that the General Conference should invite the other Protestant Churches to appoint committees to consider the question of Church union. The challenge was accepted and the movement which culminated in the formation of the United Church of Canada twenty-three years later in 1925 was inaugurated. That was a great day in the history of the Christian Church, for the movement released at that time has been one of 'the most liberating influences that has taken place since the Reformation four hundred years ago. That it has been a success is evidenced by the fact that not a single local church has withdrawn from the United Church since union 32 years ago and also that there has never been a division along old denominational lines in the Church courts. Also in various countries similar unions have taken place as in India, China, Japan and Africa and others are under consideration at the present time.

It is true that some of us older folks sometimes feel a sense of loss of some of the special disciplines of our former denominations, Methodist, Presbyterian or Congregational. But that is outweighed by enrichment of faith and fellowship that we now enjoy. We have a great Church, great in opportunity, great in responsibility, great in resources. But these things constitute another challenge. Are we equal to our task? We have dangers to face. The danger of failing to measure up to our responsibilities, the danger of complacency and self satisfaction and spiritual pride. We must bear in mind St. Paul's admonition to the Church in Corinth, "What have you that you have not received?" We are debtors—debtors to those who have gone before us and above all debtors to Him who paid the price of our salvation with His blood.

At the Winnipeg Conference we met our first Japanese acquaintance, Rev. Dr. Y. Hiraiwa, who had just become the first Japanese president of the Japan Mission Conference of our Church. Previously that position had been held by one of our missionaries. He gave us our first lesson in the Japanese language.

From Winnipeg we travelled westward to Vancouver and shortly after embarked on the old Empress of India for Japan. How different sea travel was then from now. As soon as we were out of sight of land we were cut off from everything but the sea and the ship. There was no wireless communication to keep us in touch with the land or informed of world news. There was no radar to peer through the darkness and warn of danger. We were at the mercy of wind and wave except for the buoyancy of the ship and the skill of oncers and crew. That was a tempestuous voyage. I still remember when the engines stopped and the ship hove to in the middle of the broad Pacific on account of the severity of the storm. It was a disturbing experience to the peace of mind of the uninitiated landlubber. A pleasanter memory is of the Sunday morning service conducted by the Captain in the digniaed form of the Book of Common Prayer when we sang the hymn used for travellers at sea that is regularly sung at every morning service on ships of British registry.

"Eternal Father, strong to save
Whose arm hath bound the restless wave
Who bidd'st the mighty ocean deep
Its own appointed limits keep.
O hear us when we cry to Thee
For those in peril on the sea."

Our good ship weathered the storm and in due time we came in sight of the lights along the shores of Japan, a thrilling sight after two long monotonous weeks at sea.

That was a fortunate time for us to arrive in Japan, vastly different from the time when our first missionaries arrived there in 1873. The pioneering work had been done. Others had laboured and we entered into their labour. The Japanese Church was established and was taking over the authority and, in so far as it was able, the responsibility of Christian work in their own country. Most fortunately for us the first generation Christians were for the most part still living. Among them has been my good friend, Dr. Toyohiko Kagawa who is known throughout the world wide Christian Church as one of the most dedicated and influential Christians of the Twentieth Century. To have known him is to have felt the impact of the Spirit of Christ and to be challenged to more devoted and sacrificial service. They were wonderful people, men and women who had literally left all to follow Christ. There were able Christian leaders in all walks of life, in the Christian ministry, in politics, in education, in business and in professional life. Though they were few in number, their influence was great. It was a privilege to know them. Their sons and daughters are now the Christian leaders in the nation.

But the mass of the people, especially in the rural areas, was untouched by Christianity and indeed still is. Consequently the Japanese Church welcomed the missionaries from America and Britain who came as co-workers and brethren in Christ recognizing that they alone were too few and their strength still unequal to the task of evangelizing many millions of their people and they still do. In other ways also it was a pleasant time to reach Japan. The Anglo-Japanese alliance had just been formed and everything British and American was in favour. It was a time of change and progress in every direction. There were no electric street cars in Tokyo when we arrived in 1902. But they were installed the next year. The means of transportation was either "jinrikisha" or bicycle or, for the favoured few who could afford it, the horse drawn carriage. The automobile was still in the future. We reached Japan two years before the Russo-Japanese war and were there through most of the first world war and until the imminence of the second world war forced us to leave on the last day of 1940. We saw the growth of military power and with it undue national ambition and pride, to our great disappointment and sorrow. Japan's needs were pressing on account of her increasing population and limited resources and evoked the sympathy of all who understood her circumstances, but the patience of her political and military leaders was insufficient and her success became the occasion of her downfall. I said to a Japanese Christian since the war and the humiliating defeat of Japan, "What a pity that Japan did not stay out of this war. If she had she would have kept everything that she has lost." And he answered, "But what use would that have been? God knows best. We're going to make a better Japan."

Our first term of seven years was spent in Tokyo and the city of Kofu in central Japan. In both places my work lay for the most part among students. Every Christmas I receive a card or letter from a man who was in my English Bible Class in Tokyo over fifty years ago as well as many others of later date. This continuance of personal affection and loyalty is our greatest reward.

After our first furlough in 1909-10 we went to Kobe in West Japan to join the staff of Kwansei Gakuin College. There we remained for most of the thirty years following. There were 300 students in the School when we went there in 1910 and over 3000 when we left 30 years later. Now there are over 9000 and the College is recognized to be one of the most influential in Japan, and one that has been faithful to the Christian principles upon which it was founded in 1889 by the Southern

Methodist Church. It is a great joy to me that several of my students of 45 years ago and since are now the leaders in that important work. Over 7000 young men, graduates of Kwansei Gakuin, have my name on their graduation diplomas. Many of them write from time to time and thus help to preserve the intimate relation of respect and affection that exists between students and teachers in the Orient.

During our first 25 years in Japan we enjoyed excellent health but in 1927 I was stricken with pernicious anaemia and Mrs. Bates brought me to Toronto on what many thought was my last trip. But in the good providence of God I was able to return to Japan five months later. Many memories recall the experiences of those anxious days. The day before we left Japan two elect ladies whom we had known from our first days in Japan, mother and daughter, came to say goodbye. They knelt beside my bed and the mother, Mrs. Kosugi, took my hand and prayed most fervently for my recovery. Then she stood up and, looking into my eyes, said in a loud voice, "Naorimasu, naorimasu, naoru" (You will recover, you will recover, you shall certainly recover). Those words rang in my ears all across the ocean and Canada until I did recover and they still do. It was my solemn privilege to speak at her funeral a few years later. Her daughter was killed in an air raid shelter in her own garden in 1945.

Other illnesses befell us both in Japan and in Canada but always we have been sustained by the effectual fervent prayers of Christian friends and their prayers on our behalf have been abundantly answered. Our daughter and three sons were born in Japan and are all engaged in the work of the Church, though in different denominations. Sometimes I think that my early experience in the village of L'Orignal is being repeated in my children.

Two of the Moderators of the United Church of Christ in Japan have visited us in Toronto, one formerly a Methodist, the other a former Congregationalist. The Japanese Church is in worthy hands and deserves our fullest confidence and support. There are over 560,000 members of all Christian Churches, Protestant and Roman Catholic and Eastern Orthodox. Over 320,000 belong to the various Protestant Churches and over 50 % of these are members of the United Church. We thank God for the Church in Japan but the population of Japan is now over 90,000,000 so the task of evangelization is very great and challenges our co-operation. We rejoice in the fact that our Overseas Board and W. M. S. have responded to the call and that we again have over 50 missionaries at work in Japan. Our only regret is that we cannot be there ourselves.

Thanks to a generous donation by Armand de Mestral, a Laceleaf Japanese maple was planted in the backyard of C. J. L. Bates's former residence on November 3, 2002 to mark the centennial anniversary of his arrival in Japan.

But these seventeen years since our return to Canada have afforded opportunities for service and fellowship that we had not dreamed of, in Regina, in many places in Ontario and Quebec, in Belle fair Church in Toronto and most of all in Royal York Road Church to whose ministers and members we owe and feel a deeper debt of obligation than we can ever repay.

The service of the Lord Jesus Christ is the most rewarding in the world. If it were possible to live our lives over again we could ask for nothing better than the privilege of spending them on some mission field as witnesses for Him who loved us and gave Himself for us.

3 OUR COLLEGE MOTTO,
"MASTERY FOR SERVICE"

DEAN C. J. L. BATES, M.A.

Human nature has two sides, one individual and private, the other public and social. There is a life which each man must live alone, into which no one else can enter. That is his personal individual life. But a man's life is more than that. It has another side, which it shares with other men. And it is our duty and privilege to keep before our minds these two sides of our nature. There is an ideal of life corresponding to each side. One is self-culture, the other, self-sacrifice. These ideals are not contradictory, however but complementary. Neither is complete by itself, nor independent of the other. Self-culture pursued for its own sake produces selfishness. Self-sacrifice as the only rule of life leads to weakness. But self-culture as a basis for self-sacrifice is not only justifiable, but necessary. And self-sacrifice on such a basis is truly effective.

Now these two phases of our nature are implied in our college motto "Mastery for Service." We do not desire to be weaklings. We aim to be strong, to be masters – masters of knowledge, masters of opportunity, masters of ourselves, our desires, our ambitions, our appetites, our possessions. We will not be slaves whether to others, to circumstances, or to our own passions. But the purpose of our mastery must be not our own individual enrichment, but social service. We aim to become servants of humanity in a large sense. In England the officials are called civil servants, and the highest officials Ministers of State. That implies a true conception of the nature of the work of an official. His duty is not to command, but to serve. In fact, a man is great only to the extent to which he renders service to society.

This then is our college ideal, to become strong, effective men, not weak incompetents; men who will be recognized as masters. But having become masters we desire not to inflate, and enrich ourselves for our own sake, but to render some useful service to humanity in order that the world may be better for our having lived in it.

Our ideal business man is neither a gambler nor a miser; but a man who succeeds because he is a master, a man who understands the fundamental principles of business, who knows what to do, and who by industry and honesty is able to succeed where other men might fail – a man whose object in life is not merely to increase his credit balance in the bank, but to use his financial power to improve the condition of society; - a man who has public spirit, and a keen sense of social duty. Such a man will be revered by his employees, and respected by his customers.

Our ideal of the scholar is not a kind of intellectual sponge that always takes in, but never gives out until it is squeezed; but it is a man who loves to acquire knowledge not for its own sake, much less for the sake of his own fame, but whose desire for knowledge is a desire to equip himself to render better service to humanity.

It is said that on the monument of a certain man there were cut the words "Born a man and died a carpenter." We desire no such fate. For such an end is failure. Nor would it be any greater success if it were written "Born a man and died a merchant" – or "a millionaire" – or "a politician." To be a man, a master man and at the same time a true servant of humanity is our ideal.

第3部　原文

4 FROM MY OFFICE WINDOW

C. J. L. BATES

From my office window, I look down the winding road that leads from the heart of Kwansei Gakuin to the entrance, and I can see almost to the gate. I see the Business office, the Commercial College, a corner of the Chapel, and the rear entrance to the Theological School.

And along the winding road come every morning hundreds of boys and young men, Middle School students, College students, the hope of Japan and mingled with them passing on their way to the Canadian Academy are a few foreign boys and girls, many of them B. I. J.'s "born in Japan." They are British and American for the most part, children of missionaries and business men on that outer fringe of Anglo Saxon civilization that has in this last one hundred years pressed out into the uttermost parts of the whole world.

Truly this Kwansei Gakuin is a cosmopolitan place, an international center. It is a privilege to live, a privilege to teach here, a privilege, I believe, to study here; if our eyes and hearts and minds are open.

And just in front of my window is the old shrine grove, a center of Shinto worship, they say, for three hundred years. It is a beautiful heaven of rest and quiet. But the fine old pines are dying. They say that the city is killing them with its polluted atmosphere, with its smoke, and noise that frighten away the birds and let the insects, that destroy the trees, prey upon the fine old giants. New trees are growing up, however. Life is manifest. And around the old buildings of the shrine are rising the new buildings of Kwansei Gakuin. It is a parable of the old and the new.

And looking to the east of the shrine grove I can see the students shooting on the archery range. What a fine old Japanese sport is archery, clean, upstanding, requiring clearness of vision, self-control, steadiness of nerve, strength of arm. It teaches young men to take steady aim to hold themselves erect, and to shoot against. It is, I think, one of the best of the old Japanese sports, one that is well worth keeping and encouraging. We ought to keep and encourage the best of the ancient life. Japan is a nation with a past, an interesting past, a great past. Let us never forget the greatness, the achievements of our ancestors in our spirit of progress.

And in the distance as I look out from my office window, I catch glimpses of the city, of the steel works, of the harbour, and of the great sea beyond.

The old and the new, the practical and the ideal, the bad and the good, the dying and the living, and Kwansei Gakuin in the center of it all.

Fellow students, let us make Kwansei Gakuin a center of life, and light and power. We can do it if we will.

C. J. L. Bates in the brand new president's office on Harada-no-Mori Campus, 1922.

5 THE MISSION OF K.G. UNIVERSITY

C. J. L. BATES

The year 1932 will ever be remembered among Kwansei-Gakuin folks as the year in which the Imperial Government of Japan granted permission for the opening of University work in our Alma Ma'ter.

For many years we have been hoping and praying and planning for this end.

It has seemed to us to be the inevitable destiny of our School. First in the Middle School, then in the College for twenty years in each period the foundations were laid and the fundamental principles of education in Kwansei Gakuin determined.

Now we feel prepared to take the next step in the development of our School and "launch out into the deep." We realize the seriousness of this step. It is no easy matter to establish and carry on a University and we will need the sincere and hearty cooperation of all students and teachers, graduates and friends to realize our purpose and accomplish our Mission.

For Kwansei Gakuin is a Mission School in two Tenses. Firstly it is a Mission School because it was founded by a Mission and secondly it is a Mission School because it is a School with a Mission. We must never be content to think of Kwansei Gakuin as simply "one more school" nor of Kwansei Gakuin University as "just another University." It is not enough to make our University simply an institution of learning. It must be a centre of education in the deepest meaning of the term.

The English word "Education" comes from two Latin words "e" or "ex" which means "out of" and "duco" which means "to lead." Education in this sense means to lead out the natural qualities in the student to stimulate the student to think and to express himself, to develop initiative, self-reliance and self-control, not simply to train in certain ways of efficiency.

Our Mission is to make men, men of pure hearts, men of strength of character, men of quickened insight, of fidelity to truth and duty, Men of sincere loyalty and unswerving faithfulness, Men of magnanimity.

That is the word that I would like to set before ourselves as our ideal, "Magnanimity" which means greatness of Soul. This is the ideal student and graduate of Kwansei Gakuin, and to produce such men is the great Mission of Kwansei Gakuin University.

By fulfilling this mission we shall best serve Society, Japan, the world, and God.

C. J. L. Bates, the fourth president (1920-40) of Kwansei Gakuin became the first university president in 1932.

第3部　原文

6 UNDERSTANDING JAPAN

One of the essential conditions of living together as good neighbours, whether as individuals or as nations, is that we should try to understand and appreciate one another. Neighbours ought to be friends, but too often they become enemies. And the tragic fact is that so great a gulf of misunderstanding has come to exist between the Empire of Japan and her neighbours around the Pacific that the danger is imminent that beneficent ocean may be turned into a turbulent sea of blood.

We are apt to condemn Japan unreasonably and without discrimination. The fact that Japan is now an ally of Fascist Italy and Nazi Germany, is sufficient reason in the minds of many to condemn her to a fate similar to that which awaits those unhappy nations. But we must not overlook another fact – that is that there are many Japanese who regret this unnatural alliance. Its conclusion a year ago was by many felt to be an act of desperation, brought about by the fall of the democratic nations of Europe culminating in the collapse of France, and by the expectation that Britain would suffer the same fate in September of last year. That she did not do so then nor since has been a surprise to most Japanese, a disappointment to some but a cause of rejoicing to others.

The tragic and pathetic fact is that Japan made the wrong choice and threw in her lot with the nations that she judged would be victorious, but that are surely doomed to defeat. Many Japanese saw the mistake but they were powerless to prevent it.

The liberal minded of the cultured classes have deeply regretted the trend of affairs of the last few years. The increasing regimentation of life, the curtailments of freedom of speech, freedom of the press, and academic freedom have irked greatly. The whole conception of education and culture has been changed. The object of education is no longer the search for truth and the unfolding of the character of the individual, but "the production of loyal subjects of the Emperor" and culture is no longer the acquisition of the universal qualities of truth, goodness and beauty but the emphasis of nationalistic characteristics.

Nonetheless the deeply ingrained culture of the Japanese people which is the product of centuries of training under the influence of Buddhism and Confucianism and their own native appreciation of nature through contact with the varied scenery of stately mountains, hurrying streams, quiet lakes and rugged coastline, persist through all circumstances. At their best the Japanese are a people of the finest courtesy and one can live a lifetime in Japan without meeting anything but kindness. They are a nation of artists, painters, poets, craftsmen of delicate touch and of the finest technique. They are never clumsy and everything they make has a touch of art upon it.

What can surpass the delicacy of their short poems, all classes of people cultivate this gracious art. Even the great Emperor Meiji was himself a poet of merit. One of his verses which reveals the breadth and liberality of his thought is translated in these words. Translations at best but poorly express the fine sense and rhythm of the original. But here it is:

> Lo! In my garden all things thrive and grow
> E'en foreign plants with tender care bestowed

Upon their precious shoots, grow strong and fine
Like those indigenous to soil and climate

The Emperor was reminded by the flowers of the Imperial Gardens where plants from many lands grow beside the most beautiful Japanese style landscape gardens, of the new institutions that were being grafted so successfully on to the old stalk resulting in the comingling of ancient and modern with such fair promise for the future.

To understand modern Japan at its best one must study the Meiji era which began with the accession to the throne of the Emperor Mutsuhito in 1868. It was the period of enlightenment and of unparalleled progress which was the fulfilling and unfolding of the promise, made by His Majesty at the Enthronement Ceremony, which is called "The Five Articles Oath" and reads as follows:

1. In administering the business of State we shall settle affairs by public opinion, which shall have an opportunity of expressing itself in public representative assembly.
2. Our administration will be in the interests of the whole people and not of any particular class of our subjects.
3. No person whether official or private citizen, shall be hindered in the prosecution of his legitimate business.
4. The bad customs of past ages shall be abolished and our Government shall tread in the paths of civilization and enlightenment.
5. We shall endeavour to raise the prestige and honour of our country by seeking knowledge throughout the world.

This declaration of purpose is the Magna Carta of modern Japan. It is the foundation of the Nation's liberties and the guarantee that Japan will not wander too far from the paths of civilization and enlightenment, for an Imperial promise is sacred and inviolable in the faith and practice of Japan.

This Imperial pledge was fulfilled in the establishment of universal compulsory education in 1873, the granting of the Imperial Constitution in 1889 and the opening of the Imperial Diet in 1890. Many reforms followed these fundamental institutions culminating in universal manhood suffrage, and even a form of trial by jury.

These truly democratic tendencies were dominant until ten years ago when a new current of thought and life began. It was new as related to that which began with the beginning of the Meiji era in 1868, but it was in some respects a reversion to older Japanese ways – the ways of feudalism in fact.

There are two streams of thought and life in every awakened country; the Liberal and Conservative, the Progressive and the Reactionary. This is as true of Japan as of any other land. In fact at times it seems to be more so because the pendulum swings more violently in Japan than in our Anglo-Saxon lands, doubtless because the modern era is but seventy-five years old and because the age of feudalism is still so recent and at the same time the modern movements have been so many and so insistent.

The most disturbing element in Japan in the modern era has been the fear of communism, which was strongest between ten and fifteen years ago. During that period, there was a severe economic depression which resulted in a large unemployment list especially in the so-called white collar class. College graduates found great difficulty in finding positions. This situation was greatly relieved, however, by the Manchurian incident which led to the establishment of the pseudo-independent Emperor of Manchukuo with a facade of native rulers, but with a complete Japanese under-secretariat under the direction of the Japanese ambassador who is responsible only to the Government of Tokyo.

Japan's decision to withdraw from the League of Nations marked a definite turning point in her international affiliations – in particular her relations with Great Britain and the United States. Many people in Japan greatly regretted their nation's break with the League of Nations, in which Japan was a charter member and to which she had rendered faithful and distinguished services through the agency of Dr. Inazo Nitobe and others. From that moment of separation from the League the liberal leaders in Japan have been silenced, removed from office, and even, as on February 26, 1936, assassinated.

Ordinarily these things are changes to the army. This is too simple an explanation, however. The fact is that the army has had two parties within itself, as was demonstrated by the mutiny of thirteen hundred soldiers on the morning of February 26th five years ago when four distinguished statesmen and soldiers were put to death and several others of the highest rank and finest quality barely escaped with their lives. That crisis was safely passed, but nothing has been the same since. The influence of the lower ranks in the army has rapidly increased and the steadier hands in the army and in the nation have lost control.

An incident has occurred within the last few days which indicates the difficulties that beset the best Japanese statesmen. That is the attempted assassination of the venerable Baron Hiranuma, formerly Prime Minister, and at present a member of Prince Konoye's cabinet. He was a conservative influence in government circles, a strong nationalist and a man of excellent repute.

Assassination is the great evil and danger of public life in Japan. So many Prime Ministers, ex Prime Ministers and ranking statesmen have fallen to the assassin's gun or sword that to hold high office is to invite the danger of death, and in the opinion of foreign observers the administration of justice in such cases has erred dangerously on the side of clemency.

These demonstrations of violence have increased greatly of recent years with the change in ideology from liberalism to ultra nationalism, that followed Japan's withdrawal from the League of Nations. The philosophy of force has largely replaced the persuasion of reason and the exercise of power through the influence of public opinion and public conscience. The present attitude is not to encourage the people to think but only to obey, not to develop initiative but conformity. The individual is being submerged in the mass and no word of commendation of individualism, liberalism or democracy is permitted. This change in ideology has culminated in what is known as the New Structure, which has been formulated and established since the present government took office a year ago.

What are the reasons for the decline of the liberal movement in thought and life in Japan? Fundamentally there are two, economic necessity and national ambition. There is no question of Japan's need for room for her expanding population; for freer access to natural resources, of basic materials such as coal, iron, rubber, oil and tin, and for foreign markets for her manufactures. And it should be a cause for gratitude and hope that the recent declaration of President Roosevelt and Mr. Churchill recognizes the necessity of dealing with these economic problems.

As to the other cause, that is something that must be recognized and controlled by Japan herself, if happier relations are to be restored between herself and her neighbours.

Under the leadership of liberal-minded statesmen in Japan, it had appeared that better relations with China would be gradually worked out. But unfortunately the Chinese administration countenanced [?] an anti-Japanese campaign even in the schools and text books [?], which made reconciliation difficult, if not impossible.

Finally, the younger elements in the armies of both countries grew impatient, then desperate, swept aside the counsels of the saner leaders, and brought on the Marco Polo bridge affair four years ago which started the military campaign in China which is not ended yet.

And the dilemma of Japan is that she is at present neither able to prosecute the war with China to an immediate triumphant finish, nor to withdraw from it. In the words of an ancient Chinese proverb: "He who rides a tiger finds it difficult to dismount."

Japan will have to call on her liberal statesmen again if she would re-establish peace and restore confidence. While such leaders were at the helm in Japan the world had confidence in her undertakings. It was not Japan's way to break her treaties with other nations. But the danger is that the practice that is so common with her Fascist and Nazi partners in the tripartite pact may be accepted as the way of the world and thereby justified. A recent issue of a well-informed American journal remarks: "The Japanese are honourable people, and a Japanese would never think of violating a solemn covenant unless its violation became the more honourable course than the maintenance of its sanctity." This observation is true to the best Japanese tradition. Japanese samurai were first of all men of honour, and the pathos of the situation is that Japan would have been misled into allying herself with two nations whose present leaders have demonstrated their utter disregard for any promise or principle.

Friends of Japan everywhere are appalled at the prospect of disaster that looms ahead for Japan if she continues in her present course. At present she seems to be preparing to fight on all four fronts – north, south, east, and west. With the war in China unfinished, surely it is too much to undertake to fight Russia in the North, the British Empire in the South, and America on the sea. What madness even to contemplate! Surely better, wiser, saner counsels will prevail before it is too late.

Friends of Japan hope and pray that she may throw off this present madness and be herself again – true to the high calling set for her by the great Emperor Meiji, seventy-three years ago, treading once more "in the paths of civilization and enlightenment."

Aug. 6, 1902
Courtesy of Armand de Mestral

"Ancient Bridegroom and the Bride"
Aug. 6, 1942.
Courtesy of Armand de Mestral

Paintings by Dr. Bates

I can still remember how surprised I was when I first saw a painting by C.J.L. Bates. Knowing that he had been an inspiring leader and teacher in Kwansei Gakuin's past, I assumed that he was a serious administrator and a no-nonsense theology professor who emphasized MASTERY and selfless service. However, the painting I saw was a landscape in delicate watercolor. It depicted Karuizawa in the summer, with lavender mountains in the background and a fresh green mountain valley in the foreground dotted with little holiday cottages. (See the color photo of this painting elsewhere in this volume.) My image of Dr. Bates as a person was transformed! This noble man on whom so many depended, also had an appreciation for nature, soft colors, and beautiful views.

Later, when I read Dr. Bates's letters and essays, I realized that he often made reference to landscapes. In "From My Office Window," included in this volume, he described the original Kwansei Gakuin campus at Harada-no-Mori. He explained the beauty of the location, citing views both of the ocean harbor and the tree-covered mountain range, especially Mount Maya, which formed a backdrop for the campus. He also revealed his artist's eye in the description of campus buildings and detailed portrayal of the wooded Shinto shrine area. I wonder how much input he had in the design for the Uegahara Campus. We know that he was a close friend of the campus designer and architect, William Vories, but did Dr. Bates and his esthetic sense have any influence on the placement of the buildings in the setting or the atmosphere of the new campus?

Column

Dr. Bates painting while on holiday - with Mrs. Bates.

We do know that Dr. Bates enjoyed the garden at his home on Uegahara Campus. He was proud of the flowers that he was able to grow, even while the trees were still very small and sparse. Some of his paintings portray the views of the faculty residences and their surroundings. The painting from a sketchbook shows the vivid sense of color that Dr. Bates could express in such a simple view of these homes and adjoining yards. Now those trees have grown tall and tower over the houses.

Although a few of Dr. Bates's paintings feature campus and town scenes, the majority of those I have seen depict views of holiday retreats such as the first painting I saw of Karuizawa. We can assume that there was probably more time to spend enjoying painting during holiday periods in both Japan and Canada. The photograph above shows Dr. and Mrs. Bates as he is painting outdoors at their vacation home in Takayama. Elsewhere in this volume, there is a painting of the Matsushima Islands in that same region of Japan. The soft reflection of the sky and sailboat on the still water, contrasts with the craggy rocks of

Column

Dr. Bates painting in his garden on Nishinomiya Campus.
Courtesy of Armand de Mestral

the pine islands, creating a truly memorable scene.

Thanks to the generosity of his descendants[1] in sharing Dr. Bates's paintings, we are able to glimpse into this more private aspect of his personality. My wish is that he will be remembered, not only as the great Canadian professor and President of Kwansei Gakuin who proposed the school motto, "Mastery for Service," but as an artist who savored the multiple hues of every scene, and was able to convey a sense of calm and joy.

Ruth M. Grubel

注

1 We are especially grateful to Dr. Bates's grandsons, Armand and Charles de Mestral, and great grandson, Scott Bates, who provided his sketchbooks and paintings for Kwansei Gakuin.

家系図・簡易年表

1924 年
アルマン・デメストラル氏所蔵

家系図・簡易年表

C. J. L. ベーツ家系図
C. J. L. Bates Family Tree

ハリエット・エドナ・フィルプ
Harriet Edna Philp
(1876-1962)

コーネリアス・ジョン・ライトホール・ベーツ
Cornelius John Lighthall Bates
(1877-1963)

ドーラ・マッケンジー
Dora McKenzie
(1918-?)

ウィリアム・レヴァー・ベーツ
William Lever Bates
(1903-1967)

リタ・ポルスキ
Rita Polski

クロード・デメストラル
Claude de Mestral
(1903-1989)

ルル・デル・ベーツ
Lulu Dell Bates
(1905-1977)

家系図

ナサニエル・ベーツ
Nathaniel Bates
(1811–1895)

リディア・ダーリントン
Lydia Darlington
(1811–1898)

スザンナ・カブ
Susanna Cobb
(1828–1908)

コーネリアス・ジョン・ライトホール
Cornelius John Lighthall
(1827–1901)

ジョゼフ・レヴァー・ベーツ
Joseph Lever Bates
(1851–1919)

ジュリエット・ライトホール・ベーツ
Juliet Lighthall Bates
(1857–1937)

ロバート・ナサニエル・ベーツ
Robert Nathaniel Bates
(1881–1920)

チャールズ・ウェスレー・ベーツ
Charles Wesley Bates
(1891–?)

コーネリアス・ジョン・ライトホール・ベーツ II
Cornelius John Lighthall Bates II
(1911–1982)

ジーン・ウェルフォード
Jean Welford

ロバート・フィルプ・ベーツ
Robert Philp Bates
(1913–1993)

マーガレット・ライト
Margaret Wright

(作成　小澤みのり)

家系図・簡易年表

簡易年表

西暦	元号	関西学院の歴史	C.J.L.ベーツ	日本・世界の出来事
1876	明治09年		08.16/ 父ウィリアム・フィルプ、母ハナの次女としてハリエット（ハティ）・エドナ誕生	
1877	明治10年		【0才】 05.26/ 父ジョセフ・レバー・ベーツ、母ジュリエットの第一子としてオンタリオ州のプレスコット郡ロリニャル村にて誕生	02.15/ 西南戦争（-09.24） 04.12/ 東京大学（旧制）設立
1878	明治11年			
1879	明治12年			
1880	明治13年			
1881	明治14年		04.14/ 弟ロバート・ナサニエル誕生	
1882	明治15年			10.10/ 日本銀行開業
1883	明治16年			
1884	明治17年			
1885	明治18年	05.06/ アメリカ・南メソヂスト監督教会伝道局の第39回年会において日本に宣教部を設立することを決議		12.22/ 内閣制度発足（伊藤博文総理就任）
1886	明治19年	04.20/ アメリカ・南メソヂスト監督教会のマクティーア監督がJ.W.ランバス夫婦とその子W.R.ランバス夫婦及びO.A.デュークスを日本宣教部員に任命（7月1日付） 07.25/ J.W.ランバス夫婦とその娘ノラ及びO.A.デュークス、上海より神戸に到着、伝道開始 11.24/ W.R.ランバス、家族と共に北京から神戸に到着		
1887	明治20年		【10才】	

簡易年表

西暦	元号	関西学院の歴史	C.J.L.ベーツ	日本・世界の出来事
1888	明治21年	08.31/ 南メソヂスト監督教会第2回日本宣教部年会でW.R.ランバスは神戸に青年のための学校を開設することを提議		
1889	明治22年	07.--/ 総理W.R.ランバスが院長、J.C.C.ニュートンが神学部長、N.W.アトレーが普通学部長、中村平三郎が幹事兼校主に就任 神学部及び普通学部の2部とし、校名を関西学院と命名 09.28/ 兵庫県知事より学校設立許可 10.11/ 授業開始	06.--/ メソヂスト教会牧師ウィリアム・フィルプがヴァンクリーク・ヒル巡回区に転任 フィルプの次女ハティと出会う	02.11/ 大日本帝国憲法制定
1890	明治23年			10.30/ 教育勅語発布
1891	明治24年		05.03/ 弟チャールズ・ウェスレー誕生	
1892	明治25年	09.01/ 神学部教授吉岡美国、院長に就任	ヴァンクリーク・ヒルに下宿し、ハティと同じ高校に通う ロリニャルからヴァンクリーク・ヒルに向かう馬車の中で啓示を受ける	
1893	明治26年			
1894	明治27年	09.--/ 新月の徽章を制定	モントリオールのマギル大学教養学部に入学（1897年まで3年間在学、卒業していない）	08.01/ 日清戦争始まる
1895	明治28年			04.17/ 下関で日清講和条約調印
1896	明治29年	--.--/ 制服・制帽を定める		
1897	明治30年		【20才】 メソヂスト教会オタワ地区の志願牧師としてブラインドリバーに派遣	

家系図・簡易年表

西暦	元号	関西学院の歴史	C.J.L.ベーツ	日本・世界の出来事
1898	明治31年		メソヂスト教会の学生牧師としてキングストン郊外ポーツマスの教会に派遣 クイーンズ大学（ジョン・ワトソン教授の指導を受ける）に通いながら学生牧師を務める 精神病院の患者や受刑者に出会い、その痛みに触れる	
1899	明治32年	01.05/第1回同窓会、山中別園で開催		08.03/私立学校令公布 宗教教育を禁ずる文部省訓令第12号公布
1900	明治33年	--.--/グリークラブ誕生		05.28/中国で義和団事件
1901	明治34年		06.10/クイーンズ大学卒業、M.A.取得（専攻は哲学。金メダル授与） 夏.--/ウェスレアン神学校に入学 モントリオールのドーチェスター通りメソヂスト教会に派遣 11.--/オタワのドミニオン教会のS.P.ローズから接手を受ける 貧しい地域の人々の生活状況を学ぶ	09.07/11カ国代表と李鴻章の間で義和団事件最終議定書調印
1902	明治35年		02.--/トロントのマッセイ・ホールで開催された学生ボランティア大会に参加 J.R.モットの呼びかけに応じ中国への伝道を決意 数週間後、派遣先が日本に変更 08.06/ハティとモリスバーグで結婚 結婚後、日本へ向かう途中ウイニペグでのメソヂスト教会総会に出席、日本代表の平岩恒保牧師と出会う	

簡易年表

西暦	元号	関西学院の歴史	C.J.L.ベーツ	日本・世界の出来事
			バンクーバーからエンプレス・オブ・インディア号に集船 来日後、1年間日本語訓練を受け東京の中央会堂の担当となる	
1903	明治36年		05.22/ 長男ウィリアム・レヴァー誕生	
1904	明治37年	10.23/ ブランチ・メモリアル・チャペル献堂式		02.10/ 日本、ロシアに宣戦布告（日露戦争）
1905	明治38年		12.31/ 長女ルル・デル誕生	09.05/ 日露講和条約・ポーツマス条約調印
1906	明治39年	07.18/ アメリカ・メソヂスト監督教会、南メソヂスト監督教会、カナダ・メソヂスト教会3派の合同委員が日本における3派合同を可決	05.--/ 山梨部に派遣	
1907	明治40年		【30才】	05.22/ メソヂスト3派合同、日本メソヂスト教会成立
1908	明治41年	09.04/ 神学部、私立関西学院神学校として専門学校令により文部大臣認可	夏.--/ 軽井沢でW.K.マシューズの訪問を受け、関西学院のことを知る	
1909	明治42年		最初の休暇帰国 シベリア鉄道経由でカナダに帰国 英国でジョン・ウェスレーの家を見学	9.--/ 賀川豊彦、神戸新川で伝道開始
1910	明治43年	05.18/ カナダ・メソヂスト教会が学院経営に参加	09.06/ ベーツ一家、関西学院に到着 09.10/ 神学校教授に着任。組織神学を講じる	08.22/ 日韓併合条約調印
1911	明治44年		07.25/軽井沢で次男ジョン・コーネリアス・ライトホール誕生	
1912	大正元年	03.04/ 高等学部（文化・商科）設置	04.--/ 高等学部（文科・商科）を開設し、初代高等学部長に就任 07.06/ ベーツ高等学部長主催午餐会	

家系図・簡易年表

西暦	元号	関西学院の歴史	C.J.L.ベーツ	日本・世界の出来事
			--.--/ ベーツと商科の木村禎橘教授が相談し、高等部のMottoとしてMastery for Service（ベーツ）Watch WordとしCharacter & Efficiency（木村）を提唱	
1913	大正2年	11.26/ 大隈重信、来院講演	01.26/ 三男ロバート・フィルプ誕生	
1914	大正3年	01.20/『神学評論』創刊		07.28/ 第一次世界大戦勃発（-1918）
1915	大正4年		02.11/ 高等学部商科が「商光」創刊 創刊号に「講演論説 高等学部のモットー Mastery for Service」掲載	
1916	大正5年			
1917	大正6年	03.14/ J.C.C.ニュートン院長、学院設立者に就任	【40才】03.07/ 関西学院を辞任 03.13/ 休暇帰国、オタワで過ごす この頃、両親も妻の両親もオタワにいた マウント・アリソン大学から招聘を受けたが断る	11.07/ ロシアにソビエト政権成立（ロシア革命）
1918	大正7年		ウェスレアン神学校より神学博士号授与 東京の中央会堂教区の中央ミッション主任として伝道に従事	08.02/ 政府、シベリア出兵を宣言 11.11/ 第一次大戦終結 12.06/ 大学令公布
1919	大正8年	05.02/ 高等学部を大学に昇格する理事会決議	01.31/ 父オタワで死去	
1920	大正9年	04.21/ 理事会でC.J.L.ベーツが次期院長に選出	弟ロバート急死のため、カナダに帰国 04.29/ オタワで院長選出の電報を受ける イエール大学からの招聘を断り、院長就任を決意 10.15/ 関西学院第4代院長就任式	

238

簡易年表

西暦	元号	関西学院の歴史	C.J.L. ベーツ	日本・世界の出来事
1921	大正10年	02.11/ 高野山大学との第1回交換講演会 09.26/ W.R. ランバス、横浜万国病院にて永眠 → 10.03/ 告別式（神学部講堂）		
1922	大正11年	04.20/ 中央講堂献堂式 11.25/ 文学部校舎落成式	02.13-20/ 漢口日支親善教育会議に参列	
1923	大正12年	03.--/ 高等商業学部校舎竣工 05.15/ J.C.C. ニュートン帰国		09.01/ 関東大震災
1924	大正13年	10.16/ 学院35周年記念式	弟ロバートの死後、日本で同居していた母がカリフォルニアに出発	
1925	大正14年	09.--/ 中学部で軍事教練開始	05.25/ 休暇帰国（松本副院長が院長代理となる） 長男レヴァー、リタ・ポルスキと結婚	04.22/ 治安維持法公布 カナダ合同教会創立（カナダ・メソヂスト教会も加入）
1926	昭和元年		02.20/ 松本副院長急逝のため、帰任	01.23/ 日本労働組合総連合会創立
1927	昭和2年	05.26/ 大学、高等商業学部で軍事教練開始 05.26-27/ 理事会で校地移転を決議 09.28/9月28日を創立記念日とする。中央講堂で記念式	【50才】 02.07/ 大正天皇大葬に参列 05.24/ 悪性貧血の療養のため、トロントに帰国（T.H. ヘーデン神学部長が院長代理に就任） 10.26/ 帰任	
1928	昭和3年	02.29/ 上ケ原で新校地移転起工式		03.24-04.08/ 世界宣教会議、エルサレムで開催（鵜崎庚午郎ら参加） 日本とカナダ国交樹立
1929	昭和4年	02下旬/ 上ケ原へ移転開始（-3月31日） 06.07/ 岡本侍従来校 11.26-27/ ハーバート・マーラー初代駐日カナダ公使来校		

239

家系図・簡易年表

西暦	元号	関西学院の歴史	C. J. L. ベーツ	日本・世界の出来事
1930	昭和5年	05.--/ 原田校地の正門門柱、上ケ原校地に移設 12.16/ 臨時学生総会、大学昇格問題解決のため院長の渡米を要望	12.28/ 渡米	
1931	昭和6年	01.17/ アメリカ・カナダの両教会、関西学院連合教育委員会において大学昇格案承認 09.17/ 財団法人関西学院設立許可 10.06/ 臨時理事会において大学設立を決議 11.10/ J.C.C. ニュートン前院長永眠→12.10/ 追悼会	09.11/ 帰院	09.18/ 満州事変勃発
1932	昭和7年	03.07/ 大学令による関学院大学設立許可 04.01/ 大学予科開設	04.01/ 初代学長に就任	03.01/ 満州国建国を宣言
1933	昭和8年	03.--/ 図書館時計台の大時計設置 09.18/ 山田耕筰来院、校歌「空の翼」発表		
1934	昭和9年	04.01/ 大学法文学部、商経学部開設 04.--/ 専門部神学部、軍事教練開始	07.--/ 静脈炎と血栓症のため自宅療養（-翌年2月） ハティ、脳溢血のため、言葉を失い半身不随に	
1935	昭和10年			
1936	昭和11年		07.06/ 次男ジョン、ジーン・ウェルフォードと結婚 --.--/ 地塩会が小胸像2基作成 --.--/ 長男レヴァー離婚	
1937	昭和12年	02.03/ 御真影の下付 03.15/ 大学第1回卒業式 04.01/ 大学院開設 05.14/ ヘレン・ケラー来院講演	【60才】 06.29/ 長女ルル、クロード・デメストラルと結婚 12.31/ 母ジュリエット死去	05.01/ 西宮球場会場 07.07/ 日華事変勃発

簡易年表

西暦	元号	関西学院の歴史	C.J.L.ベーツ	日本・世界の出来事
1938	昭和13年		05.19/ 休暇帰国 11.27/ 帰院 12.03/ 中学部講堂で肖像画除幕式	
1939	昭和14年	02.06/H.F. ウッズウォース法文学部長永眠 04.01/H.W. アウターブリッチ、大学法文学部長兼専門部文学部長に就任 10.14/ 創立50周年記念式典挙行	01.07/ 三男ロバート、マーガレット・ライトと結婚 02.10/ 法文学部長及び専門部文学部長を兼任 03.11/ 卒業式 この時のベーツの「学院長告辞」が問題になる	03.30/ 文部省、大学でも軍事訓練を必修とする 07.08/ 国民徴用令公布 09.03/ 英・仏対独宣戦、第二次世界大戦勃発
1940	昭和15年	02.18/ 旌忠碑除幕式 09.11/ 院長兼学長兼専門部長に神崎驥一就任 12.--/ 学校の行政機関及び財政に関して外国との関係を断つことが関西学院の理事会で正式に決議	05.26/ 辞表提出 07.04/ 理事会で辞任承認 09.11/ 院長兼学長兼専門部長を辞任 12.02/ 名誉院長の称号授与 12.30/ エンプレス・オブ・アジア号で神戸港を出港し、カナダに帰国	09.27/ 日独伊三国同盟締結
1941	昭和16年	02.11/ 学生会解散式、報国団結成式 12.26/ 卒業繰り上げ措置による最初の卒業式	01.24/ トロント到着 しばらくケベック州の娘ルルの家に滞在 06.11/ 現在の状況下で何ができるか、ニューヨークでジョン・R・モットたちと相談 08.22/CBSの番組（ラジオ）に出演、「日本理解」について話す 09.--/トロントに家を見つけ、移る	10.16/ 大学・専門学校・実業学校などの修行年限短縮（3カ月） 12.08/ 太平洋戦争始まる
1942	昭和17年		06.05/ 長男レヴァー、ドラ・マッケンジーと再婚	
1943	昭和18年	03.31/ 専門部神学部閉鎖 日本西部神学校設置認可→05.19/ 開校式 11.20/ 出陣学生の仮卒業式	サスカチュワン州、レジャイナのノックス・メトロポリタン教会牧師に就任	06.25/ 勤労動員命令

家系図・簡易年表

西暦	元号	関西学院の歴史	C.J.L.ベーツ	日本・世界の出来事
1944	昭和19年	02.01/ 大学予科、中学部校舎、校地施設を海軍に徴用供出 03.--/ 日本西部神学校、日本神学校に統合のため閉鎖		
1945	昭和20年	10.--/ 大学授業再開		04.01/ 米軍、沖縄本島に上陸開始 08.06・09/ 広島・長崎に原子爆弾投下される 08.15/ ポツダム宣言受諾、無条件降状
1946	昭和21年		トロントに戻る	11.03/ 日本国憲法公布
1947	昭和22年	04.01/ 新制中学部開設	【70才】	
1948	昭和23年	04.01/ 新制大学設置 新制高等部設置		05.04/ 日本基督教協議会結成
1949	昭和24年	06.--/ エドモンド・ブランデン作詞・山田耕筰作曲の A SONG FOR KWANSEI 完成	松本卓夫の訪問を受ける	10.01/ 中華人民共和国成立 12.05/ 私立学校法公布
1950	昭和25年	02.03/ 公選制による最初の院長選挙で今田恵院長選出 02.28/ 大学院設置許可申請（3月14日許可）	08.--/ 賀川豊彦の訪問を受ける --.--/ 今田恵の訪問を受ける --.--/ Y.Oguraの訪問を受ける 1949年からトロント大学に留学中の川辺満甕の訪問を毎週受ける	06.25/ 朝鮮戦争勃発 09.03/ ジェーン台風
1951	昭和26年	02.24/ 学校法人関西学院寄附行為認可 04.01/ 商学部設置		05.23/ 日本基督教会設立
1952	昭和27年	04.01/ 神学部神学科設置		
1953	昭和28年			04.01/ 国際基督教大学創立
1954	昭和29年	02.25/ 院長選挙でH.W.アウターブリッヂ選出		06.09/ 自衛隊法公布
1955	昭和30年		04.07/ 滝公平の訪問を受ける 06.26/ 中川龍一の訪問を受ける	

簡易年表

西暦	元号	関西学院の歴史	C.J.L. ベーツ	日本・世界の出来事
1956	昭和31年	06.13/ 院長選挙で加藤秀次郎選出 09.28/ 創立記念日を休日とする		12.18/ 日本、国連に加盟
1957	昭和32年	新グラウンド土地購入	【80才】 07.01/ ロイヤル・ヨーク・ロード教会名誉牧師に	
1958	昭和33年	04.01/ 小宮孝、院長に就任		
1959	昭和34年	10.30/ 創立70周年記念式典、記念祝賀会 11.01/ ランバス記念礼拝堂献堂式	01.22/ 関西学院大学より名誉博士号（第一号）の学位授与 (10.23-11.11/ 学院創立70周年に招かれ、次男ジョンと共に来日) 10.23/ 羽田着 10.24/ 賀川豊彦を見舞う 10.26/ 東京から大阪に移動 10.28/ 歓迎礼拝、歓迎午餐会・茶話会 10.29/ 神学部特別チャペルで講演 10.30/ 名誉学位贈呈式 11.02/ 朝日放送「婦人ニュース」に出演 大阪から東京に移動 11.03/ プロテスタント宣教百年記念式典参列 11.04/ 天皇のご引見 11.11/ 羽田より帰国 帰国の3日前体調を崩し聖路加国際病院の日野原重明医師の診察・治療を受ける	11.27/ 安保反対デモ隊国会に突入
1960	昭和35年	04.01/ 社会学部社会学科設置	08.15/ 木下百太郎の訪問を受ける	06.23/ 新安保条約批准書交換発効
1961	昭和36年	04.01/ 理学部（物理学科・化学科）設置 10.29/ カナダのディーフェンベーカー首相来校		
1962	昭和37年		01.20/ ハティ永眠	03.--/ 米国・ベトナムで戦闘に参加

家系図・簡易年表

西暦	元号	関西学院の歴史	C. J. L. ベーツ	日本・世界の出来事
1963	昭和38年		12.23/ 血液疾患のためトロント・ウェスタン病院にて永眠 12.27/ ロイヤル・ヨーク・ロード教会にて葬儀	11.22/ J. F. ケネディ米大統領暗殺
1964	昭和39年	05.25/ 第5別館竣工	01.13/ 関西学院にて追悼礼拝 07.23/ 遺言により、遺産の1/10を受納することを理事会が決議 10.--/ カナダ演奏旅行中の応援団吹奏楽部が墓参り（その様子が現地の新聞・テレビで報じられた）	10.01/ 東海道新幹線開業 10.10-24/ 東京オリンピック開催
1965	昭和40年		6.28/ 宗教センター増築（ベーツホール）工事竣工	

作成：石野利香・池田裕子

1952年7月17日
アルマン・デメストラル氏所蔵

Epilogue

The founder of Kwansei Gakuin, Walter R. Lambuth and the following two presidents, YOSHIOKA Yoshikuni and J.C.C. Newton played essential roles in establishing the young school, defining its philosophy, and earning recognition in the greater society. However, during President Bates's tenure, post-secondary courses were added, and eventually, after moving to a larger campus in present-day Nishinomiya, Kwansei Gakuin was granted official status as a university, a goal for which he worked diligently. Not only did he lead the school during the move to the new campus, Dr. Bates provided a spiritual compass for the Kwansei Gakuin community through years of war, economic depression, and cultural upheaval.

Next to President Yoshioka, who served for twenty-four years, President Bates was the second longest serving president of Kwansei Gakuin. If it had not been for the War that forced him to return to Canada, he may have continued in the role for several more years.

As we examine his words, and especially his reminiscences of youthful experiences, we can see how his early years in Canada nurtured the openness of mind and heart that endeared Dr. Bates to his colleagues, students, and acquaintances in Japan. The cooperation among the different Christian denominations in his childhood town, the opportunity to serve among people living in a mental health hospital and a penitentiary, as well as the appointment to serve a church in an economically depressed area all helped him to have compassion for those with different life experiences and to recognize the darker aspects of Western society.

With the strong foundation of rigorous theological training he gained in Canada, Dr. Bates was able to play a crucial role in establishing the philosophical basis for the Christian Schools Association in Japan, of which Kwansei Gakuin was a charter member. Both a theological article and the transcript of a sermon he gave for the young organization are included in this volume. Other sermons and articles on theology included here were published between 1914 and 1959 at Kwansei Gakuin.

Through his comments on experiences with churches and schools of different denominations, we can see that Dr. Bates had a gift for working with divergent groups and building a spirit of unity. Whether it was including students in important organizations on campus, relishing the multinational character of the people on campus, or initiating ecumenical activities with other religions, he was eager to find ways to collaborate with those who were different. His address titled "Understanding Japan," which was broadcast on the U.S. radio station, WABC (the transcript is included in this volume) in August of 1941 shows that while he was very critical of the direction Japanese politics were taking, he argued that many Japanese citizens did not approve of the militaristic authoritarianism that had taken power. He tried to avoid defining groups with broad brushstrokes, especially to exclude them.

When surveying the new campus after the move to Uegahara in 1929, Dr. Bates is reported to have said, "We have no fences." This had a physical, intellectual, and psychological meaning, emphasizing that the disciplines, individuals, and nationalities represented on campus were not bound by rigid barriers. The ideal he expressed, and which

Epilogue

we share today, is that the Kwansei Gakuin "learning community" will be a place where each person can seek their own mission freely, regardless of their physical or social characteristics. The reduction in barriers is balanced with the aspiration, also coined by Dr. Bates in our school motto, "Mastery for Service." As explained in his essay in this volume, each of us is called to master our God-given abilities, not for our own gain, but to serve others.

Now, as this collection of works by Dr. Bates is published, the world seems to be focused on factionalism and gaining advantage over others. Therefore, it is the perfect time for us to listen to the wisdom of C.J.L. Bates, guiding us from his life, words, and art. He provides for us here valuable lessons in seeking meaning and mastery, while humbly serving others and building community. The mission of Kwansei Gakuin to nurture magnanimous world citizens embodying the motto, "Mastery for Service," is ever more relevant today, but as we all strive to pursue this ideal in the twenty-first century, we are truly fortunate to have the inspiration of Dr. Bates who encouraged us to "Keep this holy fire burning."

Ruth M. Grubel

Scott Bates, the great-grandson of C. J. L. Bates, and Ruth M. Grubel, the 15th Chancellor of Kwansei Gakuin at Bates Chapel, Uegahara-Nishinomiya campus, June 2, 2009. Mr. Bates donated diaries and paintings by his great-grandfather to Kwansei Gakuin. For this publication, he allowed us to include the Japanese translation of *Newcomers in a New Land*.

略　歴

［監修者］

ルース・M・グルーベル（Ruth M. Grubel）

　アメリカ・ミネソタ州出身。宣教師の両親とともに来日し、2歳から高校卒業までのほとんどを日本で過ごす。大学入学のため帰国し、1986年ネブラスカ大学政治学研究科博士課程修了（政治学博士）。1985年から1996年までウィスコンシン大学ホワイトウォーター校政治学科の准教授、助教授、教授を務める。1996年に米国合同メソジスト教会より派遣され、関西学院宣教師、関西学院大学社会学部助教授に就任、1998年から同大学教授。2007年から2016年3月まで第15代関西学院院長。2019年3月に退職（名誉教授）。

［編　者］

神田健次（かんだ・けんじ）

　1948年生まれ。関西学院大学神学部教授、関西学院史編纂室長を歴任し、現在、関西学院大学名誉教授、学院史編纂室顧問。著書『W. R. ランバスの使命と関西学院の鉱脈』（関西学院大学出版会 2015）他。

池田裕子（いけだ・ゆうこ）

　関西学院大学学院史編纂室専任主管。関西日本ラトビア協会常務理事。関西学院大学商学部卒業。著書 Voices from the Past to the Future: Recollecting the History of Kwansei Gakuin, 1889-1940（関西学院大学博物館開設準備室 2014）。関西学院広報誌『KG TODAY』に「学院探訪」連載中。

ベーツ宣教師の挑戦と応戦

2019年5月26日初版第一刷発行

監修者　ルース・M・グルーベル
編　者　神田健次／池田裕子

発　行　学校法人関西学院
　　　　〒662-8501
　　　　兵庫県西宮市上ケ原一番町1-155

発　売　関西学院大学出版会
電　話　0798-53-7002

印　刷　協和印刷株式会社

©2019 KWANSEI GAKUIN
Printed in Japan by Kwansei Gakuin University Press
ISBN 978-4-86283-282-5
乱丁・落丁本はお取り替えいたします。
本書の全部または一部を無断で複写・複製することを禁じます。